닥치고 현장!
소액자본으로 부동산 부자되기

닥치고 현장!
소액자본으로
부동산
부자되기

남호 이성주 지음

매일경제신문사

요즘 부동산 투자의 트렌드는 정부 정책에 따라 변하고 있습니다. 세금 문제로 인해 취득세 1.1%가 되는 공시지가 1억 원 미만 아파트 또는 공시가격 1억 원 미만 썩빌 투자에 열광하고 있습니다.

제가 이 책을 낸 것은 여기에서 언급되는 지역에 투자를 권유하기 위해서가 아닙니다. 비유하자면, 누구나 유행에 맞게 옷을 입을 수는 있지만, 사계절이 있는 우리나라에서 유행하는 옷을 언제 입고, 벗을지 판단해야 하는데, 그것을 제대로 하지 못하는 초보분들에게 조금이나마 도움을 드리고 싶었습니다. 그래서 이 책을 집필하게 되었습니다.

또한, 코로나19로 인해 현장답사를 가지 못하는 분들에게 현장 발품에서 얻은 정보를 바탕으로 지역 분석을 전해드리고 싶은 마음에 두 번째 책을 집필하게 되었습니다.

저의 첫 번째 책인 《닥치고 현장! 부동산에 미치다》가 어떻게 현장답사를 하고, 기록하며, 그 지역 전문가인 부동산 중개업소 소장님과 소통해서 매수하는지에 대한 방법을 알려주는 책이라면, 이 책은 요즘 많은 분들이 관심 가지는 6개 지역에 대해 현장 분석(디테일하게 손품을 파는 법, 현장 지역 분석의 비법 등)과 뜨거운 현장 소식, 소장님의 생각, 발품황제 남호 이성주의 생각 등 현장의 생생한 정보는 물론 조심해야 할 내용 등을 추가해서 제대로 된 지역 분석의 정보를 제공하고자 노력했습니다.

여러분, 투자에서 성공하려면 부동산 이론과 현장 감각을 함께 길러야 합니다. 이론 공부는 최소한의 방어입니다. 상대와 나의 약점과 강점을 충분히 알고, 승산이 있을 때 싸움에 임하면 이길 수 있습니다. 여기서 상대는 부동산 중개업소의 소장님이 될 수도 있고, 매수하려는 부동산이 될 수도 있으며, 부동산 가격의 결정권자 혹은 부동산 정책이나 대출 규제도 될 수 있습니다. 나를 안다는 것은 내가 가진 투자금이 얼마이고, 내 투자 성향은 어떤지 정확히 파악하는 것입니다. 투자 기간을 어느 정도(단기, 중기, 장기)로 잡을 것인지와 얼마의 금액이면 매수하겠다는 기준을 정확히 세우는 것도 나를 아는 것입니다. 이렇게 상대와 나에 대해 정확하게 알아야 투자라는 싸움에서 이길 수 있습니다.

투자에서 절대 잃지 않으려면 이 4가지를 기억하세요. 첫째, 시세(가격)를 알아야 합니다. 둘째, 환금성을 체크해야 합니다. 셋째, 기회비용의 마중물이 되어야 합니다. 넷째, 자금계획을 세워야 합니다. 이외에도 현장에서 무엇을 보고 어떻게 해야 할지 모르는 분들을 위해서는 현장답사 바이블! 현장답사의 길라잡이! 《닥치고 현장! 부동산에 미치다》를 참고하면 큰 도움이 될 것이라고 감히 말씀드립니다.

지역의 흐름은 엄청난 속도로 변하고 있습니다. 6개 지역 분석에 보면 손품왕으로 공부할 수 있는 단지들도 정리되어 있으므로 많은 도움이 되실 것입니다(거듭 강조하지만 단지 파악에 중점을 둬야지 그 매물을 "사라"는 의미는 아님을 알려드립니다).

지역 분석 또한 여러분들이 읽는 시점에는 또 흐름이 변할 수 있는 점 양해바랍니다. 중개업소 소장님의 브리핑도 그분의 생각이지 정답은 아닙니다. 이 책을 통해 얻은 정보를 바탕으로 현장에 가서 제대로 파악해야 한다는 사실을 명심하시길 바랍니다. 6개 지역의 흐름 그리고 단지 파악, 매물 수, 투자자 유입 등의 정보는 집필 당시와 독자 여러분이 책을 읽을 시점에는 다를 수 있음을 거듭 알려드립니다.

투자는 외로운 항해와 같습니다. 어느 지역, 어느 종목에 투자할 것인지 등의 선택은 이 글을 읽는 여러분의 몫입니다. 책은 어떻게 분석하고, 체크해서 부동산을 매입하는지 등의 방법을 알려줄 뿐입니다. 투자의 선택은 오롯이 자신의 몫임을 강조합니다. 이 책은 절대 투자를 종용하거나 지역을 띄우는 책이 아닙니다. 많은 분들이 6개 지역을 분석하고 파악하는 데 도움이 되기를 바라는 제 마음이 전달된다면 큰 보람일 것입니다. 여러분의 성공적인 투자를 응원합니다. 감사합니다.

남호 이성주

차례

제주 지역 분석

거제시 지역 분석

목포시 지역 분석

초기 재개발 분석과 재개발 투자

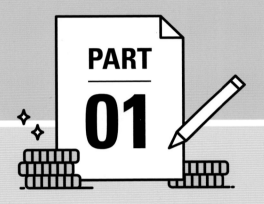

PART
01

남양주시
지역 분석

남양주 전체 파악하기

　이 글을 읽고 있는 여러분에게 자신을 먼저 알고, 상대방 패를 알면 투자하기 쉽다는 말을 전한다. 이 내용만으로도 할 이야기가 끝이 없겠지만, 지금부터는 현장 분석에 집중해서 첫 번째 지역인 남양주부터 이야기를 시작하려고 한다.

┃ 남양주시 행정구역 ┃

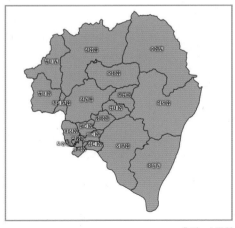

출처 : 손품왕

닥치고 현장!
소액자본으로 부동산 부자되기

현장 나가기 전에 지도로 위치를 체크하는 건 기본이라는 사실을 잊지 말자!

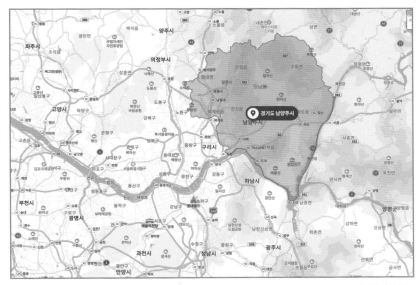

강남, 송파구와 가깝다. 차가 안 밀리면 30분 이내에 도착하는 거리에 있다.

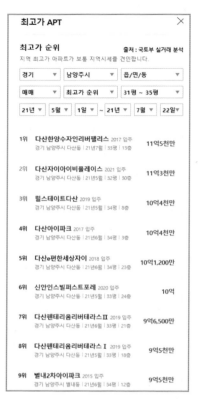

출처 : 아실

남양주도 드디어 10억 원을 찍었다. 지방이 10억 원 갈 때 남양주는 아직 10억 원이 되지 않았는데, 이제 급상승 중이다. 그렇다면 남양주의 호재는 무엇일까?

늘 호재 속에 투자자들이 진입한다. 언제나 실거주 현지인들은 느리다는 것을 알 수 있다. 남양주 왕숙지구의 호재 관련 기사는 천천히 찾아보기를 바란다(매일경제 기사 참고 https://www.mk.co.kr/news/economy/view/2021/02/159565/).

▌3기 신도시 남양주 왕숙지구 광역철도계획 ▌

출처 : 매일경제

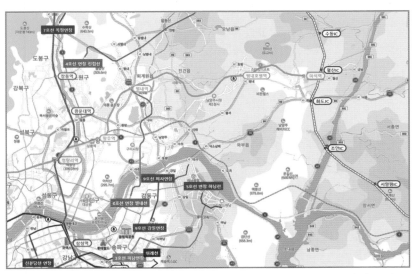

출처 : 호갱노노

이렇게 남양주만 보면 4호선과 8호선 연장, GTX B노선 호재가 있다.

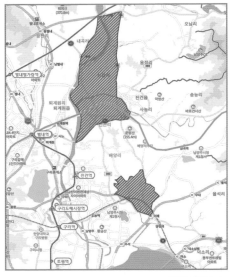

출처 : 호갱노노

이렇게 남양주 왕숙지구 3기 신도시가 보인다.

남양주도 뜨겁다.

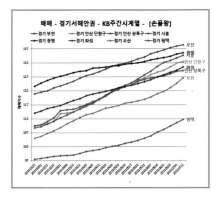 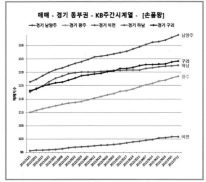

출처 : 손품왕

닥치고 현장!
소액자본으로 부동산 부자되기

지수는 머리를 들고 달리고 있다.

┃ KB시세로 본 급상승 지역 ┃

순위	20210712	증감	변동	20210705	증감	변동	20210628	증감	변동	20210621	증감	변동	20210614	증감
1	경기 안성	1.89	3	경기 오산	1.25	2	경기 동두천	1.3	33	경기 안성	1.15	12	경기 평택	1.33
2	경기 오산	1.62	-1	경기 평택	1.1	0	경기 평택	1.27	5	경기 시흥	1.11	0	경기 시흥	1.31
3	강원 강릉	1.2	6	경기 안산 단원구	1.05	4	경기 오산	1.06	15	경기 용인 처인구	1.04	2	경기 동두천	1.23
4	경기 안양 동안구	1.07	100	경기 안성	0.98	16	인천 동구		4	인천 미추홀구	0.9	11	인천 계양구	1.02
5	충북 청주 서원구	1.07	9	경기 수원 권선구	0.93	61	경기 용인 처인구	1.04	-2	인천 남동구	0.88	36	경기 용인 처인구	1.01
6	경기 안양	1.06	85	경기 안산	0.88	10	인천 연수구	1.01	4	경기 파주	0.86	13	경기 군포	0.99
7	경기 평택	1.05	-5	인천 연수구	0.87	-3	경기 안산 단원구	0.95	30	경기 평택	0.86	-6	경기 오산	0.97
8	경기 안양 만안구	1.05	75	경기 용인 처인구	0.87	-8	충남 공주	0.93	1	인천 동구	0.85	47	부산 해운대구	0.92
9	경기 동두천	1.03	33	강원 강릉	0.87	10	인천 서구	0.9	59	충남 공주	0.8	127	제주	0.91
10	경기 용인 처인구	1.02	-2	대전 서구	0.85	30	경기 파주	0.88	-4	인천 연수구	0.8	14	경기 수원 권선구	0.87
11	경기 수원 권선구	0.89	-6	경기 시흥	0.76	14	인천 부평구	0.88	60	경기 수원 권선구	0.78	-1	경기 수원 팔달구	0.85
12	인천 연수구	0.86	-5	경기 수원 장안구	0.72	64	경기 군포	0.88	3	경기 고양 일산서구	0.76	31	경기 화성	0.84
13	경기 수원 장안구	0.86	-1	경기 남양주	0.71	54	부산 해운대구	0.86	1	경기 수원 영통구	0.75	22	경기 안성	0.81
14	경기 화성	0.85	19	충북 청주 서원구	0.7	43	부산 사하구	0.82	105	부산 해운대구	0.73	-6	대전 유성구	0.8
15	경기 수원 영통구	0.84	121	인천 남동구	0.7	16	경기 의왕	0.8	24	경기 군포	0.72	-9	인천 미추홀구	0.75
16	경기 군포	0.84	11	서울 관악구	0.69	121	경기 안산	0.8	40	경기 수원	0.72	7	경기 안산 단원구	0.72
17	경기 수원	0.81	26	경기 광주	0.67	90	인천	0.8	12	부산 사상구	0.72	132	경기 수원 장안구	0.72
18	경기 용인 기흥구	0.81	6	경기 의정부	0.66	26	경기 수원 팔달구	0.77	7	경기 오산	0.71	-11	경기 수원	0.7
19	부산 해운대구	0.79	41	경기 안산 상록구	0.66	18	강원 강릉	0.74	76	부산 사하구	0.69	129	경기 파주	0.63
20	부산 금정구	0.76	87	부산 연수구	0.65	44	경기 안성	0.74	-19	경기 수원 장안구	0.69	-3	인천	0.62
21	경기 의왕	0.71	35	인천 미추홀구	0.64	15	서울 강북구	0.72	41	서울 구로구	0.66	-2	경기 남양주	0.62
22	경기 용인	0.69	30	부산 연수구	0.63	47	경기 수원 영통구	0.71	-9	경남 창원 마산회원구	0.65	158	부산 금정구	0.61
23	경기 시흥	0.68	-12	부산 사하구	0.63	-9	인천 연제구	0.7	32	경기 광주	0.64	61	부산 금정구	0.6
24	인천 계양구	0.67	93	경기 용인 기흥구	0.63	39	서울 강서구	0.68	48	서울 노원구	0.62	13	인천 연수구	0.6
25	부산 동래구	0.65	22	충북 제천	0.63	83	경기 화성	0.67	6	서울 노원구	0.62	39	인천 부평구	0.59
26	경기 양주	0.64	24	인천 동구	0.62	-22	제주	0.66	2	부산 수영구	0.61	44	인천 서구	0.58
27	부산 부산진구	0.64	82	경기 군포	0.62	-15	인천 계양구	0.66	33	경남 계룡	0.61	86	서울 성북구	0.56
28	경기 의정부	0.62	-10	인천 부평구	0.61	-17	대전 유성구	0.66	36	제주	0.61	-19	경기	0.56
29	제주	0.62	52	경기 광명	0.6	62	경기 고양 일산동구	0.65	88	인천	0.6	-9	울산 동구	0.56
30	경기 남양주	0.61	-17	충남 천안 동남구	0.6	104	대구 남구	0.65	126	경기 이천	0.57	17	경기 의정부	0.56
31	강원	0.61	41	대구 달성군	0.6	88	인천 남동구	0.64	-26	경기 화성	0.57	-19	서울 은평구	0.55
32	강원 춘천	0.59	13	충북 충주	0.6	77	서울 구로구	0.63	-11	전남 광양	0.56	90	부산 사하구	0.55
33	경기	0.59	11	경기 화성	0.58	-8	대전 중구	0.62	109	경기 부천	0.52	9	강원 강릉	0.55
34	부산 동구	0.57	84	서울 중랑구	0.57	38	서울 도봉구	0.61	53	경기 동두천	0.52	-31	전남 여수	0.54
35	서울 서대문구	0.57	52	경기 구리	0.56	135	경기 부천	0.61	-2	경기 수원 팔달구	0.52	-24	경기 수원 영통구	0.53
36	대구 남구	0.56	102	서울 은평구	0.56	105	인천 미추홀구	0.6	-32	경북 포항 북구	0.51	13	경기 안산	0.51
37	대전 서구	0.55	-2	충남 공주	0.56	-29	경기 안산 상록구	0.59	43	경기 안산 상록구	0.51	-21	서울 동작구	0.51
38	인천	0.55	3	충북 청주 상당구	0.55	55	서울 동작구	0.59	-14	부산 강서구	0.5	146	경기 부천	0.51
39	경기 용인 수지구	0.52	88	경기 성남 수정구	0.55	14	서울 성북구	0.59	36	경기 의왕	0.5	32	대전 대덕구	0.5
40	충남 천안 동남구	0.51	-10	대구 중구	0.55	145	대전 서구	0.58	18	경북 김천	0.5	54	수도권	0.5

출처 : 손품왕

지금 뜨거운 지역의 KB시세 흐름을 보면 경기도 안성, 오산, 거기에 이제는 강원도 강릉이 급상승하고 있음을 알 수 있다.

이렇게 현장에 나가기 전 요즘 흐름, 트렌드, 어느 지역이 불장인지 알아본다. 불장의 흐름도 시시각각, 일주일, 보름 만에 바뀌고 있음을 알 수 있다. 남양주는 30위권에 있다.

[경기 남양주시 급지순위] 년식:15이하 세대수:300이상 [손품왕]

순위	주소1	주소2	주소3	아파트명	구분	매매원	전세원	전세원률	매전캡(34)	총점	입주년월	년식	초등	초등명	지하철	세대수
1	경기	남양주시	다산동	다산한양수자인리버팰리스	아파트	3,500	1,850	57	56,000	6.0	2017.12.	5	250			640
2	경기	남양주시	다산동	다산반도유보라메이플타운2.0	아파트	3,500	1,850	59	56,200	6.6	2019.03.	3	298	다산한강초		1,261
3	경기	남양주시	별내동	별내효성해링턴코트	아파트	3,400	1,900	61	50,900	5.6	2017.04.	5	129	별가람초		307
4	경기	남양주시	다산동	다산펜테리움리버테라스Ⅱ	아파트	3,400	1,700	53	56,800	7.2	2019.06.	3	109	다산한강초		1,304
5	경기	남양주시	다산동	힐스테이트다산	아파트	3,350	1,750	55	55,400	6.8	2019.01.	3	195	다산새봄초		1,283
6	경기	남양주시	다산동	다산펜테리움리버테라스Ⅰ	아파트	3,300	1,950	62	46,000	7.0	2018.12.	4	185	다산한강초		944
7	경기	남양주시	다산동	다산신안인스빌퍼스트리버	아파트	3,250	1,700	53	52,900	6.5	2019.06.	3	455	다산한강초		800
8	경기	남양주시	다산동	다산e편한세상자이	아파트	3,150	1,600	51	54,400	6.8	2018.07.	4	255	다산가람초		1,685
9	경기	남양주시	다산동	다산아이파크	아파트	3,050	1,450	48	54,300	5.6	2017.12.	5	147	남양주다산초		467
10	경기	남양주시	다산동	다산자연앤이편한세상	아파트	3,050	1,500	53	51,700	6.5	2018.01.	4	367	다산새봄초		1,615
11	경기	남양주시	다산동	다산지금센트럴애일린의뜰	아파트	3,050	1,750	54	44,000	6.3	2019.05.	2	577	남양주양정초	984	759
12	경기	남양주시	다산동	다산유승한내들골든뷰	아파트	2,950	1,700	63	42,800	4.7	2018.07.	4	419	다산가람초		316
13	경기	남양주시	다산동	다산자연앤롯데캐슬	아파트	2,950	1,500	52	48,200	6.7	2018.01.	4	417	남양주다산초		1,186
14	경기	남양주시	다산동	다산신안인스빌퍼스트포레	아파트	2,950	1,750	60	40,800	7.2	2020.01.	2	414	다산한강초		1,282
15	경기	남양주시	다산동	다산반도유보라메이플타운	아파트	2,900	1,600	55	44,200	6.7	2018.03.	4	491	남양주다산초		1,085
16	경기	남양주시	다산동	다산유승한내들센트럴	아파트	2,900	1,600	55	44,600	6.1	2018.04.	4	178	다산가람초		642
17	경기	남양주시	별내동	별내아이파크2차	아파트	2,850	1,650	61	41,300	5.1	2015.07.	7	562	남양주덕송초		1,083
18	경기	남양주시	별내동	별가람마을1-4단지	아파트	2,850	1,550	55	42,800	3.9	2013.12.	9	328			478
19	경기	남양주시	다산동	힐스테이트황금산	아파트	2,800	1,800	65	34,400	7.6	2015.12.	7	193	남양주양정초	374	1,008
20	경기	남양주시	다산동	다산자연앤e편한세상2차	아파트	2,700	1,500	59	40,100	6.4	2019.07.	3	275	다산새봄초	944	491
21	경기	남양주시	별내동	별내우미린스타포레	아파트	2,600	1,750	70	28,800	6.0	2019.12.	3	259	남양주샛별초		585
22	경기	남양주시	별내동	동익미라벨38단지	아파트	2,550	1,450	59	36,500	6.0	2013.02.	9	175	화접초	921	369
23	경기	남양주시	별내동	모아미래도	아파트	2,550	1,500	59	36,800	5.1	2014.01.	8	429	남양주샛별초		558
24	경기	남양주시	별내동	별내신도시쌍용예가	아파트	2,500	1,350	58	38,900	6.0	2012.01.	10	203	한별초	848	652
25	경기	남양주시	별내동	별내한라꿈에그린더스타	아파트	2,500	1,650	67	28,900	4.7	2012.10.	10	313	한별초		729
26	경기	남양주시	별내동	우미린	아파트	2,450	1,500	59	30,500	5.7	2012.11.	10	397	한별초	766	396
27	경기	남양주시	호평동	평내호평역KCC스위첸	아파트	2,400	1,600	68	27,300	6.9	2017.04.	5	365	평동초	433	333
28	경기	남양주시	별내동	남양주별내리슈빌	아파트	2,400	1,600	68	28,400	5.4	2013.03.	9	229	별가람초		627
29	경기	남양주시	별내동	남양주별내아이파크	아파트	2,400	1,550	65	29,300	4.7	2012.01.	10	384	남양주덕송초		753
30	경기	남양주시	별내동	신안인스빌	아파트	2,400	1,550	65	29,000	5.9	2012.10.	10	412	화접초		874
31	경기	남양주시	다산동	남양주노승사랑으로부영7단지	아파트	2,400	1,900	73	17,900	6.0	2012.01.	10	265	도농초	600	317
32	경기	남양주시	다산동	한화꿈에그린	아파트	2,400	1,500	64	30,600	7.1	2008.08.	14	224	남양주양정초	618	767
33	경기	남양주시	별내동	남양주별내더샵	아파트	2,350	1,500	64	29,400	5.4	2012.05.	10	285	별가람초		644
34	경기	남양주시	별내동	별내푸르지오	아파트	2,350	1,650	65	25,300	6.1	2015.12.	7	354	남양주샛별초		1,100
35	경기	남양주시	다산동	다산센트레빌	아파트	2,350	1,600	70	26,300	6.0	2016.11.	6	240	남양주미금초	677	457

출처 : 손품왕

먼저, 남양주 급지별 단지를 파악한다. 30평형대 기준으로 15년 이하, 300세대 이상으로 뽑아본다. 쉽게 이해가 될 것이다. 이렇게 보면 별내, 다산동이 남양주 대장이라는 것을 알 수 있다.

출처 : 네이버지도

지도를 보며 별내동과 다산동이 어디에 있는지 파악하자.

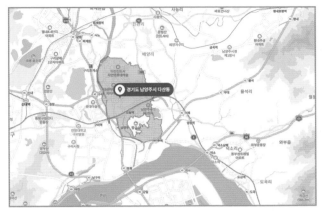

출처 : 네이버지도

그러나 지금 장은 싼 곳, 아니면 공시지가 1억 원 미만, 이런 곳에 관심이 있다. 별내동, 다산동은 돈이 많이 들어가서 별 관심이 없는 것이다.

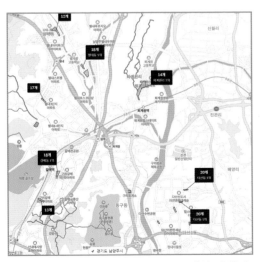

출처 : 호갱노노

그래도 다산동, 별내동의 학원가와 상권 체크도 필수이다.

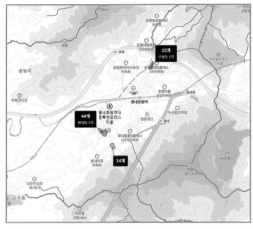

출처 : 호갱노노

호평과 평내의 학원가는 이렇다. 그리고 남양주는 조정대상지역이라는 것도 기억하자.

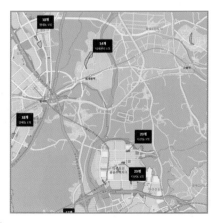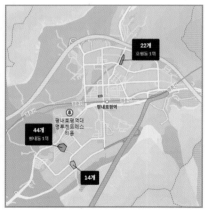

출처 : 호갱노노

상권이 어디에 형성되어 있는지 파악하는 것도 중요하다.

닥치고 현장!
소액자본으로 부동산 부자되기

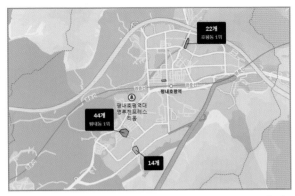

출처 :

　이렇게 차근차근 손품으로 내가 파고드는 지역을 체크하며 들어가는 것이다. 현장 나가기 전에 경매 물건도 확인한다. 공매 물건도 검색한다.

▌ 남양주시 급지 순위(15년 이하, 300세대 이상) ▌

평당가	다산동	별내동	오남읍	진접읍	평내동	호평동	화도읍
3500	다산한양수자인리버벨리 다산반도유보라아메이플타운2.0						
3400	다산펜테리움리버테라스II 힐스테이트다산	별내효성해링턴코트					
3300	다산펜테리움리버테라스I 다산신안인스빌퍼스트리버						
3200	다산e편한세상자이						
3100							
3000	다산아이파크 다산자연앤이편한세상 다산지금센트럴에일린의뜰 다산유승한내들음든뷰						
2900	다산자연앤로데카슬 다산신안인스빌퍼스트포레 다산반도유보라아이플타운 다산유승한내들센트럴						
2800	힐스테이트황금산	별내아이파크2차 별가람마을1-4단지					
2700	다산자연앤e편한세상2차						
2600		별내우미린스타포레 모아미래도					
2500		동익미라벨38단지 별대신도시랑솔메가 별내한화꿈에그린더스타 우미린					
2400	남양주도농사랑으로부영 7단지 한화꿈에그린 다산센트레빌	남양주별내리슈빌 남양주별내아이파크 신안인스빌 남양주별내더샵 별내부르지오				평내호평역KCC스위첸	
2300		동익미라벨39단지				호평오네트센트럴	
2200	호면시아4단지	양주별내유승한내들(이 든힐즈)			평내호평역대명루첸포레 스티움		
2100		별내신도시대림한타빌 남양주별내스위첸				두산알프하임	
2000		별내남광하우스토리 별내신일유로빌			e편한세상평내	호평파라곤	
1900	경남아너스빌			신안인스빌(1080) 금강펜테리움 마을5단지반도유보라메 이플타운			남양주라온프라이빗2단 지 남양주라온프라이빗4단 지

출처 : 손품왕

급지로 남양주를 파악하는 것이다.

내가 어디를 보고 가야 하는지, 입지 분석도 중요하다. 투자는 늘 강남 접근성이다. 거기에 더해 호재가 있는 곳!

입지(학원가, 아파트 단지가 모여 있는 곳, 신축, 호재)는 이렇게 실거주하는 사람들이 살고 싶은 곳 위주로 본다. 남양주는 '다산의 도시' 아닌가! 현장에 가면 아이들이 엄청 많다. 그 이유는… 밤에 할일이 없어서 아이들이 많다는 속설이 있다. 그만큼 현장에 가보면 아이들 키우는 데 좋은 환경이 잘 갖춰져 있다.

‖ 경기 급지 순위 중 남양주시(10년 이하, 300세대 이상) ‖

순위	주소1	주소2	주소3	아파트수	매매평단가	전세평단가	전세가율	갭(14평)	년식	물량	1년	2년	3년	자료	전체세대	분양중	1-2년	3-5년	6-10년	11-20년	21-30년	30년이상
60	경기도	남양주시	다산동	23	3,000	1,700	58	45,000	4	4,726					37,706	3,489	10,459	10,545	1,990	8,563	2,482	178
87	경기도	남양주시	별내동	13	2,600	1,600	62	34,500	6	1,974	380	932			17,702	3,286	1,114	843	12,458			
123	경기도	남양주시	호평동	3	2,300	1,600	71	23,100	3	2,894					14,315		3,510	404	392	9,122	467	220
139	경기도	남양주시	평내동	2	2,100	1,600	71	16,700	1		1,108				13,492	1,108	1,008		7,557	1,583	2,236	
166	경기도	남양주시	화도읍	11	1,700	1,100	71	20,600	4						24,617		1,765	3,956	3,847	8,132	6,751	166
170	경기도	남양주시	진접읍	3	1,700					1,153	2,094				22,251	3,247	159	38	34	12,663	5,491	619
256	경기도	남양주시	와부읍	1					-1						17,248		15	119	54	7,342	9,435	283

출처 : 손품왕

남양주 10년 이하, 300세대 이상으로 급지를 파악한다. 다산 > 별내 > 호평 > 평내 이런 순으로 보면 된다.

닥치고 현장!
소액자본으로 부동산 부자되기

‖ 경기 급지 순위(10년 이하, 300세대 이상) ‖

순위	주소1	주소2	아파트수	매매평당	전세평당	전세가율	갭(34평)	년식
								세부정보
1	경기도	과천시	12	6,325	3,550	59	94,425	1
2	경기도	성남시 분당구	11	5,500	2,967	55	83,200	2
3	경기도	광명시	10	4,433	2,267	51	72,667	3
4	경기도	안양시 동안구	9	4,267	2,300	53	76,900	3
5	경기도	성남시 수정구	15	4,075	2,375	60	57,950	3
6	경기도	성남시 중원구	5	3,700	2,233	62	44,633	6
7	경기도	의왕시	12	3,650	1,800	53	62,700	3
8	경기도	하남시	57	3,557	2,086	60	50,586	4
9	경기도	용인시 수지구	18	3,540	2,040	62	50,920	3
10	경기도	고양시 일산동구	8	3,375	1,950	62	47,775	3
11	경기도	수원시 영통구	29	3,350	2,017	64	45,117	6
12	경기도	구리시	11	3,233	1,833	59	48,167	3
13	경기도	수원시 팔달구	4	3,233	1,800			
14	경기도	고양시 덕양구	38	3,188	1,850	61	46,633	5
15	경기도	고양시 일산서구	5	3,000	1,667	68	45,133	5
16	경기도	부천시	17	2,738	1,914	69	26,543	3
17	경기도	안양시 만안구	6	2,700	2,000	68	22,150	4
18	경기도	군포시	9	2,700	1,625	65	37,250	7
19	경기도	시흥시	58	2,617	1,367	53	47,182	3
20	경기도	용인시 기흥구	23	2,488	1,675	69	28,613	5
21	경기도	수원시 장안구	8	2,400	1,600	64	27,800	3
22	경기도	화성시	140	2,365	1,344	58	36,131	3
23	경기도	수원시 권선구	27	2,329	1,443	63	29,671	5
24	경기도	안산시 단원구	19	2,233	1,467	61	27,217	4
25	경기도	남양주시	56	2,233	1,520	67	27,980	3
26	경기도	안산시 상록구	5	2,233	1,567	69	22,633	3
27	경기도	의정부시	30	2,050	1,475	72	20,350	2
28	경기도	김포시	57	2,040	1,218	65	26,530	4
29	경기도	광주시	38	2,029	1,517	71	19,033	3
30	경기도	오산시	15	2,014	1,271	69	24,371	4
31	경기도	파주시	22	1,771	1,200	71	25,083	3

[경기 급지순위] 년식:10이하 세대수:300이상 [손품왕]

출처 : 손품왕

경기도 전체로 보면 남양주는 25위이다. 이제 남양주가 머릿속에 제대로 들어올 것이다. 남양주 인구는 약 72만 명으로 앞서 언급했듯이 조정대상지역이다. 입주 물량을 살펴보면 내년부터 거의 없다.

남양주시 기간별 수요와 입주 물량

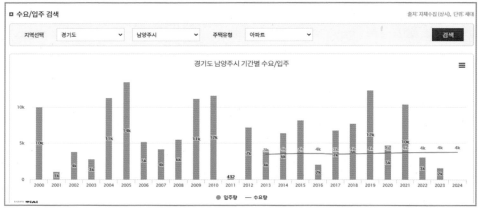

출처 : 부동산지인

남양주의 매매평단가가 꾸준히 상승했음을 확인할 수 있다.

인구가 비슷한 지역의 매매평단가 비교

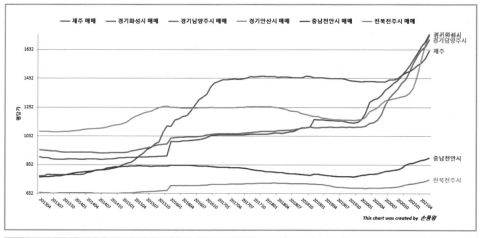

출처 : 손품왕

순위	201304	201307	201401	201407	201501	201507	201601	201607	201701	201707	201801	201807	201901	201907	202001	202007	202101	20210
1	경기안산	경기안산	경기안산	경기안산	경기안산	경기안산	제주	경기안산	경기안산	경기안산	경기안산	경기안산	경기안산	경기안산	경기안산	경기화성	경기화성	경기화
2	경기남양	경기남양	경기남양	경기남양	경기남양	경기남양	제주	제주	제주	제주	제주	제주	제주	제주	제주	경기안산	제주	경기안
3	경기화성	경기화성	경기화성	경기화성	경기화성	제주	경기남양	경기남양	경기남양	경기남양	경기남양	경기화성	경기화성	경기화성	경기안산	경기남양	경기남
4	제주	제주	충남천안	제주	제주	경기화성	경기안산	경기화성	경기화성	경기화성	경기화성	경기남양	경기남양	경기남양	충남천안	충남천안	충남천
5	충남천안	충남천안	제주	제주	충남천안	충남천안	충남천안	충남천안	충남천안	충남천안	충남천안	충남천안	충남천안	충남천안	충남천안	충남천안	충남천
6	전북전주	전북전주	전북전주	전북전주	전북전주	전북전주	전북전주	전북전주	전북전주	전북전주	전북전주	전북전주	전북전주	전북전주	전북전주	전북전주	전북전

인구가 비슷한 지역들과 매매평단가를 비교도 해본다.

┃ 인구가 비슷한 지역의 매매평단가 비교 ┃

년월	주소1	주소2	지역주민	외지인	외지인비%	전체거래량	관할시군구 내	관할시도내	관할시도외 서울	관할시도외 기타
201803	경기도	남양주시	626	322	51.4%	948	506	120	270	52
201804	경기도	남양주시	503	245	48.7%	748	427	76	205	40
201805	경기도	남양주시	450	226	50.2%	676	361	89	191	35
201806	경기도	남양주시	362	180	49.7%	542	293	69	149	31
201807	경기도	남양주시	454	225	49.6%	679	351	103	176	49
201808	경기도	남양주시	439	257	58.5%	696	315	124	205	52
201809	경기도	남양주시	609	438	71.9%	1,047	471	138	370	68
201810	경기도	남양주시	738	401	54.3%	1,139	571	167	330	71
201811	경기도	남양주시	448	267	59.6%	715	340	108	216	51
201812	경기도	남양주시	307	178	58.0%	485	239	68	146	32
201901	경기도	남양주시	331	160	48.3%	491	259	72	124	36
201902	경기도	남양주시	304	122	40.1%	426	254	50	95	27
201903	경기도	남양주시	322	103	32.0%	425	272	50	79	24
201904	경기도	남양주시	589	120	20.4%	709	547	42	97	23
201905	경기도	남양주시	433	210	48.5%	643	380	53	123	87
201906	경기도	남양주시	307	151	49.2%	458	243	64	93	58
201907	경기도	남양주시	352	309	87.8%	661	279	73	167	142
201908	경기도	남양주시	355	222	62.5%	577	266	89	167	55
201909	경기도	남양주시	445	217	48.8%	662	339	106	167	50
201910	경기도	남양주시	533	302	56.7%	835	414	119	245	57
201911	경기도	남양주시	635	295	46.5%	930	477	158	240	55
201912	경기도	남양주시	757	388	51.3%	1,145	571	186	292	96
202001	경기도	남양주시	778	371	47.7%	1,149	605	173	289	82
202002	경기도	남양주시	1,150	519	45.1%	1,669	889	261	387	132
202003	경기도	남양주시	1,391	632	45.4%	2,023	962	429	490	142
202004	경기도	남양주시	700	373	53.3%	1,073	519	181	279	94
202005	경기도	남양주시	765	352	46.0%	1,117	568	197	263	89
202006	경기도	남양주시	1,707	917	53.7%	2,624	1,248	459	663	254
202007	경기도	남양주시	1,313	690	52.6%	2,003	984	329	535	155
202008	경기도	남양주시	687	347	50.5%	1,034	526	161	282	65
202009	경기도	남양주시	576	299	51.9%	875	447	129	248	51
202010	경기도	남양주시	592	339	57.3%	931	448	144	286	53
202011	경기도	남양주시	637	352	55.3%	989	496	141	278	74
202012	경기도	남양주시	980	645	65.8%	1,625	729	251	516	129
202101	경기도	남양주시	789	572	72.5%	1,361	553	236	425	147
202102	경기도	남양주시	699	487	69.7%	1,186	504	195	386	101
202103	경기도	남양주시	554	366	66.1%	920	420	134	290	76
202104	경기도	남양주시	385	242	62.9%	627	284	101	203	39
202105	경기도	남양주시	417	304	72.9%	721	285	132	239	65

출처 : 손품왕

2021년 5월 기준 외지인 매입 비율이 72.9%임을 알 수 있다. 남양주의 30평형대 300세대 이상, 초등학교 500미터 이내에 위치한 매물은 말할 것도 없이 비쌀 것이다. 그럼 우리는 30년 이하, 초등학교 500미터 이내, 500세대 이상 1억 원 갭투자 가능한 지역을 뽑아보자.

▌1억 원으로 갭투자 가능한 지역(30년 이하, 500세대 이상, 초등학교 500미터 이내) ▌

손품플랫폼	임장지도		실거래	멀티차트	매물	공시	매매 - 기준		20210101	68.4 %	KB매매 - 202104기준		
주소1	주소2	주소3	아파트명	기본	년차	준공	전용	매매기준	평당가	공시기준	공시가	금액	변동금액	상승률
경기	남양주시	진접읍	정광산호	기본	28	1994.11.	75	27,000	948	18,000	12,312	21,000	6,000	29 %
경기	남양주시	진접읍	삼신	기본	30	1992.04.	84	23,500	734	17,500	11,970	18,750	4,750	25 %
경기	남양주시	진접읍	삼신	기본	30	1992.04.	85	23,500	723	17,500	11,970	18,750	4,750	25 %
경기	남양주시	진접읍	삼신	기본	30	1992.04.	65	19,250	774	14,500	9,918	15,500	3,750	24 %
경기	남양주시	진접읍	정광산호	기본	28	1994.11.	85	29,000	905	20,500	14,022	24,000	5,000	21 %
경기	남양주시	화도읍	보미청광플러스원	기본	17	2005.12.	60	32,000	1,279	25,000	17,100	27,000	5,000	19 %
경기	남양주시	진접읍	정광산호	기본	28	1994.11.	60	23,000	899	15,000	10,260	19,500	3,500	18 %
경기	남양주시	진접읍	삼신	기본	30	1992.04.	46	13,750	773	10,750	7,353	11,750	2,000	17 %
경기	남양주시	화도읍	창현두산2단지	기본	25	1997.12.	60	30,000	1,266	21,000	14,364	25,750	4,250	17 %
경기	남양주시	화도읍	창현두산2단지	기본	25	1997.12.	60	30,000	1,305	21,000	14,364	25,750	4,250	17 %
경기	남양주시	별내면	청학주공7단지	기본	20	2002.07.	59	27,000	1,204	19,500	13,338	23,000	4,000	17 %
경기	남양주시	별내면	청학주공7단지	기본	20	2002.07.	59	27,000	1,200	19,500	13,338	23,000	4,000	17 %
경기	남양주시	화도읍	신한토탈	기본	25	1997.12.	71	28,500	1,012	19,500	13,338	24,500	4,000	16 %
경기	남양주시	화도읍	신한토탈	기본	25	1997.12.	71	28,500	1,021	19,500	13,338	24,500	4,000	16 %
경기	남양주시	와부읍	덕소주공1단지	기본	26	1996.04.	58	37,500	1,536	31,000	21,204	32,250	5,250	16 %
경기	남양주시	평내동	평내마을평내2차대주파크빌	기본	17	2005.08.	85	42,500	1,232	32,000	21,888	37,000	5,500	15 %
경기	남양주시	평내동	대명	기본	22	2000.05.	85	38,000	1,127	29,000	19,836	33,500	4,500	13 %
경기	남양주시	별내면	청학주공2단지	기본	23	1999.10.	60	27,125	1,044	21,125	14,450	24,500	2,625	11 %
경기	남양주시	별내면	청학주공2단지	기본	23	1999.10.	60	27,125	1,043	21,125	14,450	24,500	2,625	11 %
경기	남양주시	화도읍	삼신무르손17차	기본	24	1998.08.	60	20,250	905	15,500	10,602	18,250	2,000	11 %
경기	남양주시	평내동	평내마을금호어울림	기본	17	2005.11.	60	34,000	1,326	26,250	17,955	30,500	3,500	11 %
경기	남양주시	평내동	평내마을주공(에다음)	기본	18	2004.07.	60	35,000	1,336	26,000	17,784	31,500	3,500	11 %
경기	남양주시	평내동	평내마을주공(에다음)	기본	18	2004.07.	60	35,000	1,332	26,000	17,784	31,500	3,500	11 %
경기	남양주시	평내동	평내마을주공(에다음)	기본	18	2004.07.	60	35,000	1,327	26,000	17,784	31,500	3,500	11 %
경기	남양주시	평내동	대명	기본	22	2000.05.	132	40,500	845	34,500	23,598	36,500	4,000	11 %
경기	남양주시	와부읍	벽산	기본	23	1999.12.	60	41,000	1,636	34,500	23,598	37,000	4,000	11 %
경기	남양주시	화도읍	신한토탈	기본	25	1997.12.	85	35,000	1,064	25,750	17,613	31,500	3,500	11 %
경기	남양주시	금곡동	신성무르손	기본	25	1997.05.	60	26,500	1,053	21,000	14,364	24,000	2,500	10 %
경기	남양주시	평내동	평내마을평내2차대주파크빌	기본	17	2005.08.	60	34,500	1,344	26,000	17,784	31,500	3,000	10 %
경기	남양주시	호평동	호평마을대주파크빌	기본	18	2004.12.	60	40,000	1,250	34,500	23,598	36,500	3,500	10 %
경기	남양주시	진접읍	진접센트레빌시티1단지	기본	13	2009.10.	126	47,500	969	41,000	28,044	43,500	4,000	9 %
경기	남양주시	진접읍	진접센트레빌시티1단지	기본	13	2009.10.	150	52,000	893	46,000	31,464	47,500	4,500	9 %
경기	남양주시	화도읍	화도효성해링턴플레이스	기본	7	2015.08.	60	25,000	1,012	22,000	15,048	23,000	2,000	9 %
경기	남양주시	진접읍	진접센트레빌시티1단지	기본	13	2009.10.	102	41,000	998	36,500	24,966	38,000	3,000	8 %
경기	남양주시	진접읍	진접센트레빌시티1단지	기본	13	2009.10.	102	41,000	1,012	36,500	24,966	38,000	3,000	8 %
경기	남양주시	진접읍	진접센트레빌시티1단지	기본	13	2009.10.	102	41,000	1,005	36,500	24,966	38,000	3,000	8 %

출처 : 손품왕

앞서 표를 보면 알겠지만, 별내나 다산은 절대 나오지 않는다. 그만큼 좋은 곳은 가격이 말해준다고 보면 된다.

남양주에 대한 전체적인 파악은 이 정도로 하겠다. 그럼 이제 현장 속으로 들어가보자. 현장으로 가면 답을 찾게 된다. 늘, 잊지 말자! 현장은 변화무쌍하다. 그러나 '능동, 긍정, 도전, 설득, 꾸준, 겸손, 정석, 만족…' 이 마음가짐만 갖고 있다면 누구라도 임장하는 것, 두렵지 않다.

수동 능동

부정 긍정

포기 도전

반대 설득

닥치고 현장의 마음가짐이다.
이런 마음가짐이 아주 중요하다.
명심하자!

꾸준 조급

겸손 자만

정석 편법

만족 욕심

– 발품황제, 남호 이성주 드림 –

대장 아파트 파악하기

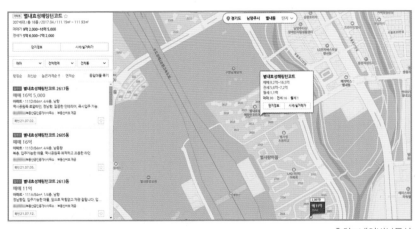

출처 : 네이버부동산

　　남양주의 대장 아파트를 알아보자. 별내효성해링턴코트의 최고가는
16억 5,000만 원이다!

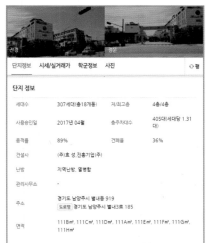

2017년 4월 준공된 이곳은 307세대로 2021년 7월 기준 전세가
7억 2,000만 원이다. 투자금이 뜨겁다.

자, 그럼 본격적으로 부동산 현장 속으로 달려가보자.

▲ 전 세대에 테라스가 있다.

이렇게 현장에서 바로 사진을 찍어서 단지 구조 등을 파악한다.

소장님 브리핑

- 인기가 좋다.

- 1~3층은 단층이고, 4층은 복층이라 테라스 크기가 다르고, 4층 물건이 16억 5,000만 원이다. 1층은 테라스가 전면에 다 있다.

- 2층은 조금 작고, 3층은 조금 더 작다. 가격은 4층>1층>2~3층 비슷한 수준 이고, 지금 1층은 급매로 사면 좋다.

- 로얄동인 맨 앞 동을 선호하는 사람이 있는가 하면, 맨 뒤쪽 역사공원 쪽을 선호하는 사람도 있어서 취향에 따라 다르고, 분양가가 다 비슷했다. 층마다는 분양가가 다르다.

- 우선 현재 발표는 4호선, 8호선 연결된다는 것은 확정이고, 중앙역이 추진된 다고 하지만, 결정된 것은 아직 없는 상태이다.

- 인프라가 아직 미흡하다.

- 주차는 무조건 지하에 한다. 세대당 1대 무료, 1대 추가는 월 1만 원이고, 관 리비는 별내는 다 포함되어서 나오는데, 난방, 전기, 가스 포함이다. 요즘 단 층은 20만 원 중반이다.

- 모두 4층의 저층 건물이고, 조망보다 살기 좋고, 아이들 키우기 좋으며, 엘리 베이터 있고, 1층 사람들도 관리비 다 낸다.

- 앞에 덕송천이 있는데, 산책로 되어 있어 산책하기 좋고, 쾌적하다.

- 센터에 박혀 있어서 어느 상권도 이용하기 좋고, 건너편에 학원가를 만들고 있다. 지금 학원들이 들어오고 있다.

- 강남까지 차로 가면 출퇴근 때는 조금 막히지만, 그런 시간 아니면 보통 30분 이다.

객관적으로 추천하는 매물로 미래가치가 있다. 현재 살기도 좋다. 사면 후회 없다. 분양가보다 2배 올랐는데, 부동산은 어쨌든 인플레이션 때문에 결국 오른다. 장기적으로 보면 어느 부동산이든 오른다. 그런데 너무 가격에 포커스를 맞추면 스트레스이다. 실제로 거주하며 만족도 느끼면서 살면 가격은 원하는 만큼 올라가 있다.

❌ GTX B노선 호평·평내보다 별내를 사라! 별내는 노선 4개가 다닌다. 향후 그걸 보고 투자하면 좋다.

➡ GTX B노선, 현재 경춘선, 8호선, 4호선
  4, 8호선은 지금 공사 중인데, 4호선은 올해 말이나 내년 초에 개통할 예정이고, 8호선은 2023년 개통 예정이다.
  GTX B노선은 내년에 착공해서 2027년 개통할 예정이다.

리스크는 항상 있다. 절대 없다고는 할 수 없지만, 확정된 호재들이 있으니 기간이 길어질 것인가 그대로 진행될 것인가의 문제이다. 발표된 호재들을 가지고 가도 괜찮다고 본다.

상승 기류 갭투자
1억 원 미만 아파트

매매와 전세 갭 1억 원 미만으로 투자 가능한 단지를 소개한다. 자세한 것은 손품과 발품으로 꼭 체크해야 한다.

┃ 갭투자 1억 원 미만으로 투자 가능한 단지 ┃

주소2	주소3	아파트명	기본	너비	준공	전용	6개월전	4개월전	2개월전	1개월전	변동	하위	평균	상위	전세기준	기준전세율	매물_갭	매잔갭	금액	변동금액	상승률
남양주시	진접읍	정광산호	기본	28	1994.11.	75	15,500	17,000	18,000	18,000	〰	17,000	18,000	19,000	18,000	67		9,000	18,000	0	0 %
남양주시	진접읍	삼신	기본	30	1992.04	84	14,250	14,250	16,500	17,750	〰	17,500	18,500	20,000	18,500	79		5,000	15,000	3,500	23 %
남양주시	진접읍	삼신	기본	30	1992.04	85	14,250	14,250	16,500	17,750	〰	17,500	18,500	20,000	18,500	79		5,000	15,000	3,500	23 %
남양주시	진접읍	삼신	기본	30	1992.04	65	11,000	11,000	12,000	13,000	〰	12,000	13,000	14,000	13,000	68	6,500	6,250	11,250	1,750	16 %
남양주시	진접읍	정광산호	기본	28	1994.11.	85	17,500	19,000	21,000	21,000	〰	20,000	21,000	22,000	21,000	72	5,500	8,000	20,000	1,000	5 %
남양주시	화도읍	보미청용플러스원	기본	17	2005.12.	60	20,000	21,000	23,000	23,000	〰	23,000	24,000	25,000	24,000	75	5,250	8,000	23,000	1,000	4 %
남양주시	진접읍	정광산호	기본	28	1994.11.	60	12,500	13,500	15,000	15,000	〰	15,000	16,000	17,000	16,000	70	9,000	7,000	13,500	2,500	19 %
남양주시	진접읍	삼신	기본	30	1992.04	46	7,250	7,250	9,500	9,500	〰	9,000	9,500	10,000	9,500	69	4,000	4,250	7,500	2,000	27 %
남양주시	화도읍	청학동산2단지	기본	17	1997.12.	60	17,000	19,500	21,000	21,500	〰	20,500	21,500	22,500	21,500	72	9,000	8,500	19,500	2,000	10 %
남양주시	화도읍	청학동산2단지	기본	25	1997.12.	60	17,000	19,500	21,000	21,500	〰	20,500	21,500	22,500	21,500	72		8,500	19,500	2,000	10 %
남양주시	별내면	청학주공1단지	기본	20	2002.07.	59	15,000	16,000	16,500	16,500	〰	17,500	18,000	19,500	18,000	67		9,000	16,000	2,000	12 %
남양주시	별내면	청학주공1단지	기본	25	2002.07.	60	15,000	16,000	16,500	16,500	〰	17,500	18,000	19,500	18,000	67		9,000	16,000	2,000	12 %
남양주시	화도읍	신한토탈	기본	25	1997.12.	71	15,750	17,000	23,000	24,000	〰	23,000	24,000	25,000	24,000	84		4,500	20,000	4,000	20 %
남양주시	화도읍	신한토탈	기본	25	1997.12.	85	15,750	17,000	23,000	24,000	〰	23,000	24,000	25,000	24,000	84		4,500	20,000	4,000	20 %
남양주시	와부읍	덕소주공1단지	기본	26	1996.04.	58	25,000	25,500	26,500	27,500	〰	26,500	28,000	29,000	28,000	75	16,250	9,500	25,500	2,500	10 %
남양주시	평내동	평내마을평내2차대주파크빌	기본	17	2005.08.	26	29,500	29,500	29,500	32,500	〰	32,000	33,000	34,000	33,000	78		9,500	29,500	3,500	12 %
남양주시	평내동	대명	기본	22	2000.05.	85	25,000	25,000	28,000	28,000	〰	27,500	29,500	31,500	29,500	78		8,500	28,000	1,500	5 %
남양주시	별내면	청학주공2단지	기본	17	1999.10.	60	16,650	17,650	20,500	21,750	〰	20,750	21,750	22,500	21,750	80		5,375	19,000	2,750	14 %
남양주시	별내면	청학주공2단지	기본	23	1999.10.	60	16,650	17,650	20,500	21,750	〰	20,750	21,750	22,500	21,750	80	14,000	5,375	19,000	2,750	14 %
남양주시	별내면	삼신푸른솔17차	기본	24	1998.08.	60	11,750	12,500	12,500	12,500	〰	13,500	14,500	15,500	14,500	72	7,500	5,750	12,500	2,000	16 %
남양주시	평내동	평내마을금호어울림	기본	17	2005.11.	60	23,500	24,500	27,500	27,500	〰	26,500	27,500	28,500	27,500	81		6,500	27,000	500	2 %
남양주시	평내동	평내마을주공(에다움)	기본	18	2004.07.	60	21,750	22,500	26,750	27,750	〰	26,000	28,000	29,000	28,000	80	8,250	7,000	24,000	4,000	17 %
남양주시	평내동	평내마을주공(에다움)	기본	18	2004.07.	60	21,750	22,500	26,750	27,750	〰	26,000	28,000	29,000	28,000	80		7,000	24,000	4,000	17 %
남양주시	평내동	대명	기본	22	2000.05.	132	26,500	26,500	30,000	30,000	〰	30,500	32,500	35,500	32,500	80		8,000	30,000	2,500	8 %
남양주시	와부읍	벽산	기본	25	1997.12.	85	31,000	32,000	32,000	32,000	〰	30,000	32,000	34,000	32,000	78	16,000	9,000	32,000	0	1 %
남양주시	화도읍	신한토탈	기본	25	1997.12.	85	20,500	23,500	28,500	28,500	〰	27,500	29,000	30,500	29,000	83		6,000	26,500	2,500	9 %
남양주시	금곡동	신성푸른솔	기본	16	2000.04.	60	18,000	19,000	20,000	20,500	〰	19,000	20,500	22,000	20,500	77		6,000	20,000	500	2 %
남양주시	평내동	평내마을평내2차대주파크빌	기본	17	2005.08.	60	24,000	24,000	24,500	27,000	〰	26,500	27,500	29,000	27,500	80	2,000	7,000	24,500	3,000	12 %
남양주시	평내동	대명	기본	22	2000.05.	85	27,500	29,000	32,000	33,000	〰	32,000	33,500	34,500	33,500	80		6,500	29,000	4,500	16 %
남양주시	진접읍	진접센트레빌시티1단지	기본	13	2009.10.	126	35,000	35,000	35,500	36,000	〰	40,000	42,500	45,000	42,500	89		5,000	35,000	7,500	21 %
남양주시	진접읍	진접센트레빌시티1단지	기본	13	2009.10.	150	37,500	37,500	38,000	38,500	〰	44,000	46,000	48,500	46,000	88	20,000	6,000	37,500	8,500	23 %

* 모든 자료는 현재 시점 변동 가능성이 있음을 감안하고 참고만 하기를 바란다.

출처 : 손품왕

이제는 핵심 아파트 몇 곳만 소개할까 한다. 현장으로 함께 떠나보겠다.

▌진접읍 - 정광산호

정광산호는 728세대, 1994년 준공된 단지로 매매가는 최저 2억 6,000만 원부터 형성되어 있다.

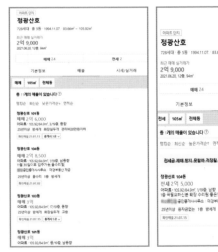

출처 : 네이버부동산

전세가는 2억 5,000만 원 내외로 잘만 하면 갭투자 1,000만 원이 가능하다.

- 2억 6,000만 원 32평 매물이 있는데, 월세 2,000/60으로 살고 있다. 그래서 싸게 매물을 내놓았다. 대출이 안 된다. 계약갱신청구권 한 것으로 만기가 2022년 9월이다. 아직 기간이 안 되었고, 집은 못 봤는데 보겠다고 전화 오는 사람은 많다.

- 진접읍은 조정대상지역이다. 실입주 가능한 것 전세는 32평인데, 2억 5,000만 원에 맞춘다. 1년만 버티면 무피, 그때는 올라간다. 실입주 가능한 매물은 3억 2,000만 원이다.

- 32평인 101동은 동향, 103~104동은 남향인데, 103동 앞이 가리는 게 덜하다 보니 선호하는 사람이 많다.

- 200~300만 원 협상 가능한데, 가격이 싸니까 몇 천씩 깎지는 못한다. 500만 원도 기겁한다. 전세 놓을 때, 수리 잘되어 있으면 2억 6,000만 원인데, 높아서 잘 안 나간다. 매매를 맞춰야 하는데, 2억 5,000~2억 6,000만 원 맞춰야 무난하게 간다.

- 공시지가 1억 원 미만이고, 25평 가능하다. 25평 가격은 층수로 나뉘는데, 13층이 1억 원이 안 되고, 8,900만 원이다.

- 25평 2억 5,000만 원 매매가이고, 전세 놓으면 1억 8,000만 원이다.

- 작년 겨울에 투자자 진입해서 많이 올랐다. 작년 연말 전에 32평 2억 원, 25평 1억 5,000만 원이었다. 약 1억 원 올랐다.

호재

지하철이 근처에 들어온다. 택지지구 도보 15분 거리에 4호선이 들어온다. 주변 아파트 중에 가격이 제일 저렴하다. 주변 다 새 아파트라서 비싸다. 택지지구는 10~11년 되었고, 남양주정광산호아파트는 21

년 차이다. 지하철 도보 가능한 곳은 10년 된 것이라 5~6억 원인데 비해 이곳은 3억 원 미만이다. 3억 원 미만이라 양도세 중과적용이 안 된다. 읍면동 지역이라 공시지가 1억 원 미만은 취득세 중과 적용도 안 된다.

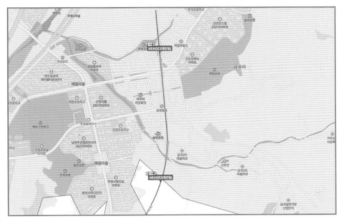

출처 : 네이버부동산

이렇게 4호선 근처 단지들 투자도 향후 4호선 타고 다니면 상승 여력이 있다는 말을 전한다.

1. 정책 입안
2. 발표
3. 착공
4. 준공
5. 사용하면서 상승

상승은 늘 이런 요소들과 함께 체크하면 된다. 가격이 싸면 투자 가치가 있다 여기니 잘 파악하기를 바란다. 당연히 신축이 대세임을 알자!

진접읍의 대장은 신도브래뉴이다. 가격이 말을 해주고 있다. 주변 시세를 보면 다 비싸다. 그래서 오래된 아파트들 갭투자 적게 들어간 지역에 투자자들이 귀신같이 들어가는 것이다. 투자는 이렇게 내가 가진 투자금으로 단기, 중기, 장기 이렇게 체크하고 파악하며 들어가야 한다. 법인 투자로 할 것인지, 개인 투자로 할 것인지 아니면 공시지가 1억 원 미만으로 할 것인지, 아니면 개인으로 사면 중과 문제가 있으니 매매사업자로 투자해서 매입할 것인지 잘 결정해야 한다. 단, 인근에 신축 분양을 하게 되면 전세 놓기 어려우니 전세 맞춘 것을 사도 된다. 그런 대안을 찾고 투자를 하면 된다는 말이다. 꼭 여기를 사라는 의미가 아니라 이렇게 찾고, 파고들어간다는 사실을 잊지 말자!

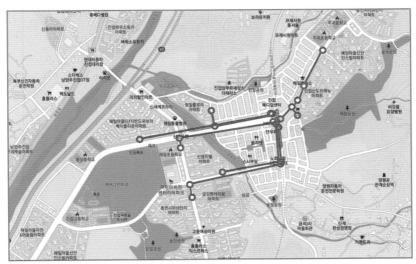

참고로 이 라인도 조사해보기를 바란다.

▌ 진접읍 - 삼신

다른 단지도 살펴본다. 중소형 아파트 단지로 구성되어 있고, 825세
대 약 23년 차인 아파트이다. 언제나 가격이 싼 곳은 입지가 조금 떨어
진다. 평단가가 싸고, 눈에 띈다. 여기도 가격이 저렴하니 투자자들이
귀신같이 찾아내는 곳이다. 당연히 공시지가 1억 원 미만이 있다.

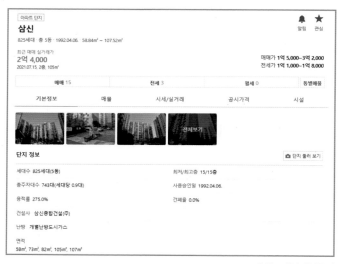

출처 : 네이버부동산

소장님 브리핑

● 현재 시세 2억 5,000만 원이 최고가이다. 전세 놓으면 가격은 최고가 1억 8,000만 원으로 깨끗하면 잘 나간다. 학생들, 초등학생 자녀를 둔 엄마들이 산다. 학교가 가까워서 수요는 많다. 집만 깨끗하면 다른 곳보다 싸서 잘 나간다. 학군은 장현초등학교이고, 진접읍은 농어촌 특별전형 가능하다.

● 32평은 많이 올라서 물건 없고, 25평은 공시지가 1억 원 미만이고, 층 상관없이 9,800만 원이다.

● 105동이 시야가 트였고, 학교 가까워서 선호한다.

● 남동향은 11~17호 라인이고, 지금은 물건이 없으니까 사이드도 보고 산다.

● 투자자들 줄 서 있다. 그 이유는 진접역 생기면서 버스 15분 거리, 도보로 가면 30분 안 걸린다. 사실 역세권은 아니다.

● 인근 광릉 내 버스종점이 있는데, 여기 입주가 올 연말 시작하고, 더샵과 서희의 입주 또한 내년 3월쯤 시작하니깐 여기 거주하는 사람들이 새 아파트로

갈 수 있다. 입주자들이 있으니까 그렇게 가격이 떨어질까? 떨어지지 않아도 전세가 맞추기 힘들어서 전세 문제가 생길 수 있다. 더샵, 서희가 1억 5,000만 원~2억 원 올랐다. 분양가는 평당 700만 원이었다.

❯ 경복대 학생들은 진접지구 원룸이나 기숙사에 주로 거주하기 때문에 영향이 없다.

▌진접읍 지역 핵심 정리

공시지가 1억 원 미만 아파트는 다음과 같다.

- 삼신아파트 25평
- 정광산호아파트 24평
- 신동아아파트 24평

기억하자. 이렇게 공시지가 1억 원 미만으로 파고드는 것이다. 공시지가 1억 원 미만 아파트는 한국부동산원의 홈페이지에서 부동산 공시가격 메뉴(https://www.realtyprice.kr:447/notice/town/nfSiteLink.htm)의 공동주택 가격 열람을 통해 파악하면 된다. 다른 지역도 이런 방법으로 파악해보기를 추천한다.

▌화도읍 - 보미청광플러스원

출처 : 네이버부동산

화도읍은 인구 약 10만 명이 거주하는 곳이다. 그 화도읍에 위치한 보미청광플러스원은 758세대(12동)로 2005년 입주한 16년 차 아파트이다. 매매가는 20평형 2억 9,000만 원부터 있다.

▌남양주시 분양 단지 ▌

지역1	지역2	지역3	아파트명	분양일자	분양가	평단가	최고경쟁률	가점평균	세대수
경기도	남양주시	다산동	다산신도시자연앤자이	201812	38,709 ~ 43,224	1,298	53.2		878
경기도	남양주시	진접읍	남양주더샵퍼스트시티	201904	22,640 ~ 30,560	915	0.8		1,153
경기도	남양주시	진접읍	남양주부평2지구세회스타힐스	201905	22,500 ~ 31,800	935	0.3		1,266
경기도	남양주시	다산동	다산신도시자연앤푸르지오	201907	28,770 ~ 33,300	1,340	27.4		1,614
경기도	남양주시	평내동	e편한세상평내	201908	29,070 ~ 40,900	1,282	13.9	49	1,108
경기도	남양주시	별내동	별내지구A25블록신혼희망타운	201910	26,316 ~ 31,359	1,300	15.7		380
경기도	남양주시	진접읍	남양주진접상브트네상스더퍼스트	202007	29,816 ~ 29,922	1,203	3.2	43	348
경기도	남양주시	별내동	별내자이더스타	202010	53,880 ~ 64,710	1,540	289.1	69	740
경기도	남양주시	와부읍	덕소강변스타힐스	202104	29,790 ~ 52,867	1,619	507.0	59	423
경기도	남양주시	와부읍	덕소강변라온프라이빗	202104	38,000 ~ 53,600	1,558	38.7	54	295
경기도	남양주시	진접읍	남양주진접2B-1(사전청약)	202107	40,256 ~ 45,428	1,370			236
경기도	남양주시	진접읍	남양주진접2A-1(사전청약)	202107	30,412 ~ 35,174	1,354			920
경기도	남양주시	진접읍	남양주진접2A-3(사전청약)	202107	32,902	1,360			366
경기도	남양주시	진접읍	남양주진접2A-4(사전청약)	202107	31,383	1,330			448
경기도	남양주시	와부읍	남양주도곡2한양수자인	202111					908
경기도	남양주시	다산동	남양주도농반도살루보라	2021예정					194
경기도	남양주시	와부읍	남양주덕소2구역라온프라이빗	2021예정					999
경기도	남양주시	와부읍	덕소6A구역	2021예정					211
경기도	남양주시	평내동	평내1구역재건축	미정					1,843

출처 : 손품왕

여기서 잠깐, 남양주의 분양 분위기를 살펴본다. 가점이 50점대이다.

▮ 남양주시 매물 신고가 리스트 ▮

신고가일	주소1	주소2	주소3	구분	아파트명	입주년월	년식	세대수	평현	신고가	기존가	상승액	상승율	매물
20210721	경기	남양주시	와부읍	매매	덕소쌍용	2000.11.	22	528	32.24	62,000	60,000	2,000	3.3	5
20210721	경기	남양주시	평내동	매매	평내마을상록데시앙	2005.06.	17	657	34.16	65,000	60,000	5,000	8.3	12
20210721	경기	남양주시	호평동	매매	호평파라곤	2010.12.	12	1,275	38.65	85,000	79,000	6,000	7.6	2
20210721	경기	남양주시	호평동	매매	호평파라곤	2010.12.	12	1,275	38.37	80,000	75,000	5,000	6.7	3
20210721	경기	남양주시	진접읍	매매	진접센트레빌시티1단지	2009.10.	13	1,176	34.8	50,000	47,000	3,000	6.4	7
20210721	경기	남양주시	진건읍	매매	한신그린1차	1991.09.	31	706	26.62	29,000	27,000	2,000	7.4	1
20210721	경기	남양주시	호평동	매매	호평마을금강	2004.10.	18	892	35.02	75,000	72,000	3,000	4.2	8
20210721	경기	남양주시	오남읍	매매	신일해피트리2단지	2004.11.	18	498	35.16	38,000	35,000	3,000	8.6	8
20210721	경기	남양주시	와부읍	매매	강산마을코오롱,대성	1999.12.	23	1,256	37.91	78,000	63,000	15,000	23.8	2
20210721	경기	남양주시	호평동	매매	호평마을우림필유	2005.12.	17	291	32.45	60,000	52,000	8,000	15.4	9
20210721	경기	남양주시	화도읍	매매	창현두산1단지	1997.12.	25	350	36.29	51,000	46,000	5,000	10.9	3
20210720	경기	남양주시	화도읍	매매	삼신푸른솔17차	1998.08.	24	757	32.45	33,000	30,000	3,000	10.0	6
20210720	경기	남양주시	오남읍	매매	오남쌍용스윗닷홈City1단지	2005.08.	17	453	32.24	75,000	52,000	23,000	44.2	11
20210720	경기	남양주시	화도읍	매매	창현두산	1997.03.	25	480	23.21	29,700	29,000	700	2.4	5
20210720	경기	남양주시	호평동	매매	호평파라곤	2010.12.	12	1,275	38.44	63,000	62,000	1,000	1.6	1
20210720	경기	남양주시	오남읍	매매	진주화차	1990.12.	32	290	15.01	15,000	14,000	1,000	7.1	3
20210720	경기	남양주시	진접읍	매매	신창비바패밀리	2006.11.	16	775	33.45	37,500	35,000	2,500	7.1	13
20210720	경기	남양주시	진접읍	매매	남양주평지구서희스타힐스	2022.01.	0	1,266	29.89	56,100	49,472	6,628	13.4	5
20210720	경기	남양주시	별내동	매매	청학곡공7단지	2002.07.	20	851	22.09	32,000	30,000	2,000	6.7	4
20210720	경기	남양주시	진건읍	매매	남양주한신그린	1991.09.	31	228	31.91	35,000	30,000	5,000	16.7	2
20210720	경기	남양주시	와부읍	매매	덕소아이파크	2007.02.	15	1,239	41.34	125,000	110,000	15,000	13.6	4
20210720	경기	남양주시	평내동	매매	e편한세상평내	2022.06.	0	1,108	24.45	57,020	55,000	2,020	3.7	6
20210720	경기	남양주시	오남읍	매매	신일해피트리1단지	2004.11.	18	476	25.5	26,000	25,000	1,000	4.0	3
20210720	경기	남양주시	화도읍	매매	삼익파크휠스	2003.01.	19	422	50.55	42,000	40,000	2,000	5.0	4
20210718	경기	남양주시	오남읍	매매	신우아이딜1차	2004.03.	18	595	24.85	28,500	25,500	3,000	11.8	4
20210718	경기	남양주시	호평동	매매	남양	1984.12.	38	220	22.99	36,000	33,000	3,000	9.1	3
20210718	경기	남양주시	퇴계원읍	매매	엘리시아	2005.11.	17	234	33.43	66,000	65,000	1,000	1.5	9
20210718	경기	남양주시	오남읍	매매	진주1차	1988.11.	34	285	15.02	15,000	13,000	2,000	15.4	2
20210718	경기	남양주시	다산동	매매	다산e편한세상자이	2018.07.	4	1,685	30.18	100,000	98,000	2,000	2.0	15
20210718	경기	남양주시	화도읍	매매	창현대주피오레	2006.10.	16	216	34.68	40,000	38,000	2,000	5.3	8
20210718	경기	남양주시	오남읍	매매	두산2차	1998.11.	24	321	23.72	31,000	29,500	1,500	5.1	1
20210717	경기	남양주시	와부읍	매매	덕소리버뷰진도	1998.07.	24	571	22.68	50,000	48,000	2,000	4.2	2
20210717	경기	남양주시	화도읍	매매	신창현동림아이원1차	2006.06.	13	388	44.47	55,000	48,000	7,000	14.6	1
20210717	경기	남양주시	호평동	매매	호평996그대가	2008.06.	14	429	33.55	50,000	46,000	4,000	8.7	4
20210717	경기	남양주시	진건읍	매매	한신그린1차	1991.09.	31	706	31.3	36,000	35,000	1,000	2.9	13
20210717	경기	남양주시	호평동	매매	호평파라곤	2010.12.	12	1,275	55.1	100,000	90,000	10,000	11.1	13

출처 : 손품왕

최근에 남양주의 신고가를 찍은 단지를 보면 투자자와 실거주자가 많이 보는 곳이 어디인지 알 수 있다.

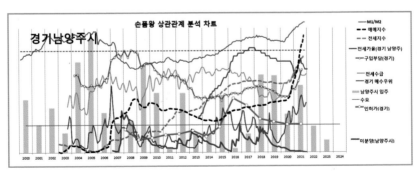

출처 : 손품왕

이렇게 남양주시 전체를 보면 매매지수가 굉장히 급상승하는 것을 알 수 있다. 입주가 남은 단지들은 다음과 같으니 참고하기를 바란다.

▌남양주시 분양 단지 ▌

경기도	남양주시	다산동	아파트분양권	다산신도시자연&자이	2021.07.	2021	21-3Q	878
경기도	남양주시	진접읍	아파트분양권	남양주더샵퍼스트시티	2021.11.	2021	21-4Q	1,153
경기도	남양주시	다산동	아파트분양권	다산신도시자연&푸르지오	2021.11.	2021	21-4Q	1,614
경기도	남양주시	진접읍	아파트분양권	남양주부평2지구서희스타힐스	2022.01.	2022	22-1Q	1,266
경기도	남양주시	별내동	아파트분양권	남양주별내 A25블록	2022.04.	2022	22-2Q	380
경기도	남양주시	평내동	아파트분양권	e편한세상평내	2022.06.	2022	22-2Q	1,108
경기도	남양주시	진접읍	아파트분양권	진접삼부르네상스더퍼스트	2022.09.	2022	22-3Q	348
경기도	남양주시	와부읍	아파트분양권	덕소강변라온프라이빗	2023.11.	2023	23-4Q	295
경기도	남양주시	와부읍	아파트분양권	덕소강변스타힐스	2023.12.	2023	23-4Q	423
경기도	남양주시	별내동	주상복합분양권	별내자이더스타(주)	2023.12.	2023	23-4Q	740

출처 : 손품왕

자, 그럼 현장으로 달려가보자.

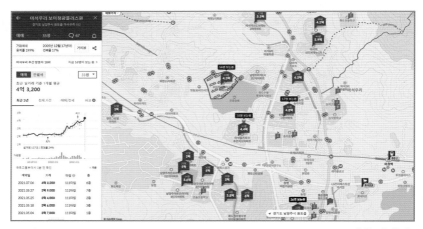

출처 : 호갱노노

닥치고 현장!
소액자본으로 부동산 부자되기

소장님 브리핑

- 33평은 많이 올랐지만, 24평은 덜 올랐다. 큰 평수는 많이 나가는데 작은 평수는 세대수가 적어서 물건을 많이 안 내놓는다. 그래서 작은 평수가 큰 평수보다 안 오른다.

- KB시세로는 33평이 4억 1,000만 원 잡힌다. 담보인증금액이 작은 평수는 3억 원 잡힌다. 그전에는 3,000만 원 차이였는데, 지금은 차이가 난다.

- 작은 평수도 공시지가 1억 원 미만은 아니다.

- 마석 화도읍 행정센터가 있고, 보건센터, 도서관이 있고, 보미청광아파트가 있다.

- 조용하면서도 시내랑 가깝다. 마석역까지 도보로 여름에는 더워서 힘들다. 아파트 정문으로 나가면 천마산역까지 도보로 20분 거리이고, 마석역도 20~25분으로 비슷하다. 아니면 환승하면 된다.

- 15층 중 9~14층이 로얄층이다. 동은 일렬로 되어 있어 동간 거리 넓지만, 앞 동이 가리지 않는 동을 선호한다.

- 전망은 108동, 110동, 112동이 숲조망 동이다. 106동은 초입이라 선호한다.

- 학군은 송라초등학교이고, 학교 바로 옆인 신명아파트를 선호한다. 신명이 더 비싸다. 거주하는 분들은 조용한 곳을 선호한다.

출처 : 네이버부동산

- ⊙ 투자자들은 미리 투자하면 시세차익을 보고 빠진다. 지금의 흐름은 조금씩 올라가고 있다. 호재는 GTX B노선이지만 확실한 시기는 모른다.

- ⊙ 농어촌특별전형 가능하다.

- ⊙ 작은 평수 사서 수리한 집은 1,500~2,000만 원 들고, 수리하면 전세 2억 9,000만 원 맞춘다.

- ⊙ 층에 따라 비싸진다. 3억 원까지 간다. 신명이 3억 원 넘었으니 여기도 나온 다면 그렇게 된다.

- ⊙ 전세 구하는 사람은 뜸한데, 그래도 나간다. 작은 평수 찾는데 전세 물량이 없고, 매매도 없다. 그만큼 귀하다. 구조는 동네에서 잘 나온 편이라 선호한다.

- ⊙ 라온우방, 두산 등 신축이 다 올라서 2급지 구축으로 바람이 불었다. 신명, 중흥, 보미청광 3개가 구축이다.

남호 이성주의 사례

이 부분은 실질적으로 도움을 드리고자 실었다. 부동산은 돈이 필요할 때, 세금(종부세) 문제가 있을 때, 개발 호재가 있거나 입지가 더 좋은 부동산이 나타났을 때 등의 이유가 있다면 매도해야 한다. 그게 아니면 장기 보유하는 것이다. 먼저 저자가 호평동에 6년 전에 매수하고 매도한 실패(?) 경험을 들려드리겠다. 부동산이 주식처럼 변동이 심한 것은 아니지만, 언제나 우상향이란 것은 없다. 롤러코스터를 타기도 하고, 전세 계약 만기 이후 전세가 맞춰지지 않을 수도 있고, 매매가 되지 않을 때도 있다. 그럴 때 참고하면 좋겠다.

▲ 저자가 가지고 있다가 매도한 아파트   출처 : 네이버부동산

현재 시세는 이렇다.

출처 : 네이버부동산

6년 전에 2억 5,000만 원에 매수했고, 월세 5,000/70으로 세팅했다. 나는 주로 월세로 세팅을 많이 하는데, 월세 세팅은 위기가 오더라도 언제든지 버틸 수 있다.

과연, 나는 얼마에 팔았을까? 바로 2억 8,500만 원에 매도했다. 여러분, 고수도 이렇게 매도한다는 사실! 2018년도에 매도했다. 오르고 내리고는 아무도 알 수 없다. 물량이 많았고, 전세가 한꺼번에 쏟아지면서 공실로 두게 되고, 공실로 3~6개월 가지고 있으면 애물단지가 되고, 그 돈으로 기회비용을 잃는 것보다 다른 데 투자해서 수익을 창출하면 되는 거라고 여기고 매도했다. 지금 보니 6억 원이다….

마음이 좋지는 않다. 그래도 다른 데 투자해서 기회비용을 찾았으니 괜찮은 것이다. 전·월세로 벌고, 또 나의 물건을 산 신혼부부에게 좋은 일도 했다 여기기에 웃을 수 있는 것이다.

여러분도 투자하면서 못 샀던 것, 매도하니 오르는 것은 내 물건이 아니다, 그 사람의 복이다 여기기를 바란다. 그래야 또 다른 곳에 투자할 수 있는 것이다. 명심, 또 명심하기를 바란다! 꾸준하게 열심히 투자하다 보면, 좋은 기회가 언제든 생긴다는 말을 전한다.

과거에 매도했던 분들이 이 책을 읽으면 고개를 끄덕일 거라고 생각한다. 내가 샀던 지역의 단지가 매도 후에 오르는 것은 지나고 나서야 안다. 이렇게 매도하는 분들에게는 다음과 같은 공통점이 있다.

 매도하는 분들의 공통점

1. 집을 예쁘게 꾸민다
《닥치고 현장! 부동산에 미치다》의 12번 파트 '부동산을 메이크업하라'에서도 나오듯 매도하기 위해 수리를 한다. 매물이 많고, 주변 신축 분양권이 있다면 수리를 해도 쉽게 매도되지 않는다.

2. 많은 부동산에 매물을 내놓는다
매물이 많을 때는 아무리 층과 동이 좋고, 수리가 잘되어 있어도 가격을 비싸게 내놓으면 소장님들이 매물 사이트에 올리지도 않는다. 진짜 팔려면 매물 나온 것들 중에서 가장 저렴하게 내놓아야 거래가 성사된다.

3. 3개월 이상 공실이 길어지면 매도자는 생각이 많아진다
대출 이자, 관리 비용, 각종 세금 등으로 인해 판단이 흐려진다. 빨리 매도하고 싶어지는 애물단지가 되는 것이다. 이때는 자신만의 주관이 중요한데 말이다.

4. 사주 보는 곳이나 점집을 찾아간다
집이 거래가 잘되지 않으면 많은 사람이 미신에 의존한다. 이렇게라도 해야 마음이 놓이기 때문이다. 그러다 무속인의 말대로 했는데 집이 팔리게 되면 더 맹신하는 경우가 있다.

5. 매도 계획을 취소하고, 어쩔 수 없이 다시 전세 아니면 월세로 놓는다
그 당시는 어쩔 수 없는 선택이지만, 시간이 지났을 때 가격 급상승으로 인해 더 좋은 상황이 만들어지는 경우이다.

대략 이런 상황에 빠질 것이다. 매도는 부동산 투자에서 정말이지 '종합예술'이라는 사실을 알기 바란다. 미래에 가격이 상승한다, 안 한다 하는 것은 신만이 아는 영역이다. 다만, 인간인 우리는 꾸준히 현장을 다니며 현재의 가치를 찾아 나설 뿐이다. 그래서 경매를 하는 투자자들은 거시적인 상황보다 당장의 미시적인 상황을 보고 단타를 하는 것이다.

남양주를 마무리하면서 다시 한번 말하고 싶다. 호재가 있는 곳(4호선 연장, 8호선 연장, GTX B노선 생기는 역사) 주변 도보 10분 이내를 보자! 웬만하면 다 올랐다. 신축이면 더 비싸고, 주변 사람들이 욕해도 가격은 상승한다. 흔히 욕세권이라고 하는 걸 들어보았을 것이다. 그렇게 보는 것이다. 타 지역도 그렇게 체크하며 바라보면 된다.

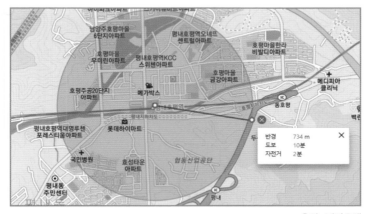

출처 : 카카오맵

지도처럼 이렇게 파악하면 된다는 것은 마지막 꿀팁이다!

이건, 보너스! 공시지가 1억 원 미만 아파트들이다. 300세대 이상, 20년 이상, 공시지가 1억 원 미만, 초등학교 500미터 이내인 아파트이니 잘 분석해보기를 바란다. 공시지가 1억 원 미만도 입지를 보고 투자해야 한다는 사실을 잊지 말자. 또, 언제나 판단은 자신의 몫이라는 사실도 명심하기를 바란다.

▌ 공시지가 1억 원 미만 아파트(20년 이상, 300세대 이상, 초등학교 500미터 이내) ▌

주소1	주소2	주소3	아파트명	년차	전용	하위	상위	6개월전	4개월전	2개월전	1개월전	변동	하위	평균	상위	매매기준	평당가	공시가	금액	변동금액	상승율
경기	남양주시	진건읍	진건주공2단지	24	40	16,000	16,000	12,750	14,250	14,250	14,250		14,500	15,000	15,500	15,000	910	8,721	0		
경기	남양주시	진접읍	삼신	30	65	23,000	26,000	14,750	15,000	17,000	18,000		18,250	19,250	20,500	19,250	774	9,918	23,500	1,000	4 %
경기	남양주시	오남읍	대한	24	60	22,000	25,000	14,250	15,250	19,250	20,500		19,500	20,500	22,500	20,500	885	9,747	23,250	250	1 %
경기	남양주시	진접읍	삼신	30	46	15,000	15,000	10,750	11,000	13,250	13,500		13,250	13,750	14,250	13,750	773	7,353	14,750	250	2 %
경기	남양주시	평내동	삼창	33	40			8,000	8,000	8,000	8,000		7,250	8,000	8,750	8,000	505	5,472	0		
경기	남양주시	평내동	삼창	33	41			8,000	8,000	8,000	8,000		7,250	8,000	8,750	8,000	497	5,472	0		
경기	남양주시	진접읍	삼신	30	58	22,000	26,000	13,250	14,000	15,000	15,250		14,500	15,250	16,500	15,250	697	8,721	22,000	2,000	9 %
경기	남양주시	평내동	진주3단지	35	40			10,050	10,050	10,050	10,050		9,750	10,050	10,250	10,050	661	6,874	24,500		
경기	남양주시	평내동	진주3단지	35	40	23,500	40,000	10,050	10,050	10,050	10,050		9,750	10,050	10,250	10,050	661	6,874	24,500	7,250	30 %
경기	남양주시	평내동	삼창	33	54			10,250	10,250	10,250	10,250		9,250	10,250	11,000	10,250	484	7,011	0		
경기	남양주시	평내동	삼창	33	52			10,250	10,250	10,250	10,250		9,250	10,250	11,000	10,250	502	7,011	0		
경기	남양주시	평내동	진주2단지	37	53	25,000	32,000	12,500	12,500	12,500	12,500		12,000	12,500	12,600	12,500	625	8,550	29,500	-1,000	-3 %
경기	남양주시	평내동	진주2단지	37	52	29,000	31,000	12,500	12,500	12,500	12,500		12,000	12,500	12,600	12,500	635	8,550	29,000	1,000	3 %
경기	남양주시	평내동	진주3단지	37	53	30,000	30,000	13,100	13,100	13,100	13,100		12,750	13,100	13,200	13,100	659	8,960	28,000	2,000	7 %
경기	남양주시	평내동	진주1단지	37	52	29,000	29,000	13,100	13,100	13,100	13,100		12,750	13,100	13,200	13,100	670	8,960	23,850	5,150	22 %

출처 : 손품왕

남양주시는 강남으로의 접근성이 좋은 곳이다. 다산신도시 다산동의 30평형대 다산한양수자인리버팰리스가 11억 원을 찍었다. 남양주시를 볼 때, 1급지 상승과 2급지 상승의 폭도 봐야 하고, 신축이 될 단지들과 신축의 흐름도 챙겨봐야 한다. 신축의 상승은 여전하고, 준신축도 함께 동반 상승 중이고, 매물도 조금씩 늘고 있다. 전세도 신축과 준신축이 조금 늘고 있음이 파악되며, 자세한 내용은 꾸준하게 모니터링하고 체크하기를 바란다.

특히, GTX B노선 평내호평역 주변 신축과 신축이 될 단지, 4호선과 8호선 연장으로 인한 수혜 단지들을 체크해보기를 바란다! 3기 신도시(왕숙지구)의 향후 흐름도 유심히 지켜봐야 할 것이다.

규제지역에서 비규제지역으로 풀렸다가 다시 규제지역이 된 남양주시는 과연 어떻게 진행될지 꾸준하게 현장을 살펴보며 파악하기를 바란다.

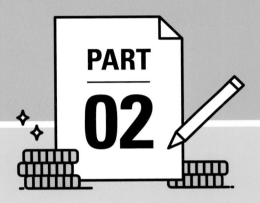

PART

02

광주광역시
지역 분석

광주 전체 파악하기

광주는 조정대상지역이다. 인구는 약 145만 명이다.

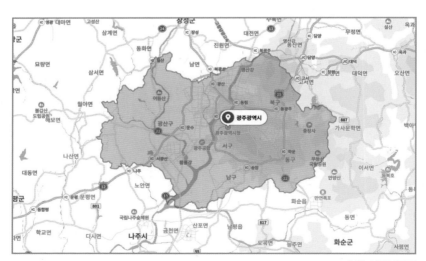

출처 : 네이버지도

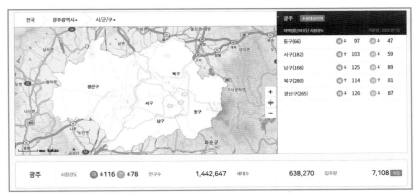

동구(66)		97	47
서구(182)		103	59
남구(166)		125	89
북구(280)		114	81
광산구(265)		126	87

광주	시장강도	⬇116 ⬇78	인구수	1,442,647	세대수	638,270	입주량	7,108

출처 : 부동산지인

▎ 광주광역시 행정구역 ▎

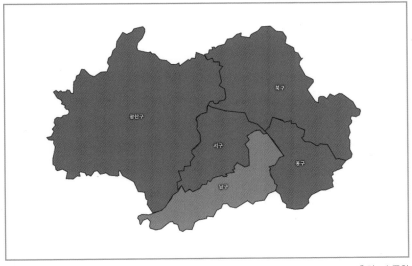

출처 : 손품왕

광주광역시는 동구, 서구, 남구, 북구, 광산구 총 5개 구로 나뉜다.

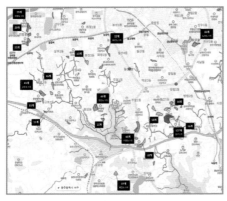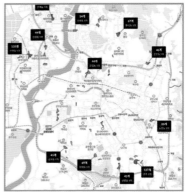

출처 : 호갱노노

이렇게 광주 1위 학원가를 보면 아이 키우는 사람들이 왜 봉선동, 봉선동 하는지 알게 된다. 아이들 키우면 당연히 봉선동의 큰 평수 아파트로 가면 되겠지만, 요즘 트렌드는 공시지가 1억 원 미만이다. 물론, 돈 있고 명의가 있다면 비싼 아파트 학원가가 있는 곳으로 가는 게 맞다. 그래야 한 방이 있다는 사실!

광주는 유명한 부동산 사이트인 사랑방부동산(https://mhome.sarangbang.com)이 있다는 사실을 알 것이다. 요즘은 네이버부동산과 사랑방부동산에 같이 매물을 투척한다고 한다.

먼저, 광주시의 30평형대 대장 아파트를 파악한다. 항상 하는 이야기지만, 그 지역을 파악할 때 대장 아파트의 분위기와 흐름을 파악하는 게 아주 중요하다.

손품플랫폼	임장지도		실거래	차트	공시 68.4%	KB매매 - 20210715기준			전세 - KB시세			전세 - 기준			
주소	주소2	주소3	아파트명	년차	전용	공시가	금액	변동금액	상승률	하위	평균	상위	전세기준	기준전세율	매물_갭	매잔갭
광주	북구	중흥동	제일풍경채센트럴파크	0	85	0							0			0
광주	남구	봉선동	봉선한국아델리움3차	8	85	64,296	101,000	0	0 %	68,000	69,000	70,000	69,000	68		32,000
광주	남구	봉선동	봉선한국아델리움3차	8	85	64,296	101,000	0	0 %	68,000	69,000	70,000	69,000	68		32,000
광주	남구	봉선동	봉선한국아델리움3차	8	84	64,296	101,000	0	0 %	68,000	69,000	70,000	69,000	68		32,000
광주	서구	화정동	염주더샵센트럴파크	0	85									0		0
광주	남구	봉선동	봉선제일풍경채엘리트파크	6	85	57,798	94,500	0	0 %	55,000	58,000	60,000	58,000	61	35,000	36,500
광주	남구	봉선동	봉선한국아델리움3차	8	85	64,296	101,000	0	0 %	68,000	69,000	70,000	69,000	68	43,000	32,000
광주	남구	봉선동	봉선제일풍경채엘리트파크	6	85	57,798	92,500	0	0 %	55,000	58,000	60,000	58,000	63	37,500	34,500
광주	남구	봉선동	봉선제일풍경채엘리트파크	6	85	57,798	94,500	0	0 %	55,000	58,000	60,000	58,000	61		36,500
광주	남구	봉선동	봉선한국아델리움3차	8	85	56,772	92,000	0	0 %	55,000	58,000	60,000	58,000	63	34,500	34,000
광주	동구	학동	무등산아이파크	5	85	46,512	80,000	0	0 %	38,500	40,000	44,000	40,000	50	37,500	40,000
광주	서구	화정동	염주더샵센트럴파크	0	85	0								0		0
광주	광산구	비아동	첨단금호어울림더테라스	3	85	0								0		0
광주	동구	학동	무등산아이파크	5	85	46,512	80,000	0	0 %	38,500	40,000	44,000	40,000	50		40,000
광주	동구	학동	무등산아이파크	5	85	46,512	80,000	0	0 %	38,500	40,000	44,000	40,000	50	33,250	40,000
광주	동구	학동	무등산아이파크	5	85	46,512	80,000	0	0 %	38,500	40,000	44,000	40,000	50	36,000	40,000
광주	광산구	비아동	첨단금호어울림더테라스	3	85								48,000	64	26,500	26,500
광주	남구	임암동	효천시티프라디움	3	85	41,724	73,000	0	0 %	40,000	41,000	42,000	41,000	56	26,000	32,000
광주	서구	화정동	염주더샵센트럴파크	0	77	0								0		0
광주	남구	봉선동	포스코더샵	18	84	48,564	72,500	0	0 %	39,000	44,000	46,000	44,000	61	23,250	28,500
광주	광산구	비아동	첨단금호어울림더테라스	3	84	0								0		0
광주	동구	학동	무등산아이파크	5	75	35,568	60,500	0	0 %	36,000	38,000	40,000	38,000	63		22,500
광주	북구	신용동	첨단2지구중흥S-클래스	7	85	43,776	66,000	0	0 %	40,000	43,500	46,500	43,500	66	14,500	22,500
광주	광산구	수완동	수완아드리움	7	85	0								0		0
광주	동구	학동	무등산아이파크	5	75	35,568	60,500	0	0 %	36,000	38,000	40,000	38,000	63		22,500
광주	서구	농성동	농성SK뷰센트럴	3	85	41,040	67,000	0	0 %	41,000	43,000	45,000	43,000	64	27,000	24,000
광주	남구	월산동	광주남구반도유보라	1	85	0							34,500	54	29,590	29,590
광주	서구	농성동	농성SK뷰센트럴	3	85	39,672	67,000	0	0 %	40,000	42,000	44,000	42,000	63	27,500	25,000
광주	북구	신용동	제일풍경채리버파크	8	84	41,724	65,000	0	0 %	36,000	37,000	38,000	37,000	57		28,000
광주	광산구	신가동	수완지구호반베르디움1차	10	85	47,880	70,000	0	0 %	46,000	46,500	47,000	46,500	66	23,450	23,500
광주	광산구	수완동	광주수완대방노블랜드6차	9	85	44,255	67,000	0	0 %	43,000	44,000	45,000	44,000	66		23,000
광주	광산구	수완동	광주수완대방노블랜드6차	9	85	43,776	66,000	0	0 %	40,000	44,000	45,000	44,000	67		22,000
광주	광산구	장덕동	수완지구호반베르디움2차	9	85	34,884	63,000	0	0 %	40,000	43,000	45,000	43,000	68		20,000
광주	광산구	신가동	수완지구호반베르디움1차	10	85	49,248	72,000	0	0 %	47,000	47,500	48,000	47,500	66		24,500
광주	동구	용산동	용산지구모아엘가에듀파크	3	85	39,672	61,500	0	0 %	40,000	43,000	45,000	43,000	70	27,500	18,500

출처 : 손품왕

대장 아파트 파악하기

▌중흥동 - 제일풍경채센트럴파크

네이버로 파악했을 때 신축은 중흥동 제일풍경채가 최고 시세로 나온다. 입지는 광주역 인근이다. 2022년 2월에 입주하는 1,556세대의 아파트이다.

출처 : 네이버부동산

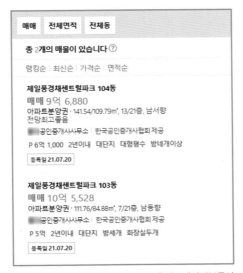

출처 : 네이버부동산

프리미엄이 나온 매물을 확인하면 5억 원이라는 것을 알 수 있다. 그
럼 바로 현장속으로 달려가보자.

◉ 43평짜리 제일풍경채센트럴파크는 조합원 물건이다. 입주가 2022년 2월인데, 1월로 앞당겨질 것 같다. 조합원 매수 조건은 없다. 매수하면 프리미엄 6억 원 자기 돈으로 내야 하고, 대출은 안 된다. 조합원 권리가 1억 3,000만 원이다. 대략 (43평)분양가 3억 5,880만 원에 6억 원을 보태서 산다고 보면 된다. 이주비 대출은 8,300만 원이다. 비례율은 100% 그대로이다. 2,200만 원 별도 계약금이 납부되어 있다.

◉ 조합원 혜택은 시스템에어컨 4개와 확장비가 무료이다. 중도금도 무이자였다.

등록일 21.07.20. 아파트 분양권

제일풍경채센트럴파크 104동

매매 9억 6,880

2,262만원/3.3㎡

분양가 3억 5,880 · 프리미엄 6억 1,000

"전망최고좋음"

13/21층 · 남서향 · 공급 141㎡ 평

출처 : 네이버부동산

◉ 매입 시 필요한 금액은 약 7억 1,000만 원(토지취득세 4.6%)이다. 이주비 대출 승계는 광주가 조정대상지역이라 안 된다. 현금으로 정리해야 한다. 승계 안 된다고 했을 때, 이주비 대출(8,300만 원) + 매입가(7억 1,000만 원) + 세금 + 복비, 이렇게 매수하는 비용이 발생된다.

◉ 시공사 계약이라서 입주권 나오면 아파트 매매가에 복비를 제공한다. 토지 프리미엄은 6억 1,000만 원, 매가 7억 원이 되는데, 수수료가 700만 원이다.

◉ 조합원 분양가는 84㎡가 약 2억 8,000만 원, 109㎡는 3억 6,880만 원 정도이다.

◉ 일반 분양가는 84㎡가 4억 3,500만 원이고, 109㎡가 5억 9,000만 원 정도이다.

- 중흥1구역, 2구역은 별로 진행이 안 되고 있다. 구역지정은 되어 있어도 해제된 곳도 있다. 광주역 주변 중흥구역이 진행되는지는 잘 모른다.

- '초품아'로 효동초등학교가 있다.

- 풍경채에서 도보 200미터 거리에 지하철 2호선 전대후문 쪽으로 지하철이 들어온다. 2024년 지하철 준공 예정이다. 2호선 1단계가 2023년, 2호선 2단계는 2024년이다.

- 여러 군데 현장이 있다 보니 여기는 전남대 앞이라고 전대 풍경채라고 부른다.

▌우산동 - 무등산자이 & 어울림 1단지

출처 : 네이버부동산

- 무등산자이는 매물이 없다. 조합물건 + 일반물건인데, 매물 자체가 없다.

- 조합원 분양가가 $84m^2$가 2억 8,000만 원이다. 구 45평 $114m^2$의 분양가는 4억 원 정도이다.

- 일반 분양가가 좀 더 비싸다. $110m^2$가 일반 분양이 없다. 참고로 자이에서 구 49평 $119m^2$가 일반 분양가가 7억 원이다. 무등산자

이도 비슷하게 파악해본다.

소장님 브리핑

❷ 봉선동에 투기 세력이 들락날락한다. 봉선동이 다 오른 게 아니라, 봉선동 풍
경채라든가 아델리움 등 타깃이 있다. 수완지구 투기 세력들이 좋아하는 물
건이 올라간다. 봉선동은 안쪽으로 올라가면 지하철과는 거리가 멀다. 무등
산자이, 계림아이파크, 제일풍경채가 직주 지하철이 가깝다. 제일풍경채, 계
림아이파크, 무등산자이는 내년에 입주한다.

출처 : 네이버부동산

❷ 무등산자이 맞은편 동신중, 동신고 뒤쪽에서 개발 예정이다. 포스코에서 건
설계획이 있다. 전체적으로 동신고 뒤쪽과 광주 교육대 뒤쪽 등 재개발할 곳
들이 많다. 앞쪽 큰 도로변 제일풍경채 건너편에 광주역이 있다. 도로가 시내
쪽으로 뚫린다거나 각종 개발사업들이 있다. 괜찮다. 학군은 무등산자이가
낫다. 길 건너서 동신중고등학교 있고, 초등학교도 걸어 다닐 수 있는 곳에
있다. 가까운 곳에 북구청, 전남대가 있다.

❷ 가격을 비교하면 계림아이파크가 29평, 31평 있는데, 29평은 프리미엄이
1억 4,000~1억 6,000만 원, 31평은 프리미엄이 2억 4,000~2억 5,000만
원이다. 2평인데 6,000~8,000만 원 차이 난다.

●2호선 지하철역은 주변에 교육대가 있어서 교대역으로 명칭이 들어갈 것이다.

●중흥1, 2구역은 지금 진행되지 않는다. 무등산자이는 우산구역이다.

여기는 구역지정 안 된 초기인데, 일명 썩빌(썩은 빌라) 투자처로 보고 있는 곳이다.

▌봉선동

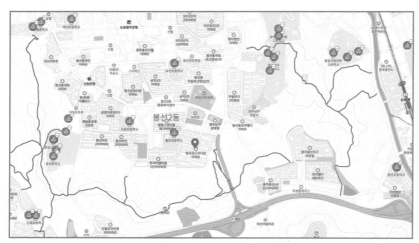

광주에서 누구나 갖고 싶어 하는 곳이다. 먼저 입지를 본다.

❷ 쌍용사거리 중심으로 학원가가 몰려 있다. 아델리움은 대형 평수를 선호한다. 전남대병원 의사나 전문직이 많이 거주하고 있다. 사립초등학교인 불로초등학교가 제일 유명하다. 아델리움, 포스코, 쌍용스윗닷홈, 모아엘가, 골든 뜨레빌 등이 불로초등학교로 가는 단지이다. 이렇게 불로초등학교 학군 단지를 유심히 보고 투자에 접근하면 도움이 될 것이다.

출처 : 네이버부동산

❷ 처음에는 포스코 26평을 많이 샀다. 단지 안에서 불로초등학교를 많이 간다. 최근에는 33평에 투자자가 많이 간다. 제일풍경채, 아델리움3차, 포스코가 신축이다. 가장 신축은 제일풍경채이고 9억 원을 넘었다. 전세는 6억 원 정도이다.

출처 : 호갱노노

출처 : 네이버부동산

> 그 사이에 낀 게 금호타운2차이다. 포스코는 순환도로에서 뻗어나갈 게 없고, 주상복합 인근에 있다. 쌍용사거리가 중심 상권이다. 금호2차는 사이에 있으니 구축으로서는 위치가 좋다. 얼마 전까지 매물이 있었는데, 지금은 매물이 없다.

출처 : 네이버부동산

닥치고 현장!
소액자본으로 부동산 부자되기

<aside>
아파트 금호타운2차 ☆ 단지정보 더보기 〉
602세대 / 총 9동 / 1995.06.16 / 102.85㎡ ~ 192.27㎡

매매 ▾　58평 ▾　전체동 ▾

랭킹순　최신순　높은가격순↑　면적순　　동일매물 묶기

매매 11억 5,000
아파트 · 192/164㎡, 18/20층, 남향
학군 좋음, 앞뒤 확트인 조망, 일조 최고,학강형,초등학교업
○○○○영공인중개사사무소 | 한국공인중개사협회 제공
등록일 21.07.22.

금호타운2차 201동
매매 11억
아파트 · 192/164㎡, 6/20층, 남향
가경 가시거리 좋음, 남향, 내부인테리어상태좋음
○○○○공인중개사사무소 | 한국공인중개사협회 제공
등록일 21.07.05.

금호타운2차 201동
매매 11억
아파트 · 192/164㎡, 6/20층, 남향
내부올리모델링, 남향, 일조 조망좋음
○○○○공인중개사사무소 | 한국공인중개사협회 제공
등록일 21.07.05.

금호타운2차 201동
매매 11억
아파트 · 192/164㎡, 6/20층, 남향
가경, 일조 조망좋음,교육,생활권편리, 내부리모델링
○○○○공인중개사사무소 | 한국공인중개사협회 제공
등록일 21.06.30.
</aside>

출처 : 네이버부동산

이제는 58평 큰 평수만 매물로 나와 있고, 43평과 51평은 매물이 없다. 투자자들은 귀신같이 알고 들어간다.

<aside>
아파트 금호타운2차 ☆ 단지정보 더보기 〉
602세대 / 총 9동 / 1995.06.16 / 102.85㎡ ~ 192.27㎡

전세 ▾　전체면적 ▾　전체동 ▾

랭킹순　최신순　높은가격순↑　면적순　　동일매물 묶기

○○○ 공인중개사 | 부동산써브 제공
확인 21.07.06.

금호타운2차 205동
전세 3억 2,000
아파트 · 102/84㎡, 6/12층, 남향
맨앞동 내부 리모델링 전망 좋음
○○○○-○○○공인중개사사무소 | 부동산써브 제공
확인 21.07.05.

공인중개사협회매물

금호타운2차 208동
전세 3억 4,000
아파트 · 103B/84㎡, 12/20층, 남향
남향,일조 조망좋음, 내부올리모델링(내외부사시포함),8월입주가
○○○○공인중개사 사무소 | 한국공인중개사협회 제공
등록일 21.07.28.

금호타운2차 208동
전세 3억 2,000
아파트 · 103B/84㎡, 12/20층, 남향
208동 가운데라인 내부리모델링 일조 조망좋음 즉시입주
○○○○공인중개사사무소 | 한국공인중개사협회 제공
등록일 21.07.01.
</aside>

출처 : 네이버부동산

84㎡의 전세만 있다. 투자자가 들어와서 놓는데, 실거주가 움직여서 매수한 쪽으로 보는 게 나을 듯하다.

｜ 최근 급상승한 30평형대 단지 ｜

주소1	주소2	주소3	아파트명	기본	년지	준공	전용	상위	전세 기준	기준 전세율	매물_갭	매전갭	금액	변동금액	상승율
광주	북구	본촌동	힐스테이트본촌	기본	3	2019.10.	85	45,000	43,000	77	18,900	13,000	35,000	4,000	17 %
광주	광산구	도산동	송정우방아이유쉘	기본	3	2019.02.	80	29,250	28,250	76	4,000	8,750	30,500	4,500	15 %
광주	북구	신용동	한양수자인리버뷰	기본	8	2014.05.	85	35,000	34,000	68	7,000	16,000	38,000	5,000	13 %
광주	남구	임암동	효천시티프라디움	기본	3	2019.06.	85	40,000	39,000	66	33,000	20,000	34,000	3,000	9 %
광주	남구	주월동	남구주월골드클래스어반시티	기본	1	2021.04.	84	42,000	41,000	67		20,000	35,000	3,000	9 %
광주	동구	산수동	무등산그린휠로제비앙	기본	3	2019.03.	85	36,000	35,000	63		21,000	35,000	3,000	9 %
광주	남구	봉선동	금호타운1차	기본	29	1993.10.	85	28,000	27,000	58		19,500	23,500	2,000	9 %
광주	남구	봉선동	금호타운2차	기본	27	1995.06.	85	32,000	31,000	62		19,000	29,500	2,500	8 %
광주	동구	계림동	광주계림3차두산위브	기본	1	2021.04.	85	32,000	30,000	75		10,000	36,250	2,750	8 %
광주	서구	화정동	화정엘리체퍼스티지	기본	3	2019.06.	85	35,000	33,000	69	34,450	15,000	42,000	3,000	7 %
광주	광산구	장덕동	고실마을부영애시앙	기본	14	2008.11.	84	28,000	27,000	82	7,750	6,000	30,000	2,000	7 %
광주	광산구	월곡동	한성2차	기본	31	1991.07.	84	11,500	11,000	79		3,000	14,000	1,000	7 %
광주	광산구	신가동	수완1단지중흥에스-클래스	기본	13	2009.05.	85	41,500	40,500	72	15,750	16,000	40,500	2,500	6 %
광주	서구	화정동	유니버시아드힐스테이트2단지	기본	6	2016.04.	85	43,000	40,250	69	15,000	18,075	40,000	2,000	5 %

출처 : 손품왕

최근에 급상승한 매물들을 보면 어디에 투자해야 할지 파악하는 데 도움이 될 것이다.

공시지가 1억 원 미만 아파트

본격적으로 여러분들이 좋아하는 공시지가 1억 원 미만으로 달려가
보자. 초등학교 500미터 이내, 500세대 이상의 공시지가 1억 원 미만
매물만 찾아본다.

┃ 공시지가 1억 원 미만(초등학교 500미터 이내, 500세대 이상) ┃

주소1	주소2	주소3	아파트명	기본	년차	준공	전용	8주전	4주전	2주전	1주전
광주	북구	일곡동	일곡청솔	기본	22	2000.10.	48.45	3	6	3	5
광주	북구	일곡동	일곡청솔4차	기본	21	2001.02.	48.45	2	11	8	9
광주	북구	문흥동	대주맨션1차	기본	34	1988.02.	59.86	1	3	4	1
광주	북구	일곡동	현대1차	기본	25	1997.04.	59.36	0	1	3	3
광주	북구	두암동	올곡타운	기본	29	1993.12.	41.85	7	3	4	3
광주	북구	오치동	오치주공	기본	30	1992.10.	52.09	0	0	1	1
광주	북구	두암동	부영맨션	기본	34	1988.01.	60.00	1	2	2	4
광주	북구	신용동	광주첨단2지구사랑으로부영	기본	9	2013.04.	84.36	4	4	2	1
광주	북구	운암동	일신(1038-1)	기본	31	1991.03.	59.82	0	1	3	4
광주	북구	동림동	삼익	기본	26	1996.05.	59.97	4	4	9	9
광주	북구	오치동	오치주공	기본	30	1992.10.	44.52	0	0	0	1

* 공시지가 1억 원 미만 물건들의 정확한 최근 가격은 부동산공시가격알리미를 통해 찾아보는 것이
확실하다.

출처 : 손품왕

참고로 일곡동 일곡청솔4차는 매물이 8주 전~1주 전까지 급속도로

사라지는 게 눈에 보일 것이다. 누가 찍어서 올리지 않는 이상 이렇게 급격히 사라지지는 않을 텐데…. 도대체 누가 띄웠을까.

| 공시지가 1억 원 미만 매매 상승 단지(초등학교 500미터 이내, 500세대 이상) |

손품플랫폼	임장지도	실거래	멀티차트	매물	공시 20210101	68.4%	매물매매 - 20210715기준			KB매매 - 20210715기준		
주소2	주소3	아파트명	기본	년차	준공	전용	공시기준	공시가	금액	변동금액	상승률	금액	변동금액	상승률
광주	북구	두암동	두암주공3단지	기본	28	1994.03.	50	9,500	6,498	9,000	3,000	33%	9,500	0	0%
광주	서구	쌍촌동	시영,빛고을파크	기본	31	1991.09.	60	12,000	8,208	12,000	1,150	10%	12,000	0	0%
광주	광산구	선암동	선운지구다사로움	기본	7	2015.01.	85	0		37,000	3,000	9%			
광주	북구	동림동	삼익	기본	26	1996.05.	53	8,750	5,985	9,000	700	8%	9,000	0	0%
광주	서구	풍암동	우미광장	기본	22	2000.04.	34	9,300	6,361	8,600	650	8%	9,300	0	0%
광주	북구	두암동	현대1차	기본	24	1998.01.	60	11,500	7,866	13,450	1,000	7%	11,500	500	4%
광주	북구	신용동	용두주공	기본	24	1998.08.	49	11,500	7,866	13,000	650	5%	11,500	0	0%
광주	북구	두암동	율곡타운	기본	29	1993.12.	50	10,250	7,011	11,000	500	5%	9,500	0	0%
광주	광산구	선암동	선운지구다사로움	기본	7	2015.01.	50	0		22,000	1,000	5%			
광주	광산구	우산동	하남주공2차	기본	31	1991.11.	45	6,900	4,720	7,100	300	4%	6,900	0	0%
광주	서구		한신	기본	20	2000.06.	50	11,800	8,071	11,500	500	4%	11,800	0	0%
광주	광산구	운남동	삼성	기본	26	1996.12.	50	11,500	7,866	12,000	350	3%	11,500	0	0%
광주	남구	진월동	진월롯데	기본	22	2000.12.	60	14,400	9,850	15,000	500	3%	14,400	0	0%
광주	서구	쌍촌동	시영,빛고을파크	기본	31	1991.09.	60	12,000	8,208	14,000	250	2%	12,000	0	0%
광주	북구	두암동	율곡타운	기본	29	1993.12.	42	7,500	5,130	7,100	150	2%	7,500	0	0%
광주	서구	쌍촌동	시영,빛고을파크	기본	31	1991.09.	50	11,000	7,524	13,200	300	2%	11,500	0	0%
광주	광산구	우산동	어동하이빌	기본	30	1992.11.	60	11,500	7,866	12,000	250	2%	11,500	0	0%
광주	광산구	월곡동	하남일신	기본	30	1992.06.	72	13,500	9,234	14,500	250	2%	13,500	0	0%
광주	북구	일곡동	일곡청솔	기본	22	2000.10.	48	9,500	6,498	9,450	50	1%	9,500	0	0%

※ 표에서 공시가에 '0'으로 표시된 것은 공시지가 1억 원 미만이 아니라는 뜻이다.　　　　출처 : 손품왕

표에 등장하는 단지 중 이제부터 몇 개 지역을 함께 파악해보자. 나머지는 여러분들이 꼭 체크, 파악해야 한다는 사실을 잊지 말자. 투자할 때 명의는 어떻게 할지, 추후 매도는 언제 할지, 법인으로 매수 시 매도는 언제, 얼마의 수익이 나면 할 것인지 등 자신만의 매도 타이밍을 꼭 잡고 움직이기를 바란다.

나는 늘 입지 좋은 곳, 대장이 있는 곳 쪽의 공시지가 1억 원 미만 물건을 좋아한다. 향후 트렌드가 사라지게 되면 환금성이 좋은 곳, 누구나 거주하고 싶은데 돈이 없어서 못 사는 지역으로 간다는 사실을 기억해야 한다. 그만큼 환경이 중요하다.

아니면, 광주 2호선 1단계, 2단계(개발 호재가 있는 곳) 인근의 재개발, 재건축이 진행되는 곳을 추천한다.

광주시 3,000만 원 이하 갭투자 가능한 지역

손품플랫폼			임장지도	실거래		멀티차트	매물	공시	전세 - 기준		
주소1	주소2	주소3	아파트명	기본	년차	준공	전용	기준 전세율		매물_갭	매전갭
광주	북구	두암동	두암주공3단지	기본	28	1994.03.	50	84		3,300	1,500
광주	서구	쌍촌동	시영,빛고을파크	기본	31	1991.09.	60	92			1,000
광주	광산구	선암동	선운지구다사로움	기본	7	2015.01.	85	0			0
광주	북구	동림동	삼익	기본	26	1996.05.	53	89			1,000
광주	서구	풍암동	우미광장	기본	22	2000.04.	34	73			2,550
광주	북구	두암동	현대1차	기본	24	1998.01.	60	96			500
광주	북구	신용동	용두주공	기본	24	1998.08.	49	91			1,000
광주	북구	두암동	율곡타운	기본	29	1993.12.	50	79			2,000
광주	광산구	선암동	선운지구다사로움	기본	7	2015.01.	50	0			0
광주	광산구	우산동	하남주공2차	기본	31	1991.11.	45	79		450	1,450
광주	서구	풍암동	한신	기본	22	2000.06.	50	76		2,000	2,800
광주	광산구	운남동	삼성	기본	26	1996.12.	50	87			1,500
광주	남구	진월동	진월풍림	기본	22	2000.12.	60	80		2,000	2,900
광주	서구	쌍촌동	시영,빛고을파크	기본	31	1991.09.	60	92		1,250	1,000
광주	북구	두암동	율곡타운	기본	29	1993.12.	42	80			1,500
광주	서구	쌍촌동	시영,빛고을파크	기본	31	1991.09.	50	83		500	2,000
광주	광산구	우산동	어동하이빌	기본	30	1992.11.	60	78			2,500
광주	광산구	월곡동	하남일신	기본	30	1992.06.	72	80			2,750
광주	북구	일곡동	일곡청솔	기본	22	2000.10.	48	89		500	1,000

※ 자세한 건 손품 + 발품 + 입품해야 한다.   출처 : 손품왕

갭투자가 저렴한지, 무피가 가능한지, 수리를 해야 되는지 등 모든 것을 파악하고 또 체크해야 한다. 또한 현장에 가면 매물이 없다고 한다. 매물이 없으니 내가 선택할 사항이 없다는 뜻이다. 집도 안 보고 바로 돈을 부치는 사람들도 있다. 투자를 잘하고 못하고는 결국 언제나 자신이 한 선택에 달려 있다.

광주를 분석하고 강의도 하지만, 나는 사실 늘 1급지 쪽 대장 아파트를 산다. 대장 신축이 아니면 큰 평수를 산다. 올라도 많이 오르고, 임차인도 쉽게 구하고, 스트레스도 덜 받는다. "선생님, 그건 아는데 돈이 없어요" 하는 분들, "명의가 없어요" 하는 분들은 자신에 맞게 투자 포지션을 잘 잡아서 선택하고 투자해야 한다. 조바심에 남 따라 장에 가지 말고, 정확히 분석하고 체크하는 습관을 기르기를 바란다. 광주광역

시는 광역시 중에 가장 덜 오른 지역이다. 개발 호재, 빈 땅도 많지 않은 곳이다. 단, 달리는 말 위에 잘 올라타기는 했는데, 언제 내릴지, 말을 쉬게 해야 할지, 말을 갈아타야 할지는 현장 파악을 하며 타이밍을 체크해야 한다. 그런 의미에서 이 책이 지역 분석에 길라잡이가 되기를 소망한다.

그럼 본격적으로 다음의 표들을 살펴보면서 단지 파악을 해보자(정확한 내용은 '부동산공시가격알리미'를 통해 꼭 확인하자).

| 남구 공시지가 1억 원 미만 |

손 임장지도		실거래	차트	공시	매매 - KB시세			매매 - 기준		68.4 %
주소	주소3	아파트명	년차	전용	하위	평균	상위	매매기준	평당가	공시가
광주	진월동	진월풍림	22	60	13,400	14,400	15,400	14,400	556	9,850
광주	방림동	모아2단지2차	33	60	14,500	15,000	16,000	15,000	678	9,918
광주	봉선동	무등파크맨션3차1단지	30	60	13,000	14,000	15,000	14,000	625	9,234
광주	송하동	금호타운	26	60	12,000	13,000	14,000	13,000	556	8,892
광주	월산동	광주남구반도유보라	1	85						0
광주	주월동	주월양우내안애	1	85						0
광주	주월동	주월양우내안애	1	85						0
광주	월산동	광주남구반도유보라	1	85				60,200	1,835	0
광주	주월동	주월양우내안애	1	78						0
광주	주월동	주월양우내안애	1	85						0
광주	월산동	광주남구반도유보라	1	85				64,090	1,953	0
광주	주월동	주월현대2차	27	59	10,000	12,000	13,000	12,000	478	8,208
광주	봉선동	무등파크맨션3차1단지	30	60	13,000	14,000	15,000	14,000	623	9,234
광주	방림동	모아2단지2차	33	60	14,500	15,000	16,000	15,000	678	9,918
광주	봉선동	라인하이츠	35	32	12,000	13,000	14,000	13,000	985	7,524
광주	봉선동	라인하이츠	35	36	14,000	15,000	16,000	15,000	943	8,892
광주	봉선동	라인하이츠	35	34	13,000	14,000	15,000	14,000	1,006	8,208
광주	월산동	광주남구반도유보라	1	60				46,500	1,998	0

출처 : 손품왕

▌ 광산구 공시지가 1억 원 미만 ▌

손 임장지도		실거래	차트	공시	매매 - KB시세			매매 - 기준		68.4 %	매물매매 - 20210715기준		
주소	주소3	아파트명	년차	전용	하위	평균	상위	매매기준	평당가	공시가	금액	변동금액	상승률
광주	선암동	선운지구다사로움	7	85				40,500	1,199	0	37,000	3,500	9 %
광주	선암동	선운지구다사로움	7	50				23,000	1,082	0	22,000	1,000	5 %
광주	우산동	하남주공2차	31	45	6,400	6,900	7,150	6,900	380	4,720	7,100	300	4 %
광주	운남동	삼성	26	50	10,700	11,500	12,000	11,500	557	7,866	12,000	350	3 %
광주	우산동	어등하이빌	30	60	10,650	11,500	12,600	11,500	468	7,866	12,000	250	2 %
광주	월곡동	하남일신	30	72	13,000	13,500	14,250	13,500	505	9,234	14,500	250	2 %
광주	소촌동	모아드림타운1차	22	27	5,600	5,900	6,400	5,900	475	4,036	6,150	50	1 %
광주	선암동	선운지구다사로움	7	85				38,250	1,123	0	37,750	500	1 %
광주	운남동	운남주공2단지	25	60	12,000	13,000	14,000	13,000	494	8,208	14,200	0	0 %
광주	운남동	운남주공4단지	26	38	8,300	8,800	9,300	8,800	531	6,019	9,600	0	0 %
광주	도천동	중흥5단지	27	60	8,300	8,800	9,250	8,800	354	6,019	9,050	0	0 %
광주	월곡동	한성2차	31	50	9,200	9,500	9,900	9,500	461	6,498	9,900	0	0 %
광주	운남동	운남주공8단지	22	52	12,750	13,500	14,250	13,500	614	8,892	13,750	0	0 %
광주	운남동	삼성	26	60	13,000	14,000	15,000	14,000	579	9,576	15,500	0	0 %
광주	월곡동	한성2차	31	59	10,000	11,000	11,500	11,000	450	7,524	12,000	0	0 %
광주	신가동	중흥2차	24	60	12,500	13,000	13,500	13,000	566	8,892	12,600	0	0 %
광주	우산동	무진로한진아리채리버뷰	0	85				52,900	1,574	0	52,900	0	0 %
광주	하남동	부영사랑으로3차	13	85	23,250	26,000	27,750	26,000	715	0	28,600	0	0 %
광주	월곡동	영천마을주공9단지	19	62				16,900	707	0	16,900	0	0 %
광주	우산동	하남주공2차	31	39	5,750	6,300	6,600	6,300	408	4,309	6,600	-50	-1 %
광주	소촌동	모아드림타운1차	22	36	7,100	7,750	8,150	7,750	469	5,301	8,400	-200	-2 %
광주	운남동	운남주공4단지	26	50	9,000	10,000	11,000	10,000	481	6,840	14,000	-750	-5 %

출처 : 손품왕

▌ 북구 공시지가 1억 원 미만 ▌

손 임장지도		실거래	차트	공시	매매 - KB시세			매매 - 기준		68.4 %	매물매매 - 20210715기준		
주소	주소3	아파트명	년차	전용	하위	평균	상위	매매기준	평당가	공시가	금액	변동금액	상승률
광주	두암동	두암주공3단지	28	50	9,000	9,500	10,000	9,500	463	6,498	9,000	3,000	33 %
광주	동림동	삼익	26	53	8,000	9,000	9,900	9,000	435	5,985	9,000	700	8 %
광주	두암동	현대1차	24	60	11,500	12,000	13,500	12,000	550	7,866	13,450	1,000	7 %
광주	신용동	용두주공	24	49	10,500	11,500	12,250	11,500	561	7,866	13,000	650	5 %
광주	두암동	율곡타운	29	50	9,000	9,500	10,000	9,500	463	7,011	11,000	500	5 %
광주	두암동	율곡타운	29	42	7,000	7,500	8,000	7,500	434	5,130	7,100	150	2 %
광주	일곡동	일곡청솔	22	48	8,250	9,500	10,500	9,500	465	6,498	9,450	50	1 %
광주	신용동	광주첨단2지구사랑으로부영	9	84				41,000	1,250	0	40,500	500	1 %
광주	신용동	광주첨단2지구사랑으로부영	9	60				34,000	1,384	0	33,750	250	1 %
광주	두암동	라인동산	27	60	11,500	12,000	13,500	12,000	531	8,071	13,550	0	0 %
광주	동림동	동림푸른마을주공3단지	25	60	11,000	12,500	14,500	12,500	521	8,550	12,500	0	0 %
광주	동림동	우미	31	60	8,500	9,800	11,000	9,800	395	6,498	9,700	0	0 %
광주	동림동	우미	31	60	8,500	9,800	11,000	9,800	395	6,498	10,000	0	0 %
광주	동림동	동림푸른마을주공3단지	25	49	9,500	10,000	11,500	10,000	518	6,840	11,300	0	0 %
광주	문흥동	대주맨션1차	34	48	6,750	7,250	7,750	7,250	359	5,130	8,225	0	0 %
광주	양산동	호반리젠시빌2차	22	37	7,200	7,600	8,600	7,600	492	5,130	7,800	0	0 %
광주	오치동	오치주공	30	52	9,500	10,000	10,900	10,000	504	6,498	12,500	0	0 %
광주	운암동	일신(1038-1)	31	60	9,000	10,500	11,000	10,500	419	7,866	10,500	0	0 %
광주	동림동	삼호가든유일(삼호)	17	85	13,000	14,500	15,500	14,500	452	9,918	13,200	0	0 %
광주	운암동	중외공원모아미래도	0	68				38,000	1,420	0	38,000	0	0 %
광주	두암동	두암주공3단지	28	42	6,500	7,000	7,500	7,000	405	4,788	6,900	-50	-1 %
광주	문흥동	대주맨션1차	34	73	10,250	11,500	12,250	11,500	373	7,695	13,900	-100	-1 %
광주	문흥동	대주맨션2차	34	60	7,650	8,500	9,400	8,500	357	5,643	10,000	-150	-2 %
광주	양산동	일신2차	25	60	11,500	13,000	14,000	13,000	541	9,063	12,500	-200	-2 %

출처 : 손품왕

서구 공시지가 1억 원 미만

손 임장지도		실거래	차트	공시	매매 - KB시세			매매 - 기준		68.4 %	매물매매 - 20210715기준		
주소1	주소2	아파트명	년차	전용	하위	평균	상위	매매기준	평당가	공시가	금액	변동금액	상승률
광주	쌍촌동	시영,빛고을파크	31	60	11,000	12,000	13,000	12,000	488	8,208	12,000	1,150	10 %
광주	풍암동	우미광장	22	34	8,250	9,300	9,750	9,300	636	6,361	8,600	650	8 %
광주	풍암동	한신	22	50	11,000	11,800	12,000	11,800	571	8,071	11,500	500	4 %
광주	쌍촌동	시영,빛고을파크	31	60	11,000	12,000	13,000	12,000	486	8,208	14,000	250	2 %
광주	쌍촌동	시영,빛고을파크	31	50	10,500	11,500	12,000	11,500	536	7,524	13,200	300	2 %
광주	금호동	호반리젠시빌2차	22	40	10,000	10,750	11,750	10,750	623	7,353	11,250	0	0 %
광주	쌍촌동	시영,빛고을파크	31	50	10,500	11,500	12,000	11,500	524	7,524	12,700	0	0 %
광주	풍암동	한신	22	39	7,900	8,250	8,750	8,250	497	5,472	8,600	0	0 %
광주	화정동	염주더샵센트럴파크	0	85				89,000	2,673	0	89,000	0	0 %
광주	화정동	염주더샵센트럴파크	0	77				66,390	2,196	0	66,390	0	0 %

출처 : 손품왕

동구는 없어서 패스한다. 자, 그럼 어느 정도 흐름은 알았을 것이라 보고, 현장 속으로 가서 파악해보자.

최근 급상승한 30평형대 단지

손품플랫폼	임장지도		실거래	멀티차트	매물	공시	20210101	68.4 %	매물매매 - 20210715기준			KB매매 - 20210715기준		
주소1	주소2	주소3	아파트명	기본	년차	준공	전용	공시기준	공시가	금액	변동금액	상승률	금액	변동금액	상승률
광주	북구	두암동	두암주공3단지	기본	28	1994.03.	50	9,500	6,498	9,000	3,000	33 %	9,500	0	0 %
광주	서구	쌍촌동	시영,빛고을파크	기본	31	1991.09.	60	12,000	8,208	12,000	1,150	10 %	12,000	0	0 %
광주	광산구	선암동	선운지구다사로움	기본	7	2015.01.	85	0	37,000		3,000	9 %			
광주	북구	동림동	삼익	기본	26	1996.05.	53	8,750	5,985	9,000	700	8 %	9,000	0	0 %
광주	서구	풍암동	우미광장	기본	22	2000.04.	34	9,300	6,361	8,600	650	8 %	9,300	0	0 %
광주	북구	두암동	현대1차	기본	24	1998.01.	60	11,500	7,866	13,450	1,000	7 %	11,500	500	4 %
광주	북구	신용동	용두주공	기본	24	1998.08.	49	11,500	7,866	11,500	650	5 %	11,500	0	0 %
광주	북구	두암동	올곡타운	기본	29	1993.12.	50	10,250	7,011	11,000	500	5 %	9,500	0	0 %
광주	광산구	선암동	선운지구다사로움	기본	7	2015.01.	50	0	22,000		1,000	5 %			
광주	광산구	우산동	하남주공2차	기본	31	1991.11.	45	6,900	4,720	7,100	300	4 %	6,900	0	0 %
광주	서구	풍암동	한신	기본	22	2000.06.	50	11,800	8,071	11,500	500	4 %	11,800	0	0 %
광주	광산구	운남동	삼성	기본	26	1996.12.	50	11,500	7,866	12,000	350	3 %	11,500	0	0 %
광주	남구	진월동	진월동림	기본	22	2000.12.	60	14,400	9,850	15,000	500	3 %	14,400	0	0 %
광주	서구	쌍촌동	시영,빛고을파크	기본	31	1991.09.	60	12,000	8,208	14,000	250	2 %	12,000	0	0 %
광주	북구	두암동	올곡타운	기본	29	1993.12.	42	7,500	5,130	7,100	150	2 %	7,500	0	0 %
광주	서구	쌍촌동	시영,빛고을파크	기본	31	1991.09.	50	11,000	7,524	13,200	300	2 %	11,500	0	0 %
광주	광산구	우산동	어등하이빌	기본	30	1992.11.	60	11,500	7,866	12,000	250	2 %	11,500	0	0 %
광주	광산구	월곡동	하남월신	기본	30	1992.06.	72	13,500	9,234	14,500	250	2 %	13,500	0	0 %
광주	광산구	월곡동	일곡청술	기본	22	2000.10.	50	11,500	6,498	9,450	50	1 %	9,500	0	0 %

※ 표에서 공시가에 '0'으로 표시된 것은 공시가가 1억 원 미만이 아니라는 뜻이다.

출처 : 손품왕

참고로 이 표의 매물들은 2021년 7월 15일 기준, 현재 흐름을 보는 것이다. 그리고 다음 페이지부터 나오는 표는 2021년 5월 기준인데, 이렇게 2개월의 흐름을 단지로 파악해본 것이다. 조금 다르게 나오는 것을 알 수 있다.

▎공시지가 1억 원 미만 매매 급상승 단지(2021년 5월 기준) ▎

주소	주소3	아파트명	년지	전용	하위	평균	상위	매매기준	평당가	공시가	금액	변동금액	상승율
광주	두암동	두암주공3단지	28	50	9,000	9,500	10,000	9,500	463	6,498	8,600	3,400	40 %
광주	문흥동	대주맨션1차	34	60	7,750	8,500	9,250	8,500	340	5,814	8,000	3,000	38 %
광주	진월동	진월롱림	22	60	13,400	14,400	15,400	14,400	556	9,850	11,950	3,550	30 %
광주	신용동	광주첨단2지구사랑으로부영	9	60				34,000	1,384	0	27,500	6,500	24 %
광주	우산동	하남주공2차	31	45	6,400	6,900	7,150	6,900	380	4,720	6,450	950	15 %
광주	월산동	광주남구반도유보라	1	85				64,090	1,953	0	57,100	8,090	12 %
광주	선암동	선운지구다사로움	7	85				40,500	1,199	0	36,000	4,500	12 %
광주	운남동	광주운남주공7단지	21	40	9,000	9,750	10,500	9,750	556	6,669	9,800	1,050	11 %
광주	화정동	라인동산	30	60	13,000	13,750	14,500	13,750	563	9,405	13,550	1,450	11 %
광주	운남동	삼성	26	60	13,000	14,000	15,000	14,000	579	9,576	14,000	1,500	11 %
광주	봉선동	라인하이츠	35	32	12,000	13,000	14,000	13,000	985	7,524	13,500	1,200	9 %
광주	선암동	선운지구다사로움	7	85				38,250	1,123	0	35,000	3,250	9 %
광주	문흥동	라인1차	28	60	12,000	12,500	13,000	12,500	526	8,550	13,350	1,050	8 %
광주	신용동	광주첨단2지구사랑으로부영	9	84				41,000	1,205	0	38,450	3,550	7 %
광주	중흥동	제일롱경재센트럴파크	0	110				96,880	2,263	0	90,880	6,000	7 %
광주	오치동	오치주공	30	52	9,500	10,000	10,900	10,000	504	6,498	11,800	700	6 %
광주	두암동	율곡타운	29	50	9,000	9,500	10,000	9,500	463	7,011	10,900	600	6 %
광주	쌍촌동	시영,빛고을파크	31	50	10,500	11,500	12,000	11,500	536	7,524	12,750	750	6 %
광주	쌍촌동	시영,빛고을파크	31	50	10,500	11,500	12,000	11,500	524	7,524	12,000	700	6 %
광주	풍암동	한신	22	50	11,000	11,800	12,000	11,800	571	8,071	11,450	550	5 %
광주	두암동	현대1차	24	60	11,500	12,000	13,500	12,000	550	7,866	13,900	550	4 %
광주	쌍촌동	시영,빛고을파크	31	60	11,000	12,000	13,000	12,000	486	8,208	13,750	520	4 %
광주	두암동	율곡타운	29	42	7,000	7,500	8,000	7,500	434	5,130	7,000	250	4 %
광주	하남동	부영사랑으로3차	13	85	23,250	26,000	27,750	26,000	715	0	27,500	1,100	4 %
광주	우산동	어등하이빌	30	60	10,650	11,500	12,600	11,500	468	7,866	11,750	500	4 %
광주	월곡동	한성2차	31	59	10,000	11,000	11,500	11,000	450	7,524	11,500	500	4 %
광주	운남동	삼성	26	60	10,700	11,500	12,000	11,500	557	7,866	12,000	350	3 %
광주	운남동	광주운남주공7단지	21	50	12,250	14,000	14,750	14,000	618	9,234	14,750	500	3 %
광주	문흥동	대주맨션2차	34	60	7,650	8,500	9,400	8,500	357	5,643	9,700	150	2 %
광주	운남동	운남주공8단지	22	52	12,500	13,500	14,250	13,500	614	8,892	13,500	500	2 %
광주	풍암동	우미광장	22	34	8,250	9,300	9,750	9,300	636	6,361	9,100	150	2 %

출처 : 손품왕

다음 표는 2021년 5월 기준으로 많이 상승한 매물의 단지들이다.

▎KB매매 기준 매매 급상승 단지(2021년 5월 기준) ▎

주소	주소2	주소3	아파트명	기본	년지	준공	전용	하위	평균	상위	매매기준	평당가	공시기준	공시가	금액	변동금액	상승율	금액	변동금액	상승률
광주	광산구	소촌동	소촌라인1차	기본	28	1994.12.	50	15,000	17,000	18,000	17,000	880	13,000	8,892	0			15,000	2,000	13 %
광주	광산구	하남동	부영사랑으로3차	기본	13	2009.05.	85	23,250	26,000	27,750	26,000	715		0	27,500	1,100	4 %	24,000	2,000	8 %
광주	남구	봉선동	라인하이츠	기본	35	1987.09.	34	13,000	14,000	15,000	14,000	1,006	12,000	8,208	0			13,000	1,000	8 %
광주	북구	일곡동	현대1차	기본	25	1997.04.	59	14,000	15,000	15,500	15,000	622	14,000	9,576	16,000			14,000	1,000	7 %
광주	북구	문흥동	우산2단지	기본	32	1990.06.	58	13,000	15,000	17,000	15,000	601	11,500	7,866	0			14,000	1,000	7 %
광주	북구	문흥동	우산2단지	기본	32	1990.06.	58	13,000	15,000	17,000	15,000	622	11,500	7,866	0			14,000	1,000	7 %
광주	북구	오치동	오치주공	기본	30	1992.10.	52	9,500	10,000	10,900	10,000	504	9,500	6,498	11,800	700	6 %	9,500	500	5 %
광주	서구	쌍촌동	시영,빛고을파크	기본	31	1991.09.	50	10,500	11,500	12,000	11,500	536	11,000	7,524	12,750	750	6 %	11,000	500	5 %
광주	서구	쌍촌동	시영,빛고을파크	기본	31	1991.09.	50	10,500	11,500	12,000	11,500	524	11,000	7,524	12,000	700	6 %	11,000	500	5 %
광주	북구	두암동	현대1차	기본	24	1998.00.	60	11,500	12,000	13,500	12,000	550	11,500	7,866	13,900	550	4 %	11,500	500	4 %
광주	광산구	운남동	광주운남주공7단지	기본	21	2001.11.	40	12,250	14,000	14,750	14,000	618	13,500	9,234	14,750	500	3 %	13,500	500	4 %
광주	광산구	운남동	운남주공8단지	기본	22	1997.01.	52	12,750	13,500	14,250	13,500	614	13,000	8,892	13,500	250	2 %	13,000	500	4 %
광주	북구	신용동	용두주공	기본	24	1998.08.	50	11,750	12,500	14,500	12,500	537	12,250	8,379	0			12,750	500	4 %
광주	광산구	운남동	운남주공2단지	기본	25	1997.01.	58	12,000	13,000	13,500	13,000	544	11,500	8,208	0			12,500	500	4 %
광주	북구	일곡동	대림1차	기본	25	1997.12.	59	13,000	13,500	14,500	13,500	644	13,000	8,892	0			13,000	500	4 %
광주	광산구	운남동	광주운남주공2단지	기본	21	2001.11.	50	12,250	14,000	14,750	14,000	616	13,500	9,234	0			13,500	500	4 %
광주	광산구	운남동	운남주공3단지	기본	21	1996.09.	66	11,500	12,000	12,500	12,000	467	11,500	7,866	0			11,500	500	4 %
광주	서구	화정동	현대(859-1)	기본	35	1987.12.	52	13,000	13,500	14,250	13,500	623	12,500	8,550	0			13,000	500	4 %
광주	북구	두암동	율곡타운	기본	29	1993.12.	42	7,000	7,500	8,000	7,500	434	7,500	5,130	7,000	250	4 %	7,250	250	3 %
광주	서구	풍암동	한신	기본	22	2000.06.	39	7,900	8,250	8,750	8,250	497	8,000	5,472	10,750	2,150	-20 %	8,000	250	3 %
광주	서구	풍암동	대주맨션2차	기본	34	1987.00.	60	7,650	8,500	9,400	8,500	354	8,250	5,643	0			8,250	250	3 %
광주	서구	화정동	현대(859-1)	기본	35	1987.12.	60	15,000	16,000	16,750	16,000	667	14,500	9,918	0			15,500	500	3 %
광주	북구	두암동	라인동산	기본	27	1995.11.	60	11,500	12,000	13,500	12,000	531	11,800	8,071	13,500	50	0 %	11,800	200	2 %
광주	북구	신용동	용두주공	기본	24	1998.08.	60	12,500	14,000	15,000	14,000	589	12,750	8,721	15,500			13,750	250	2 %
광주	서구	풍암동	한신	기본	22	2000.06.	60	12,750	13,500	14,500	13,500	562	13,250	9,063	15,000			13,250	250	2 %
광주	광산구	운남동	운남주공8단지	기본	22	2000.09.	48	13,000	13,750	14,500	13,750	659	13,500	9,234	0			13,500	250	2 %
광주	광산구	운남동	운남주공8단지	기본	22	2000.09.	50	13,000	13,750	14,500	13,750	656	13,500	9,234	0			13,500	250	2 %
광주	북구	문흥동	대주맨션1차	기본	34	1988.02.	73	10,250	11,500	12,250	11,500	373	11,250	7,695	0			11,250	250	2 %

출처 : 손품왕

이렇게 살펴보고 자신이 매수한 매물이 있는지도 파악해보기를 바란다.

▍소촌라인1차

소촌라인1차는 904세대, 28년 차 아파트이다.

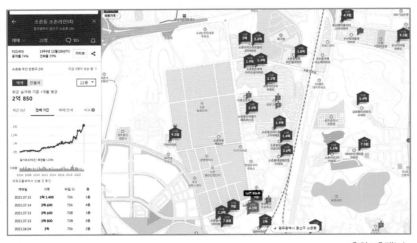

출처 : 네이버부동산

출처 : 호갱노노

❍ 지역주택조합 추진 중인데, 입주민 중 반대하는 사람이 60~70%이다. 지역주 택조합보다 재건축되기를 바라고 있다. 플래카드 걸려 있는 단계이다. 13평, 18평, 22평이고, 대지지분 면적이 비슷하지만, 2층, 3층이 제일 낫다.

❍ 매물이 소진되는 이유는 바람이 불어서 그렇다. 투자자들이 많이 밀어 넣는 편이다.

❍ 투자자들은 대지지분이 23평, 27평으로 똑같다. 크게 상관 없고 가격 차이가 난다.

❍ 투자 추천한다. 투자로 분양받아서 나오는 것보다는 차액 남기는 투자로만 권한다.

❍ 18평 매수 거래된 가격이 1억 9,100만 원으로 수리된 집이다. 전세 놓으면 현재 6,000만 원이다. 차액이 1억 3,100만 원으로 많이 들어간다. 들어가 기에는 늦은 감이 있다. 2년 전에 들어왔어야 맞다. 그때와 지금 가격 차이가 3배 정도이다.

❍ 지역민들은 관심 없고 투자자(광주)들이 관심을 보인다.

❍ 22평은 2억~2억 2,000만 원이고, 전세 놓으려면 수리해야 한다. 1,000~ 1,500만 원 샷시 안 하고 전세 놓으면 7,000만 원이다. 전세 들어갈 수요는 한계가 있다.

❍ 13평 공시지가는 1억 원 미만이다. 2, 3층은 공시지가 1억 원 넘어간다. 여 기는 공시지가보다 재건축 바람, 지역주택조합 바람으로 올랐다. 이미 급상 승 중이라 투자금이 많이 들어간다는 사실을 알아야 한다.

▌봉선동 라인하이츠

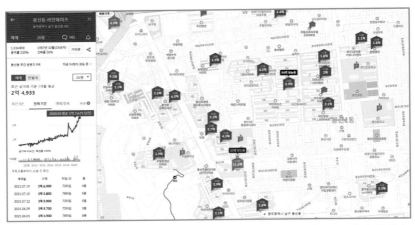

출처 : 호갱노노

　　이렇게 이미 오른 단지의 2~3개월 전을 보면 투자금이 많이 들어갔음을 알 수 있다. 입지 좋고, 주변 신축이 너무 비싸고, 2호선이 생기는 곳을 체크해서 파악하면 도움이 될 것이다. 이번에는 봉선동 라인하이츠이다. 35년 차 된 1,134세대 아파트 단지이다.

라인하이츠 102동
매매 1억 4,700
아파트 · 43/31m², 9/9층, 남향
지하철2호선역세권투자적합 봉선초중학교인근 교육환경양호 시장...
████ 공인중개사 │ 부동산써브 제공
확인 21.07.27.

라인하이츠 110동
매매 2억 6,500 ⬆
아파트 · 78/59m², 6/10층, 남향
내부 리모델링. 가운데 라인. 재건축추진 예정. 지하철역세권. 조정가.
████ 공인중개사사무소 │ 부동산써브 제공
확인 21.07.06.

출처 : 네이버부동산

- 공시지가 1억 원 미만이다. 취득세 중과대상은 아니다. 13~15평까지만 공시지가 1억 원 미만이다. 층수는 상관없다. 약간 차이가 있지만 공시지가 1억 원 미만이다.

- 전세 놓으면 7,000만 원은 받을 것 같다. 월세는 정상적으로 나가려면 리모델링해야 한다. 수리비용은 1,000만 원 정도 생각하면 된다. 월세는 500/35~40만 원 정도이다.

- 요즘 분위기는 안전진단 신청을 했다는 이야기만 들리고, 플래카드 붙은 것은 없다. 전단지는 날아다닌다.

- 13평은 주로 젊은 친구들이 들어온다. 근처에 대학교는 없어서 대학생은 아니고, 집에서 막 독립한 직장인들이 많다.

▌봉선동 모아1단지

출처 : 네이버부동산

❷ 모아는 21평형까지는 공시지가 1억 원 넘어갔다. 투자자 많이 들어와 있다. 지금은 매물이 없다. 봉선동 쪽 아파트 3개인 라인광장, 모아단지, 라인하이츠가 35년식이라 비슷한 상황이다. 어디서 먼저 재건축이 시작될지 모른다. 전단지만 날아다닌다. 15평부터 해당된다.

❷ 1억 원을 가지고 갭투자가 가능한 것은, 여기 주로 있는 평수가 26평인데, 2억 2,000~2억 5,000만 원 사이이다. 전세는 1억 2,000만 원 정도하니까 1억 3,000만 원쯤 들어간다. 리모델링 안 되었으면 수리해야 한다. 전세 찾는 사람은 많지 않지만 그래도 있다. 수리 잘되어 있으면 잘 나간다.

❷ 모아는 지하철역에서 150미터 정도 거리이다. 광주는 2023년 완공되는 지하철 2호선 공사 중이다. 한일병원사거리에 2호선 대남역사 생긴다.

출처 : 네이버부동산

출처 : 카카오맵

▌일곡동 현대1차

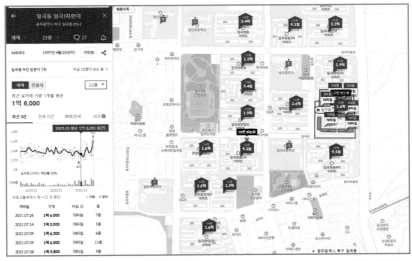

출처 : 호갱노노

일곡동 현대1차는 668세대에 25년 차 아파트이다. 최근에 급상승했고, 전세만 있고, 매물은 없음을 알 수 있다.

아파트	**현대1차** ☆

668세대 / 총 7동 / 1997.04.25 / 78.35㎡

최근 매매 실거래가   매매가 -
1억 6,000
2021.07.26, 7층, 78㎡   전세가 1억 4,000~1억 6,000

단지정보	시세/실거래가	동호수/공시가격

전체거래방식 ∨	전체면적 ∨	전체동 ∨

랭킹순 | 최신순 | 가격순 | 면적순   동일매물 묶기

현대1차 102동
전세 1억 4,000
아파트 · 78/59㎡, 14/18층, 남향
가운데라인 남향 일조채광좋음 내부깨끗 빠른입주가(LH전세대...
▨▨공인중개사사무소 | 한국공인중개사협회 제공
등록일 21.07.28.

현대1차 103동
전세 1억 4,500
아파트 · 78/59㎡, 17/18층, 남향
남향 가운데라인 내부수리됨 아주깨끗 빠른입주가
▨▨공인중개사사무소 | 한국공인중개사협회 제공
등록일 21.07.19.

현대1차 105동
전세 1억 6,000
아파트 · 78/59㎡, 14/17층, 남향
2베이 남향 학군생활권양호 내부리모델링후 첫입주
▨▨공인중개사사무소 | 한국공인중개사협회 제공
등록일 21.07.08.

출처 : 네이버부동산

소장님브리핑

❯ 24평형이고, 공시지가 1억 원 미만이다. 지금 매물 없는 이유가 외지인들이 들어와서이고, 저가는 많이 매매되었다. 거래된 게 1억 5,000만 원, 수리된 것은 1억 6,000만 원이었다. 1억 6,000만 원에 사서 1억 6,000만 원 전세 놓는데 임차인들이 꺼려하지 않고 들어온다. 전세자금대출이 전세가의 80%가 나온다. 단, 매입자가 법인인 경우에는 제한 있다. 전세자금대출 대상에는 차이가 있다.

출처 : 카카오맵

❷ 광주일곡병원 사거리에 역사가 생긴다. 청솔은 공시지가 1억 원 미만이고, 현대는 층수에 따라 공시지가 1억 원이 넘는 것도 있다. 공시가격알리미를 통해 잘 확인해야 한다. 정확한 것은 스스로 찾아봐야 한다. 한일/대우 20평 미만은 공시지가 1억 원 미만이다. 대림1차는 저층, 1층의 경우 공시지가 1억 원 미만 매물이 없다. 지금은 매물 골라서 가져가는 게 아니라 물건 있으면 살 사람들이 대기하고 있다.

▌일곡동 대우

대우 🔔알림 ★관심

379세대 · 총 2동 · 1998.07.18. · 74.36㎡ ~ 80.4㎡

최근 매매 실거래가
1억 6,000
2021.07.22. 16층, 80㎡

매매가 **1억 3,000**
전세가 **1억 2,500**

매매 1	전세 1	월세 0	동별매물
기본정보	매물	시세/실거래	공시가격	시설

출처 : 네이버부동산

출처 : 네이버부동산

❷ 일곡지구는 전국적으로 소문이 났다. 투자자가 오는 이유는 지구 단위 아파트 중 광주에서 저평가되어 있기 때문이다. 살기 좋은 동네이다. 5년 전만 해도 상무지구와 가격이 같았는데, 상무지구가 2배 오르다 보니 상대적으로 저평가인 일곡지구, 풍암지구에 투자자들이 들어간다.

❷ 일곡동 단지 중 인기 많은 곳은 대림1차, 대우, 한일이다. 과세표준 1억 원이 넘는다. 인기 있는 건 공시지가 1억 원 넘는다. 그리고 인기 좋거나 안 좋거나 물건 자체가 없다.

❷ 대우, 한일 1~2층은 공시지가 1억 원 미만이다. 매물이 없다. 사랑방부동산과 네이버부동산에 같이 올라온다.

출처 : 네이버부동산

❷ 지도에서 표시된 부분에 아파트가 들어올 계획이다. 사업시행은 공고되었고, 땅 매입은 안 되었는데, 라임건설이 땅을 매입한다는 이야기가 있고, 시공사는 모른다. 일곡동으로 투자자들이 많이 들어가는 이유를 알 수 있다.

출처 : 네이버부동산

❷ 법인 매수 시 전세자금대출은 (임차인)연봉 3,500만 원 이상이어야 한다. 법인들은 국세완납증명서 반드시 필요하다. 그런데 법인대출은 은행에서 막는다고 해서 임차인들이 난리이다.

❷ 2호선 지하철 착공으로 투자자들의 진입이 많아지는데 매도자는 적으니 가격이 상승하는 분위기이다. 그런데 법인은 전세자금대출이 쉽지 않고, 법인 관련 사건사고가 언론을 통해 알려지면서 임차인이 법인 임대인을 꺼린다. 법인 임대인으로 중개를 잘하는 소장님을 찾는 게 급선무이다. 20년 차이니 재개발 이야기도 없지만, 투자자들 사이에서는 9월에 리모델링 플래카드 붙는다는 이야기가 있다.

❷ 임차인은 주로 독신, LH 지원 세대, 대학생들(학생전세자금대출), LH가 계약자(생활보호대상자)인 경우가 많다. LH는 전세를 맞추면 소유권 변동 3개월이 지나야 LH 승인이 난다. 등기 3개월 세 못 찾고 있으면 된다는 이야기이다.

법인이라서 혹시 전세를 맞추지 못하고 있는 사람들은 이렇게 체크하고 또 파악해보기를 바라고, 광주 소장님들은 대개 보수적이라는 말을 덧붙여본다.

▌ 문흥동 우산1단지

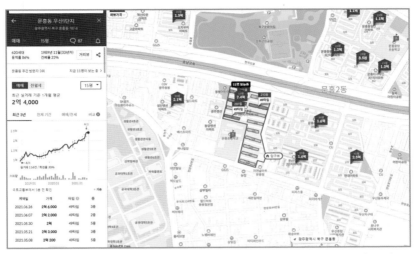

우산1단지는 620세대, 33년 차 아파트이다.

- 우산1단지는 15평 3층만 공시지가 1억 원이 넘고, 나머지는 넘지 않는데 매물이 없다.

- 2단지는 전부 공시지가 1억 원 이하이다. 25평, 19평이 있는데, 25평은 전세 9,500만 원에 세 안고 1억 7,000만 원 정도이다.

- 여기는 법인으로 매수해도 전세자금대출에 큰 상관이 없었다. 법인으로 사서 다 했다. 25개 정도 진행했다.

- 리모델링이나 재건축 계획은 아직 없는데, 재건축 들어간다는 이야기 조금씩 돌고 있다. 물건이 없다.

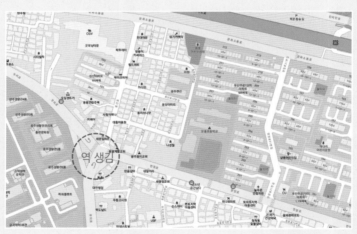

출처 : 카카오지도

늘 현장을 다니면 법인으로 대출이 안 되는 경우가 많다. 그런데 이것도 소장님들 스킬, 대출상담사 스킬이다. 은행은 5,000개가 넘는다. 그래서 파고, 또 파고들면 된다. 광주광역시는 구별, 동별, 단지별 소장님들의 능력에 따라 법인전세(공시지가 1억 원 미만)을 잘 맞추는 곳이 있고, 아닌 곳이 있음을 잘 파악해야 한다. 공인중개업소는 관계 속에서 답을 찾고 관계 속에서 문제를 해결한다. 이 사실을 명심하고, 시대의 트렌드가 공시지가 1억 원 미만이라지만, 향후 재건축, 리모델링이 안 될 시 어떻게 대처를 할 것인가도 생각해야 한다. 기러기 대장의 리딩 속에, 흐름 속에 내가 들어가는 건 아닌지 잘 파악해야 한다.

그리고 매물이 없다고 기준도 없이, 로얄동이나 층에 대한 파악도 없이, 그냥 무작정 투자하는 실수는 하지 않았으면 한다. 나중에 매도할 때 분명 어려움이 발생한다. 명심, 또 명심하자. 나중에 내 물건은 투자자가 사는 게 아니라 실거주자들이 산다는 걸 잊지 않기를 바란다.

▍운남동 운남주공3단지

출처 : 호갱노노

운남주공3단지는 894세대, 26년 차 아파트이다.

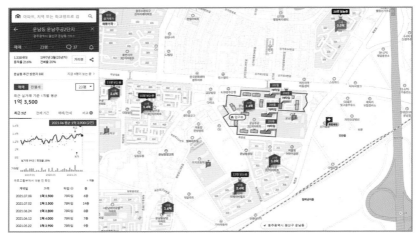

운남주공2단지는 863세대 25년 차 아파트이다(세대수는 부동산 사이트마다 다른 경우가 있는데, 이 책에서는 네이버부동산을 기준으로 했다).

- 2단지는 역세권이고, 서민아파트여서 공시지가 1억 원 이하이다. 역시 투자자가 몰린다. 반면 똑같이 공시지가 1억 원 이하인 3단지는 역세권과 떨어져 있어서 투자자가 별로 안 간다.

- 2단지는 1억 4,200만 원에 거래된다. 수리해서 전세 놓으면 1억 4,000만 원 맞춘다. 수리비용은 1,200만 원 정도 든다. 샷시까지 하면 1,500만 원 든다.

- 법인으로 매수해도 전세자금대출이 가능하다. 아마 우리은행이 가능하다.

- 전세자금대출은 전세 시세 70%까지 대출된다.

- 투자자가 많이 들어와서 전세는 맞춘다. 전세 임차인은 혼자 사는 직장인들이다. 혼자 사는 사람들은 17평, 21평에 들어온다.

- 신가지구입구 사거리에 2호선 생긴다.

출처 : 네이버부동산

- 운남주공5단지는 작년에 1억 6,000만 원이던 것이 올해 2억 5,000만 원으로 올랐고, 30평형대 역세권 아파트이다.

- 중앙난방에서 개별난방으로 바꿨고, 배관도 교체했다. 장기수선충당금으로 처리했다.

- 휴먼시아 3단지는 영구 임대이다.

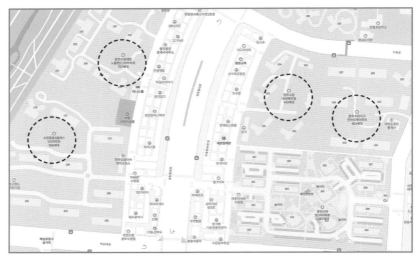

출처 : 네이버지도

이렇게 자신의 자금에 맞게 역이 생길 단지에 투자를 모색하는 것도 좋다. 다시 한번 더 이야기하지만, 법인으로 매매해서 전세자금대출 받는 것은 크게 문제없다고 한다. 참고로 일곡지구 저렴한 곳의 소장님들은 저소득층 대상 중개만 많이 해서 잘 모르는 부분이 있다는 사실도 명심하기를 바란다. 이것이 급지별 소장님들의 경험 차이라는 것을 알고 있자.

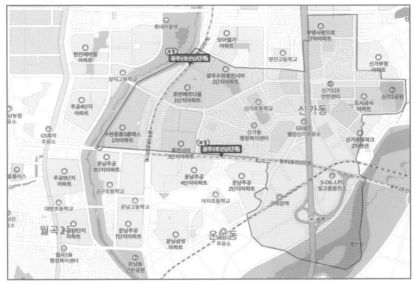

이렇게 역이 생길 단지를 파고들어보자.

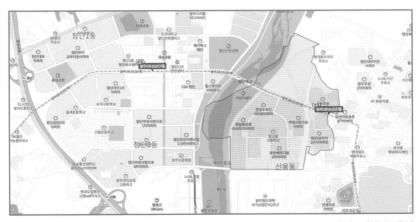

자신의 투자금에 맞춰서 말이다.

▌진월동 진월풍림

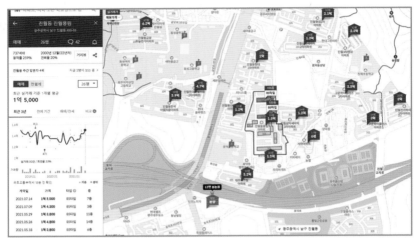

진월풍림은 716세대에 22년 차 아파트이다.

닥치고 현장!
소액자본으로 부동산 부자되기

❍ 25평 기준 매매가 1억 5,000만 원이다. 전세를 놓으면 수리했을 경우 1억 2,000~1억 2,500만 원 정도이다. 수리비용은 1,500만 원 생각하면 된다. 공시지가 1억 원 미만이다.

❍ 옆에 있는 현대1차가 추진위 구성되자 입주민들에게 방송했다. 물량 빠지는 분위기이다. 진월현대1차는 공시지가 1억 원 미만 단지가 아니다. 진월현대 1차는 매물이 없다. 여기 앞에 역사가 생긴다. 2억 원 미만에서부터 2억 원 이상으로도 거래되고, 매물 나오면 즉시 빠진다.

❍ 진월풍림은 위치적으로 광장히 좋고, 재건축 가능성이 높다.

출처 : 네이버부동산

❯ 건너편 봉선동으로 길이 뚫려서 새한아파트 쪽이 중심가이다.

터널이 뚫린다고 광주뉴스에 나왔다.

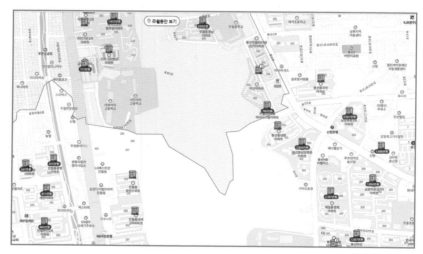

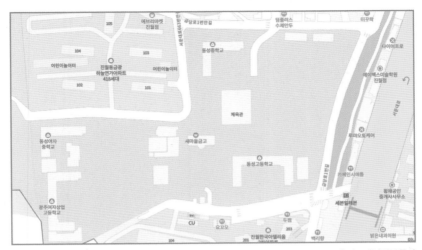

　동성재단은 교육열이 높고, 예의를 중요하게 가르쳐서 교육에 열의
있는 엄마들이 원하는 학교로 유명하다. 효천에서도 동성여중과 여고
로 보내려고 한다. 봉선동이 학원가가 최고라면, 진월동은 중고등학교
학군이 최고라고 할 수 있다.

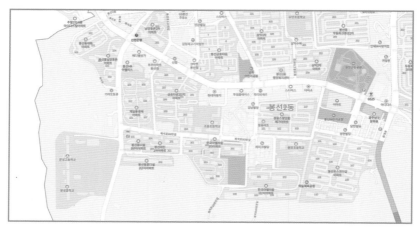

호반리젠시빌 스위트 북쪽으로 터널이 뚫린다. 봉선동 대화아파트로
간다.

이렇게 뚫린다.

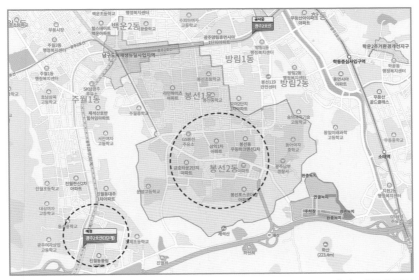

　지도상에 동그라미 친 부분을 잘 살펴보기를 바란다. 그리고 광주 2호선의 1단계, 2단계 라인 주변에서 자신의 투자금에 맞게, 명의에 맞게, 투자처를 찾아보기를 권한다. 거듭 강조하지만, 투자 트렌드에 맞춰서 투자하는 것도 좋지만, '달리는 말 위에서 언제 내릴 것인가? 언제 말을 쉬게 하고, 언제 말을 갈아타야 하는가?' 하는 질문을 스스로에게 해보기를 바란다.

▎광주 도시철도 2호선 공사 계획 ▎

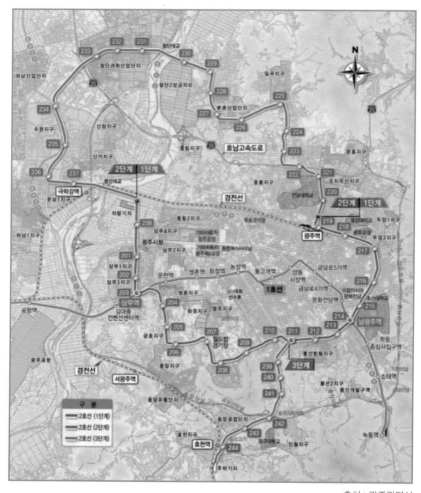

출처 : 광주광역시

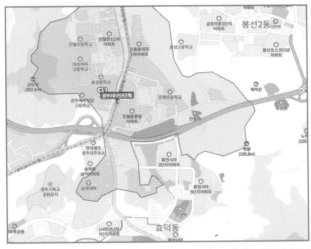

출처 : 네이버부동산

이렇게 역이 생길 곳은 귀신같이 알고 투자자들이 진입을 했다는 것을 파악하면 된다.

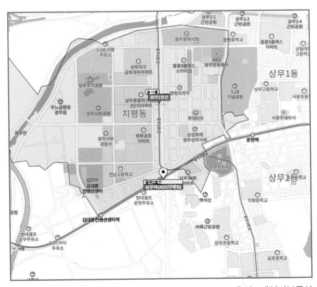

출처 : 네이버부동산

이렇게 역사가 생길 곳으로, 투자 금액은 상관없이 본다고 하면 입지 좋은 곳으로 보면 될 것이다. 가격이 상승하는 것은 늘 강조하지만, 정책입안 > 발표 > 착공 > 준공 > 사용하면서 순으로 상승한다고 보면 된다.

지금까지 광주에서 1억 원으로 투자 가능한 단지들을 알아봤다. 나머지는 여러분들이 정말 맞는지 일일이 체크해서 파악해보기를 바란다. 마지막으로 자료 투척하고 광주를 마무리한다.

❘ 투자금 1억 원 미만으로 가능한 광주 단지 ❘

주소1	주소2	주소3	아파트명	기본	년차	준공	전용	기준전세율	매물_갭	매전갭
광주	동구	운남동	광주운남주공6단지	기본	21	2001.12.	84	69		10,000
광주	동구	계림동	광주계림3차두산위브	기본	1	2021.04.	85	75		10,000
광주	동구	계림동	광주계림3차두산위브	기본	1	2021.06.	60	75		10,000
광주	광산구	신창동	신창5자호반베르디움	기본	17	2005.11.	85	69		10,000
광주	광산구	신창동	신창5자호반베르디움	기본	17	2005.11.	85	69		10,000
광주	남구	방림동	방림휴먼시아	기본	13	2009.08.	85	74		10,000
광주	남구	백운동	루엔시티	기본	11	2011.10.	85	69		10,000
광주	북구	문흥동	금호타운	기본	27	1995.10.	135	71		10,000
광주	북구	운암동	운암롯데캐슬	기본	16	2006.02.	104	74		10,000
광주	남구	방림동	방림휴먼시아	기본	13	2009.08.	85	74		10,000
광주	광산구	장덕동	수완신안실크밸리	기본	13	2009.02.	85	74		10,000
광주	서구	화정동	현대(740-6)	기본	36	1986.08.	110	71		10,000
광주	남구	백운동	루엔시티	기본	11	2011.10.	85	69		10,000
광주	남구	백운동	루엔시티	기본	11	2011.10.	85	70		10,000
광주	북구	삼각동	삼각그린타운	기본	25	1997.07.	99	62		10,000
광주	북구	신용동	첨단자이1단지	기본	12	2010.03.	85	74		10,000
광주	북구	우산동	현대	기본	31	1991.06.	150	69		10,000
광주	북구	우산동	현대	기본	31	1991.06.	181	70		10,000
광주	북구	신용동	제일풍경채리버파크	기본	8	2014.05.	68	75		10,000
광주	북구	신용동	첨단자이1단지	기본	12	2010.03.	85	76		10,000
광주	북구	운암동	운암롯데캐슬	기본	16	2006.02.	122	77		10,000
광주	북구	매곡동	매곡대주피오레	기본	16	2006.03.	123	73		10,000
광주	북구	임동	중흥S-클래스고운라피네	기본	1	2021.06.	73	78		10,000
광주	북구	임동	중흥S-클래스고운라피네	기본	1	2021.06.	60	73		10,000
광주	북구	임동	중흥S-클래스고운라피네	기본	1	2021.06.	60	73		10,000
광주	광산구	신창동	신창5자호반베르디움	기본	17	2005.11.	85	70		9,750
광주	광산구	신창동	신창5자호반베르디움	기본	17	2005.11.	85	70		9,750
광주	북구	신용동	광주첨단2지구사랑으로부영	기본	9	2013.04.	60	72	9,500	9,500
광주	광산구	운남동	광주운남주공6단지	기본	21	2001.12.	84	69		9,500
광주	광산구	우산동	수영선수촌중흥S-클래스센트럴	기본	2	2020.03.	60	68	9,000	9,500
광주	남구	방림동	방림휴먼시아	기본	13	2009.08.	76	73		9,500
광주	남구	양림동	양림휴먼시아	기본	14	2008.09.	76	71		9,500
광주	동구	계림동	금호타운1차	기본	26	1996.05.	85	71		9,500
광주	광산구	월계동	첨단со반2차	기본	25	1997.05.	60	59	12,500	9,250
광주	동구	계림동	푸른길두산위브	기본	4	2018.04.	60	74		9,250
광주	동구	계림동	푸른길두산위브	기본	4	2018.04.	60	74		9,250

출처 : 손품왕

▌ 투자금 1억 원 미만으로 가능한 광주 단지 ▐

주소1	주소2	주소3	아파트명	기본	년차	준공	전용	기운 전세율	매물_갭	매전갭
광주	서구	양동	양동휴먼시아	기본	12	2010.09.	85	69		9,250
광주	서구	양동	양동휴먼시아	기본	12	2010.09.	85	69		9,250
광주	광산구	신창동	신창5차호반베르디움	기본	17	2005.11.	85	71		9,000
광주	남구	노대동	송화마을휴먼시아7단지	기본	12	2010.04.	85	73		9,000
광주	서구	쌍촌동	우미아트빌	기본	20	2002.11.	85	72		9,000
광주	서구	쌍촌동	우미아트빌	기본	20	2002.11.	85	72		9,000
광주	광산구	흑석동	광주수완지구이지더원	기본	10	2012.07.	60	74		9,000
광주	남구	송하동	금호타운	기본	26	1996.06.	127	64		9,000
광주	광산구	흑석동	광주수완지구이지더원	기본	10	2012.07.	85	79		9,000
광주	북구	각화동	금호타운1,2차	기본	33	1989.08.	107	65		9,000
광주	북구	각화동	힐스테이트각화	기본	4	2018.08.	60	73		9,000
광주	남구	백운동	루엔시티	기본	11	2011.10.	85	71		9,000
광주	북구	본촌동	양산지구현진에버빌	기본	16	2006.09.	85	76		9,000
광주	북구	본촌동	양산지구현진에버빌	기본	16	2006.09.	85	76		9,000
광주	북구	일곡동	동아	기본	23	1999.03.	135	75		9,000
광주	동구	산수동	무등산그린웰로제비앙	기본	3	2019.10.	65	76		9,000
광주	동구	산수동	두암타운	기본	29	1993.11.	165	74		9,000
광주	북구	운암동	벽산블루밍메가씨티1단지	기본	14	2008.08.	85	76		9,000
광주	북구	운암동	벽산블루밍메가씨티1단지	기본	14	2008.08.	85	76		9,000
광주	동구	계림동	두산위브	기본	15	2007.02.	85	76		9,000
광주	광산구	장덕동	골드클래스	기본	9	2013.09.	75	76		9,000
광주	광산구	신창동	신창5차호반베르디움	기본	17	2005.11.	85	71		9,000
광주	북구	문흥동	금호타운	기본	27	1995.10.	116	69		9,000
광주	광산구	우산동	수영선수촌중흥S-클래스센트럴	기본	2	2020.03.	79	76		9,000
광주	북구	신용동	한양수자인리버뷰	기본	8	2014.05.	66	74		9,000
광주	광산구	장덕동	골드클래스	기본	9	2013.09.	75	76		9,000
광주	광산구	우산동	수영선수촌중흥S-클래스센트럴	기본	2	2020.03.	76	76		9,000
광주	광산구	선암동	광주선운지구이지더원3단지	기본	6	2016.03.	73	77		8,750
광주	광산구	선암동	광주선운지구이지더원3단지	기본	6	2016.03.	72	77		8,750
광주	동구	소태동	무등산골드클래스	기본	4	2018.09.	60	77		8,750
광주	광산구	도산동	송정우방아이유쉘	기본	3	2019.02.	80	76	4,000	8,750
광주	북구	우산동	현대	기본	31	1991.06.	135	71		8,500
광주	북구	본촌동	힐스테이트본촌	기본	3	2019.10.	65	78	7,000	8,500
광주	북구	본촌동	힐스테이트본촌	기본	3	2019.10.	68	78		8,500
광주	동구	산수동	두암타운	기본	29	1993.11.	135	74		8,500
광주	광산구	신가동	신창6차호반베르디움	기본	17	2005.11.	85	73		8,500

출처 : 손품왕

투자금 1억 원 미만으로 가능한 광주 단지										
주소1	주소2	주소3	아파트명	기본	년차	준공	전용	기순 전세율	매물_갭	매전갭
광주	서구	풍암동	동부센트레빌	기본	19	2003.01.	85	76		8,250
광주	광산구	도산동	송정우방아이유쉘	기본	3	2019.02.	71	76		8,250
광주	광산구	신창동	신창5차호반베르디움	기본	17	2005.11.	85	72		8,250
광주	광산구	신창동	신창5차호반베르디움	기본	17	2005.11.	85	72		8,250
광주	남구	봉선동	라인하이츠	기본	35	1987.09.	34	41		8,200
광주	남구	봉선동	라인하이츠	기본	35	1987.09.	36	45		8,200
광주	광산구	도산동	송정우방아이유쉘	기본	3	2019.02.	71	76		8,000
광주	광산구	흑석동	광주수완지구이지더원	기본	10	2012.07.	85	81		8,000
광주	남구	노대동	송화마을휴먼시아7단지	기본	12	2010.04.	85	75		8,000
광주	북구	문흥동	현대	기본	28	1994.09.	128	75		8,000
광주	북구	연제동	힐스테이트연제	기본	2	2020.05.	85	82		8,000
광주	북구	연제동	힐스테이트연제	기본	2	2020.05.	85	82		8,000
광주	남구	진월동	진월풍림	기본	22	2000.12.	141	74		8,000
광주	북구	각화동	힐스테이트각화	기본	4	2018.08.	60	75		8,000
광주	북구	각화동	힐스테이트각화	기본	4	2018.08.	60	75		8,000
광주	남구	봉선동	무등파크맨션3차1단지	기본	30	1992.12.	85	64		8,000
광주	서구	치평동	라인대주	기본	25	1997.12.	60	68	11,800	7,750
광주	서구	치평동	라인대주	기본	25	1997.12.	60	68		7,750
광주	남구	봉선동	라인하이츠	기본	35	1987.09.	32	41	6,700	7,700
광주	남구	봉선동	모아2단지1차	기본	34	1988.09.	60	58	8,500	7,500
광주	광산구	산월동	부영사랑으로6차	기본	16	2006.11.	85	75	6,250	7,500
광주	광산구	신가동	신창부영사랑으로7차	기본	16	2006.12.	85	73		7,500
광주	광산구	산월동	부영사랑으로7차	기본	15	2007.01.	85	75		7,500
광주	남구	백운동	루엔시티	기본	11	2011.10.	75	73		7,500
광주	서구	쌍촌동	일신	기본	24	1998.01.	116	75		7,500
광주	서구	쌍촌동	일신	기본	24	1998.01.	85	67		7,500
광주	광산구	신창동	광주신창대광로제비앙	기본	6	2016.09.	85	81		7,500
광주	광산구	산월동	부영사랑으로6차	기본	16	2006.11.	85	75		7,500
광주	광산구	월계동	청단대우	기본	25	1997.12.	92	75		7,500
광주	북구	연제동	현대	기본	30	1992.07.	164	71		7,500
광주	광산구	월곡동	영천마을주공10단지	기본	19	2003.08.	84	73		7,500
광주	광산구	월곡동	영천마을주공10단지	기본	19	2003.08.	85	73		7,500
광주	서구	금호동	금호호반리젠시빌5차	기본	20	2002.11.	85	79		7,500
광주	서구	쌍촌동	현대	기본	25	1997.06.	84	70		7,250
광주	남구	봉선동	무등파크맨션2차	기본	30	1992.12.	85	73	14,000	7,000
광주	서구	금호동	종원팰리스빌	기본	20	2002.05.	85	76		7,000

출처 : 손품왕

▮ 투자금 1억 원 미만으로 가능한 광주 단지 ▮

주소1	주소2	주소3	아파트명	기본	년차	준공	전용	기준 전세율	매물_갭	매전갭
광주	서구	쌍촌동	중흥S-클래스	기본	16	2006.01.	60	76		7,000
광주	광산구	월계동	첨단대우	기본	25	1997.12.	100	79		7,000
광주	북구	일곡동	동아	기본	23	1999.03.	100	77		7,000
광주	북구	운암동	벽산블루밍메가씨티3단지	기본	14	2008.08.	85	82		7,000
광주	북구	운암동	벽산블루밍메가씨티3단지	기본	14	2008.08.	85	82		7,000
광주	북구	동림동	동림대광로제비앙	기본	2	2020.02.	85	83		7,000
광주	남구	행암동	브라운스톤효천	기본	5	2017.07.	75	77		7,000
광주	남구	행암동	브라운스톤효천	기본	5	2017.07.	75	77		7,000
광주	서구	쌍촌동	중흥S-클래스	기본	16	2006.01.	60	77		7,000
광주	북구	운암동	벽산블루밍메가씨티3단지	기본	14	2008.08.	85	82		7,000
광주	북구	연제동	힐스테이트연제	기본	2	2020.05.	82	84		7,000
광주	동구	산수동	두암타운	기본	29	1993.11.	95	73		6,750
광주	서구	치평동	상무지구라인,동산	기본	23	1999.06.	60	71	9,050	6,750
광주	남구	진월동	대주1차	기본	32	1990.06.	118	71		6,750
광주	동구	산수동	두암타운	기본	29	1993.11.	95	73		6,750
광주	남구	봉선동	모아2단지1차	기본	34	1988.09.	48	57		6,500
광주	남구	진월동	진월풍림	기본	22	2000.12.	109	77		6,500
광주	서구	쌍촌동	광명하이츠타운	기본	30	1992.12.	140	76		6,500
광주	북구	매곡동	서광인텔파크	기본	19	2003.03.	132	81		6,500
광주	북구	운암동	운암롯데캐슬	기본	16	2006.02.	60	72		6,500
광주	동구	계림동	금호타운1차	기본	26	1996.05.	60	74		6,500
광주	광산구	신가동	신창6차호반베르디움	기본	17	2005.11.	71	76		6,500
광주	동구	계림동	두산위브	기본	15	2007.02.	60	76		6,500
광주	북구	일곡동	롯데	기본	23	1999.11.	115	82		6,500
광주	북구	각화동	광주각화동골드클래스	기본	5	2017.06.	60	76		6,500
광주	북구	연제동	현대	기본	30	1992.07.	130	72		6,500
광주	서구	치평동	금호대우	기본	24	1998.02.	60	71	7,150	6,250
광주	광산구	신창동	신창부영사랑으로5차	기본	16	2006.11.	85	79		6,250
광주	광산구	월계동	첨단선경	기본	25	1997.11.	118	82		6,250
광주	서구	치평동	금호대우	기본	24	1998.02.	60	71		6,250
광주	서구	양동	양동휴먼시아	기본	12	2010.09.	75	75		6,250
광주	남구	봉선동	무등파크맨션2차	기본	30	1992.05.	85	76	14,000	6,000
광주	남구	노대동	송화마을휴먼시아7단지	기본	12	2010.04.	85	80		6,000
광주	광산구	소촌동	모아드림타운1차	기본	22	2000.11.	83	67		6,000
광주	서구	쌍촌동	상무엘리체	기본	4	2018.09.	73	84		6,000
광주	북구	문흥동	우산2단지	기본	32	1990.06.	59	60		6,000

출처 : 손품왕

광주는 6대 광역시 중에서 가장 저평가되어 있는 도시이다. 광주 2호선 1단계, 2단계 주변 단지를 공부하기를 바란다. 거듭 강조하지만, 트렌드에 맞춰서 투자를 하는 것도 좋지만, 출구전략을 잘 세워야 한다. 광주광역시는 30평형대가 아직도 10억 원을 찍지 못했다. 봉선제일풍경채엘리트파크가 2021년 8월 기준 9억 8,500만 원에 거래되었다. 타지역 대비 저렴한지 아닌지는 독자들이 파악해보기를 바란다.

북구와 서구의 재개발로 인한 천지개벽, 광산구 수완지구의 상승!
2호선 라인 공시지가 1억 원 미만 상승!
학원가의 중심, 봉선동!

광주는 교통보다 학업에 대한 부모의 열의와 신축에 대한 수요가 대단하다. 또한 상무역, 남광주역의 더블역세권 주변은 이미 급상승했다. 그만큼 교통 호재로 인한 가격 상승은 광주도 이미 시작되었음을 알 수 있다.

내가 가진 자본금 대비 기회비용을 줄일 수 있는 지역이라는 것이 광주 현장에 가면 피부로 느껴질 것이다. 지금껏 광주는 1호선만 있었기에 지역민들은 지하철 이용 빈도가 많지 않았다. 하지만 향후 2호선이 생기면 그 여파는 어마어마할 것이라고 본다. 투자자들이 좋아하는 개발 호재와 정책이 만든 공시지가 1억 원 미만의 붐! 향후 광주의 흐름이 궁금해진다.

마지막으로 투자할 때, 매수를 하면서 언제 매도할 것인지 스스로에게 질문하는 습관을 기르기를 바란다.

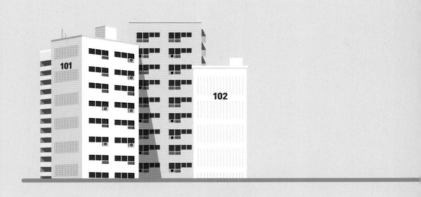

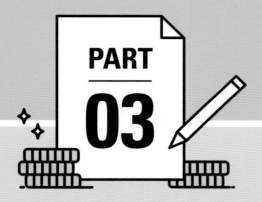

PART
03

창원시 마산
지역 분석

창원시 마산(회원구&합포구)
지역 파악하기

▌ 경상남도 30평형대 아파트 평단가 순위 ▌

손품플랫폼			매물품열기			평당가 순위		매매 - 매물		매매 - 기준		전세 - 매물		전세 - 기준			
주소2	주소3	아파트명	년차	공급	구순위	동순위	최저	최대	매매 기준	평당가	최저	최고	전세 기준	기준 전세율	매물_갭	KB_갭
창원시 의창구	용호동	용지더샵레이크파크	4	113.7	3	2	76,000	76,000	74,000	2,130			38,500	52		35,500
창원시 의창구	용호동	용지더샵레이크파크	4	112.7	3	2	68,000	82,000	73,000	2,119	42,000	48,000	38,000	52	30,000	35,000
창원시 의창구	용호동	용지아이파크	4	113.6	2	1	72,000	84,500	71,000	2,045	40,000	45,000	37,500	53	35,750	33,500
창원시 의창구	용호동	용지아이파크	4	113.9	2	1	69,000	80,000	71,000	2,003	40,000	45,000	37,000	52	32,000	34,000
창원시 의창구	도계동	창원중동유니시티4단지	2	99.23	9	1			50,500	1,624			27,750	55		22,750
창원시 의창구	중동	창원중동유니시티1단지	2	100.8	4	1	62,000	62,000	50,500	1,592	37,000	37,000	28,250	56	25,000	22,250
창원시 의창구	중동	창원중동유니시티3단지	2	100.9	6	3	76,000	76,000	50,500	1,590			27,750	55		22,750
김해시	내동	연지공원푸르지오	-1	109.6	1	1	51,410	53,410	52,410	1,581				0		0
창원시 성산구	가음동	창원센텀푸르지오	3	111.7	2	1	57,000	63,000	53,500	1,583	29,000	37,000	34,500	64	27,000	19,000
창원시 성산구	가음동	창원센텀푸르지오	3	111.2	2	1	57,000	62,000	53,000	1,575	36,000	36,000	35,000	66	23,500	18,000
창원시 성산구	가음동	창원센텀푸르지오	3	111.4	2	1	58,000	60,000	53,000	1,573	37,000	40,000	34,500	65	20,500	18,500
창원시 의창구	도계동	창원중동유니시티4단지	2	115.7	9	1			57,000	1,572	33,000	33,000	29,250	51		27,750
창원시 의창구	도계동	창원중동유니시티4단지	2	115.9	9	1			57,000	1,569			29,250	51		27,750
창원시 의창구	중동	창원중동유니시티2단지	2	102.3	5	2			50,500	1,568			27,250	54		23,250
창원시 성산구	가음동	창원더샵센트럴파크1단지	4	107.5	3	2			52,000	1,545			32,500	63		19,500
창원시 성산구	가음동	창원더샵센트럴파크1단지	4	107.5	3	2	53,000	60,000	52,000	1,545			32,500	63		19,500
창원시 성산구	가음동	창원더샵센트럴파크1단지	4	107.8	3	2			52,000	1,541			32,500	63		19,500
창원시 성산구	가음동	창원더샵센트럴파크1단지	4	107.8	3	2	52,000	53,000	52,000	1,541			32,500	63		19,500
창원시 의창구	중동	창원중동유니시티3단지	2	117.6	6	3			56,500	1,525	35,000	35,000	29,250	52		27,250
창원시 의창구	중동	창원중동유니시티3단지	2	117.9	6	3			56,500	1,522			29,250	52		27,250
창원시 의창구	중동	창원중동유니시티1단지	2	116.8	4	1			55,500	1,521			28,750	52		26,750
김해시	내동	연지공원푸르지오	-1	109.8	1	1	46,000	55,000	50,500	1,521				0		0
창원시 성산구	가음동	창원가음한화꿈에그린	4	112	5	4	51,000	57,800	52,000	1,520	35,000	35,000	31,000	60	19,400	21,000
창원시 의창구	중동	창원중동유니시티1단지	2	117.1	4	1	63,000	63,000	55,500	1,517			28,750	52		26,750
창원시 성산구	가음동	창원가음한화꿈에그린	4	112.4	5	4	49,000	59,000	52,000	1,515	35,000	38,000	31,000	60	17,500	21,000
창원시 성산구	가음동	창원가음한화꿈에그린	4	112.4	5	4			52,000	1,515			31,000	60		21,000
창원시 의창구	용호동	롯데맨션	37	120.8	8	3			49,000	1,513			17,000	35		32,000
창원시 성산구	가음동	창원더샵센트럴파크2단지	4	110.7	6	5	51,500	54,000	52,500	1,508	37,000	37,000	33,000	63	15,750	19,500
창원시 성산구	가음동	창원더샵센트럴파크2단지	4	110.9	6	5	54,000	56,000	52,500	1,506	37,000	37,000	33,000	63	18,000	19,500
창원시 성산구	가음동	창원더샵센트럴파크2단지	4	111	6	5	52,000	53,000	52,500	1,505			33,000	63		19,500
창원시 의창구	용호동	롯데맨션	37	120.1	8	3	60,000	60,000	54,000	1,500			20,000	37		34,000
창원시 의창구	용호동	롯데맨션	37	120.1	8	3			54,000	1,500			20,000	37		34,000

마산 지역을 살펴보기 전에 경상남도의 대장 아파트를 찾아보자. 경남의 대장 아파트는 1위부터 10위까지 중 김해 연지공원푸르지오를 제외한 모든 곳이 창원시에 있다는 것을 알 수 있다. 이 사실을 기억하고 이제부터 창원시, 그중에서도 마산회원구와 합포구를 중심으로 살펴보자.

일단 간단하게 설명하고 넘어가면, 기존의 창원시와 마산시, 진해시를 통합한 지역이 지금의 창원시로 불리고 있다. 동쪽으로는 김해시·부산광역시, 북쪽으로는 밀양시·창녕군·함안군, 서쪽으로는 진주시·고성군, 남쪽으로는 마산만·진해만과 접하고 거제시를 마주보고 있다. 그중에서 우리는 주로 창원시 마산회원구와 창원시 마산합포구를 중심으로 살펴볼 예정이다. 마산도 비규제지역으로서 본격적으로 상승하는 지역이다. 늘 그랬듯이 지도에서 위치를 먼저 파악한다.

┃ 창원시 행정구역 ┃

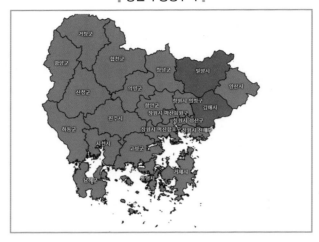

┃ 창원시 마산회원구 ┃　　　　┃ 창원시 마산합포구 ┃

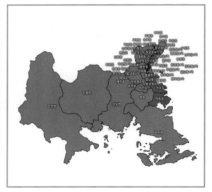

출처 : 손품왕

마산합포구의 인구는 약 18만 명이다.

마산회원구는 약 19만 명이다.

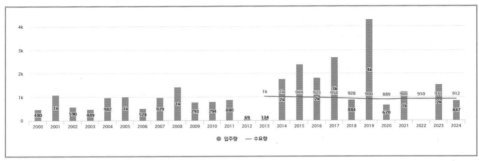

┃ 경상남도 창원시 마산합포구 기간별 수요·입주 ┃

출처 : 부동산지인

마산합포구의 입주 물량은 2023년에 조금 있다.

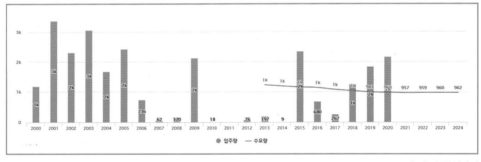

┃ 경상남도 창원시 마산회원구 기간별 수요·입주 ┃

출처 : 부동산지인

마산회원구의 경우는 입주 물량이 2024년까지는 별로 없다. 물론 향후 재건축, 재개발로 인한 물량이 있지만 당분간은 매물이 없음을 알 수 있다.

2021년 4~5월 주간 상승률 순위

순위	20210517	증감	변동	20210510	증감	변동	20210503	증감	변동	20210426	증감	변동	20210419	증감	변동	20210412
1	인천 부평구	0.95	4	경기 동두천	1.1	7	경기 동두천	1.09	2	경기 안산 단원구	1.27	10	경기 시흥	1.28	0	경기 시흥
2	경기 동두천	0.85	0	경기 동두천	1	-1	경기 시흥	1	3	경기 안산	1.19	3	경기 수원 권선구	1.17	10	충남 계룡
3	경기 의정부	0.84	23	경기 안산	0.92	3	경기 안산 상록구	0.86	1	경기 동두천	1.16	44	경기 안산 상록구	1.07	17	경기 안산 단원구
4	경기 시흥	0.83	2	인천 계양구	0.89	33	인천 남동구	0.85	27	경기 안산 상록구	0.9	-1	인천 동구	0.94	27	경기 의왕
5	인천 남동구	0.78	12	인천 부평구	0.85	6	인천 부평구	0.84	11	경기 시흥	1.07	-4	경기 안산	0.88	2	경기 동두천
6	경기 안산 단원구	0.75	-5	경기 시흥	0.73	-4	경기 안산	0.75	-4	경기 군포	0.92	20	인천 연수구	0.83	4	경기 수원 팔달구
7	경기 의왕	0.67	28	경기 구리	0.72	89	충남 천안 동남구	0.73	150	경기 성남 수정구	0.9	70	경기 수원 장안구	0.82	20	경기 안산
8	경기 안산	0.66	-5	경기 안산 상록구	0.68	-5	경기 안산 단원구	0.67	-7	부산 해운대구	0.83	15	경기 오산	0.81	1	경기 의정부
9	인천 계양구	0.66	-5	경기 광주	0.67	16	인천 중구	0.62	58	경기 수원 권선구	0.81	-7	인천 남동구	0.76	4	경기 오산
10	부산 해운대구	0.64	23	경북 청주 흥덕구	0.66	140	부산 사상구	0.62	11	경기 부천	0.79	3	인천 계양구	0.75	8	인천 연수구
11	경기 용인 처인구	0.64	6	경기 수원 장안구	0.66	46	경기 의왕	0.6	23	충북 제천	0.76	70	경기 안산 단원구	0.74	-8	경북 김천
12	인천	0.62	0	경기 오산	0.65	0	경기 오산	0.57	76	대전 대덕구	0.71	4	경기 의왕	0.74	-8	경기 수원 권선구
13	인천 연수구	0.59	0	인천 연수구	0.63	8	경남 진주	0.56	0	부산 북구	0.7	36	경기 부천	0.73	4	인천 남동구
14	경기 용인 기흥구	0.57	30	인천	0.62	6	경기 수원 영통구	0.55	43	서울 강북구	0.7	60	경기 안성	0.72	95	경기 남양주
15	경기 안산 상록구	0.55	-7	경기 평택	0.59	0	경기 안산	0.54	30	경기 의정부	0.64	21	경기 평택	0.7	35	충남 아산
16	전북 군산	0.53	82	경기 수원 권선구	0.58	126	경기 성남 수정구	0.53	-9	인천 부평구	0.63	2	대전 대덕구	0.67	155	대구 중구
17	인천 서구	0.51	21	인천 남동구	0.56	-13	경기 광주	0.52	7	충북 충주	0.63	103	인천	0.67	4	인천 연수구
18	경북 구미	0.51	14	부산 수영구	0.56	6	충남 아산	0.51	91	경기 수원 장안구	0.62	-11	인천 부평구	0.66	14	인천 계양구
19	경기 수원 권선구	0.51	-3	경기 안성	0.56	10	경기 의왕	0.5	43	인천 미추홀구	0.62	83	충북 청주 상당구	0.64	127	경기 안산 상록구
20	충남 공주	0.5	156	충북 제천	0.55	40	인천	0.5	13	인천 서구	0.62	4	충남 공주	0.63	52	경기 안산 상록구
21	경기 부천	0.49	45	전남 광양	0.55	130	인천 연수구	0.49	28	부산 사상구	0.62	9	경기 안양 동안구	0.63	81	서울 도봉구
22	경기 안성	0.49	-3	대구 북구	0.55	25	경남 김해	0.48	119	충남 계룡	0.61	6	경기 수원	0.63	2	인천
23	서울 노원구	0.48	8	경기 수원	0.53	16	광주 북구	0.47	103	경남 진주	0.59	80	부산 해운대구	0.61	50	경기 군포
24	인천 중구	0.46	30	인천 중구	0.52	66	경기 수원 팔달구	0.48	66	경기 양주	0.59	7	인천 서구	0.61	14	인천 동구
25	제주	0.46	60	경기 고양 덕양구	0.52	66	경기 광주	0.47	16	충남 논산	0.56	156	대구 동구	0.6	136	서울 강북구
26	경기 평택	0.44	-11	경기 의정부	0.52	9	서울 중구	0.47	80	부산 진구	0.55	18	경기 광주	0.6	-3	경북 구미
27	경기 성남 분당구	0.43	25	경기 용인 처인구	0.51	111	서울 도봉구	0.45	9	경기 안성	0.55	-13	경기 광주	0.59	2	경기 수원 장안구
28	서울 은평구	0.42	15	대전 유성구	0.49	13	부산 남구	0.44	54	경기 평택	0.54	-13	대구 달서구	0.59	144	경기 수원 광주
29	대전 서구	0.41	10	경기 광명	0.48	125	전북 전주 완산구	0.44	5	부산 남구	0.54	61	서울 도봉구	0.59	-8	경기 광주
30	부산 수영구	0.4	-12	경기 군포	0.47	16	경기 부천	0.43	-20	서울 양천구	0.54	110	경기 수원 팔달구	0.58	-24	충남 논산
31	경기 남양주	0.4	49	서울 노원구	0.47	39	경기 남양주	0.41	60	인천 남동구	0.53	-22	경기 양주	0.58	47	인천 동구
32	충남 계룡	0.39	152	경북 구미	0.46	10	대구 동구	0.4	19	경기 수원	0.53	-16	경기 양산	0.57	14	인천 부평구
33	경기 평택	0.39	0	부산 해운대구	0.46	2	경북 강북구	0.4	-19	인천	0.53	-16	경북 구미	0.56	30	경북 구미
34	대구 수성구	0.39	112	경기 수원 팔달구	0.46	-10	경기 고양 일산동구	0.4	46	경기 의왕	0.51	-22	충남 아산	0.55	-19	울산 북구
35	경기	0.38	7	경기 의왕	0.45	-24	충북 청주 상당구	0.39	5	경북 안동	0.51	32	경기 안양	0.53	61	경기

출처 : 손품왕

이쯤에서 전국의 흐름을 체크해보자. 현재 어디가 뜨거운 곳인지 KB
시세를 통해 확인하는 것이다. 인천, 경기도가 여전히 뜨겁다. 광역시
중에서는 유일하게 부산 해운대구가 10위 안에 있다.

KB시세 주간 증감률(2021년 5월 기준)

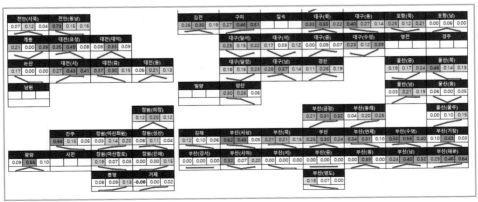

출처 : 손품왕

부산은 사상구, 수영구 기장, 해운대구가 뜨겁고, 창원은 마산회원구, 의창구가 뜨겁다는 것을 알 수 있다. 이렇게 자료를 살펴보며 전국의 분위기를 가늠해보자.

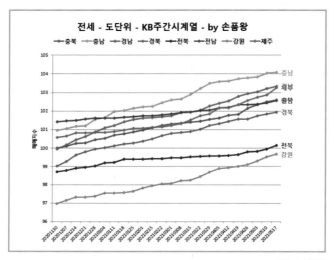

앞서 자료를 보면, 경남과 제주가 비슷하고, 제주가 상승하는 것을 알 수 있다.

▌ 경남 과거 시점 대비 상승률 ▌

랭킹	주소1	주소2	-1주	-2주	-3주	-4주	-3개월	-6개월	-1년	-2년	-3년	-4년	-5년	-6년
95	경남	창원 마산회원구	0.2	0.34	0.37	0.59	1.44	2.42	2.2	2.33	2.31	-1.28	-8.63	-9.86
116	경남	창원 진해구	0.15	0.15	0.15	0.25	1.56	7.59	9.59	9.58	9.6	7.38	-3.58	-6.91
128	경남	통영	0.13	0.22	0.3	0.46	1.04	1.48	2.19	2.21	1.72	1.09	-7.49	-9.05
133	경남	창원 의창구	0.12	0.32	0.44	0.38	0.31	3.08	8.58	13.34	13.34	10.85	-2.57	-4.74
140	경남	창원	0.1	0.2	0.28	0.3	0.78	3.99	7.25	8.82	8.82	6.59	-5.44	-8.7
149	경남		0.07	0.2	0.36	0.52	1.81	5.44	7.43	8.15	8.01	5.89	-4.6	-5.76
153	경남	김해	0.06	0.16	0.27	0.46	3.31	7.87	9.58	10.05	10.44	8.35	-6.11	-6.21
156	경남	양산	0.06	0.32	0.62	0.87	2.82	8.83	10.76	10.94	10.52	7.98	4.13	5.57
163	경남	진주	0.05	0.2	0.77	1.36	2.48	5.08	5.86	5.39	5.13	2.39	-3.44	2.79
165	경남	창원 성산구	0.04	0.15	0.2	0.17	0.17	4.48	10.54	13.3	13.3	12.2	-3.31	-9.3
168	경남	창원 마산합포구	0.03	0.1	0.29	0.37	1.09	1.59	1.97	1.49	1.49	-1.03	-11.72	-12.72
170	경남	거제	0.02	0.02	-0.06	-0.07	0.23	1.8	1.5	2.18	1.09	0.21	-13.74	-21.18

마산회원구가 상승하는 것을 KB시세 흐름으로 체크 가능하다. 마산회원구, 진해구를 보면 알 수 있다.

┃ 경상남도 급지 평단가 순위 ┃

순위	주소1	주소2	주소3	아파트수	매매평단	전세평단	전세가율	갭(34평)
1	경상남도	창원시 의창구	용호동	2	3,200	1,900	60	45,000
2	경상남도	창원시 의창구	중동	3	2,700	1,500	56	39,800
3	경상남도	창원시 의창구	도계동	1	2,600	1,400	56	40,500
4	경상남도	창원시 성산구	가음동	5	2,300	1,400	64	29,800
5	경상남도	창원시 의창구	대원동	1	2,100	1,500	71	21,100
6	경상남도	창원시 성산구	상남동	1	2,000	1,400	70	20,500
7	경상남도	김해시	내동	1	1,900			
8	경상남도	창원시 의창구	팔용동	1	1,900	1,300	73	18,000
9	경상남도	김해시	부원동	1	1,800	1,100	64	22,400
10	경상남도	김해시	장유동	5	1,600	1,100	68	18,700
11	경상남도	김해시	봉황동	1	1,600	1,100	69	16,900
12	경상남도	창원시 마산회원구	양덕동	3	1,500	1,200	78	12,000
13	경상남도	창원시 의창구	명서동	1	1,500	1,100	73	13,900
14	경상남도	창원시 마산회원구	합성동	1	1,500	1,200	81	9,900
15	경상남도	창원시 성산구	성주동	2	1,500	1,100	80	11,700
16	경상남도	창원시 마산회원구	석전동	1	1,400	500	42	31,300
17	경상남도	김해시	주촌면	3	1,400	900	68	16,600
18	경상남도	진주시	충무공동	13	1,400	1,000	73	12,400
19	경상남도	양산시	물금읍	29	1,400	900	73	13,800
20	경상남도	창원시 의창구	봉림동	1	1,300	800	80	15,900
21	경상남도	창원시 진해구	풍호동	2	1,200	1,000	79	8,400
22	경상남도	진주시	평거동	6	1,200	900	78	10,100
23	경상남도	김해시	외동	2	1,200	900	82	12,200
24	경상남도	진주시	가좌동	6	1,200	1,000	75	9,100
25	경상남도	김해시	무계동	3	1,200	900	75	10,400
26	경상남도	양산시	동면	15	1,200	900	82	8,700
27	경상남도	창원시 진해구	경화동	1	1,200	700	67	16,900
28	경상남도	창원시 마산합포구	월영동	2	1,100	800	75	10,100
29	경상남도	통영시	북신동	1	1,100	800	79	9,900
30	경상남도	창원시 마산합포구	교방동	4	1,100	700	96	15,800
31	경상남도	김해시	구산동	3	1,100	800	79	9,700
32	경상남도	김해시	안동	1	1,100			
33	경상남도	김해시	율하동	8	1,100	900	82	7,100
34	경상남도	진주시	초전동	7	1,100	900	83	7,900
35	경상남도	창원시 마산합포구	신포동1가	1	1,100	900	81	7,200

출처 : 손품왕

경상남도 전체적으로 급지를 파악해본다. 1위는 창원시 의창구 용호동이다. 창원시만 놓고 본다면 어떨까? 다음 표를 살펴보자.

▌경상남도 급지 평단가 순위 ▌

순위	주소1	주소2	주소3	아파트수	매매평당	전세평당	전세가율	갭(34평)
12	경상남도	창원시 마산회원구	양덕동	3	1,500	1,200	78	12,000
14	경상남도	창원시 마산회원구	합성동	1	1,500	1,200	81	9,900
16	경상남도	창원시 마산회원구	석전동	1	1,400	500	42	31,300
21	경상남도	창원시 진해구	풍호동	2	1,200	1,000	79	8,400
27	경상남도	창원시 진해구	경화동	1	1,200	700	67	16,900
28	경상남도	창원시 마산합포구	월영동	2	1,100	800	75	10,100
30	경상남도	창원시 마산합포구	교방동	4	1,100	700	96	15,800
35	경상남도	창원시 마산합포구	신포동1가	1	1,100	900	81	7,200
37	경상남도	창원시 진해구	석동	1	1,100	800	78	8,400
38	경상남도	창원시 진해구	장천동	1	1,100	900	82	5,200
45	경상남도	창원시 진해구	자은동	5	1,000	700	71	9,800
46	경상남도	창원시 마산합포구	교원동	1	1,000	900	86	4,300
49	경상남도	창원시 진해구	남문동	4	1,000	600	70	11,000
53	경상남도	창원시 진해구	안골동	1	900	700	73	9,000
55	경상남도	창원시 마산합포구	산호동	3	900	800	82	5,200
63	경상남도	창원시 마산합포구	오동동	1	800	700	87	5,300
72	경상남도	창원시 진해구	이동	1	800	600	70	8,200
76	경상남도	창원시 진해구	용원동	3	800	500	67	9,100
78	경상남도	창원시 마산합포구	현동	5	800	600	79	5,700
98	경상남도	창원시 진해구	남양동	2	600	500	60	2,200
101	경상남도	창원시 마산합포구	진동면	3	500	400	81	3,200
106	경상남도	창원시 진해구	마천동	1	500	300	68	4,900

출처 : 손품왕

　　마산회원구 양덕동이 대장이라는 것을 알 수 있다. 당연히 연식은 15년 이하, 세대수 300세대 이상으로 걸러내면 표와 같은 급지들이 나온다. 마산을 전혀 몰라도 이렇게 '닥치고 현장' 지역 분석의 방식으로 조사하면 충분히 알게 될 것이다.

　　마산은 양덕동 > 합성동 > 석전동 순으로 급지별 매매평단가가 비싸다는 것을 알 수 있다. '대장이 있는 곳의 준신축과 개발이 될 가능성이 있는 곳의 투자는 절대 망하지 않는다!'는 투자의 제1원칙을 잘 알 것이다.

경상남도 급지표

순위	주소1	주소2	아파트수	매매평당	전세평당	전세가율	갭(34평)
1	경상남도	창원시 의창구	24	1,900	1,275	69	25,050
2	경상남도	창원시 마산회원구	6	1,467	967	67	17,733
3	경상남도	창원시 성산구	12	1,400	950	73	15,000
4	경상남도	김해시	56	1,200	840	76	11,320
5	경상남도	밀양시	8	933	633	74	9,233
6	경상남도	창원시 진해구	22	927	664	71	8,464
7	경상남도	진주시	44	927	755	81	6,600
8	경상남도	창원시 마산합포구	21	913	725	83	7,100
9	경상남도	거창군	3	900	600	73	8,600
10	경상남도	통영시	10	833	600	76	7,967
11	경상남도	양산시	64	827	600	75	7,336
12	경상남도	함양군	1	800	600	73	7,800
13	경상남도	거제시	44	775	517	74	7,892
14	경상남도	사천시	11	700	533	72	6,633
15	경상남도	고성군	3	700	400	66	7,500
16	경상남도	함안군	2	600	500	78	5,400
17	경상남도	창녕군	3	600	550	86	2,300

출처 : 손품왕

경상남도의 구별 평단가를 살펴보면 의창구 다음이 마산회원구임을 알 수 있다. 이 역시 조건은 15년 이하 300세대 이상이다.

경상남도 동별 시세

평단가	창원시 의창구	창원시 마산회원구	창원시 성산구	김해시	밀양시	창원시 진해구	진주시	창원시 마산합포구	거창군	통영시	양산시	함양군	거제시	사천시	고성군	함안군
2900																
2800																
2700		중동														
2600		도계동														
2500																
2400																
2300			가음동													
2200																
2100	대원동															
2000			상남동													
1900	팔용동			내동												
1800				부원동												
1700																
1600				장유동 봉황동												
1500	명서동	양덕동 합성동	성주동													
1400		석전동		주촌면			송우공동				물금읍					
1300	봉림동															
1200			외동 무계동		용호동 경화동		평거동 가화동				동면					
1100			구산동 안동 퇴촌동 귀동동		석동 장천동	조천동	월영동 교방동 신포동1가				북정동		더계동			
1000			남산동	가곡동		신계동 삼정동 신문동	자은동 남문동	강남동		교원동	북부동		고현동 수월동		정동면	
900	동읍 북면					안골동 내아동	신호동		거창읍		신기동		옥포동 양정동			
800		외동 내동		이동 동림동			정촌면 내동면 상평동 이현동	오동동 현동				함양읍	창평동 일운면	동금읍		
700				어방동						광도면 용남면	주진동		상동동 아주동 거재면 운포동	용강동 사천읍	고성읍	
600				남양동			문산읍			덕포동			명동 교동	사남면		칠원읍

출처 : 손품왕

좀 더 디테일하게 파고들어 동별 시세를 찾아보면 더 정확하게 마산이 눈에 보일 것이다.

창원시 급지 순위(15년 이하, 300세대 이상)

순위	주소1	주소2	주소3	아파트명	구분	매매평단	전세평단	전세가율	매전갭(34)	총점	입주년월	년식	초등	초등명
1	경남	창원시 의창구	용호동	용지더샵레이크파크	아파트	3,250	1,900	59	46,700	7.6	2017.11.	5	253	용호초
2	경남	창원시 의창구	용호동	용지아이파크	아파트	3,150	1,900	61	43,400	6.8	2017.06.	5	170	용호초
3	경남	창원시 의창구	중동	창원중동유니시티1단지	아파트	2,850	1,550	55	43,600	6.1	2019.06.	3	330	
4	경남	창원시 의창구	중동	창원중동유니시티3단지	아파트	2,750	1,550	58	39,500	6.3	2019.12.	3	330	
5	경남	창원시 의창구	도계동	창원중동유니시티4단지	아파트	2,600	1,450	56	40,500	6.6	2019.12.	3	153	의창초
6	경남	창원시 의창구	중동	창원중동유니시티2단지	아파트	2,500	1,450	55	36,200	5.9	2019.06.	3	391	
7	경남	창원시 성산구	가음동	창원센텀푸르지오	아파트	2,350	1,300	59	35,000	6.4	2018.01.	4	218	남정초
8	경남	창원시 성산구	가음동	창원더샵센트럴파크1단지	아파트	2,300	1,400	66	30,700	5.5	2017.04.	5	305	성주초
9	경남	창원시 성산구	가음동	창원가음한화꿈에그린	아파트	2,250	1,500	64	26,700	5.7	2017.08.	5	339	남정초
10	경남	창원시 성산구	가음동	창원더샵센트럴파크2단지	아파트	2,250	1,450	64	27,900	6.0	2017.04.	5	277	성주초
11	경남	창원시 성산구	가음동	창원더샵센트럴파크3단지	아파트	2,250	1,450	67	28,500	5.4	2017.04.	5	221	남양초
12	경남	창원시 의창구	대원동	포레나대원	아파트	2,100	1,450	71	21,100	6.8	2018.12.	4	232	대원초
13	경남	창원시 성산구	상남동	상남꿈에그린	아파트	2,000	1,350	70	20,500	6.0	2014.09.	8	159	외동초
14	경남	창원시 의창구	팔용동	힐스테이트아티움시티	주상복합	1,900	1,350	73	18,000	7.0	2020.04.	2	255	
15	경남	원시 마산회원	양덕동	메트로시티2단지	주상복합	1,650	1,250	76	14,300	5.7	2015.10.	7	511	가고파초
16	경남	창원시 성산구	성주동	성주효성해링턴코트	아파트	1,550	1,200	80	11,300	3.7	2013.12.	9	552	삼정자초
17	경남	창원시 의창구	명서동	두산위브	아파트	1,500	1,100	73	13,900	5.9	2010.06.	12	222	명도초
18	경남	원시 마산회원	양덕동	양덕코오롱하늘채	아파트	1,500	1,200	82	9,300	5.2	2016.03.	6	175	가고파초
19	경남	창원시 마산회원	합성동	롯데캐슬더퍼스트	아파트	1,500	1,200	81	9,900	6.1	2018.07.	4	585	합성초
20	경남	원시 마산회원	양덕동	메트로시티	아파트	1,450	1,050	77	12,200	5.9	2009.12.	13	286	가고파초
21	경남	원시 마산회원	석전동	창원메트로시티석전	아파트	1,450	550	42	31,300	8.0	2019.12.	3	282	복성초
22	경남	원시 마산회원	회원동	창원롯데캐슬프리미어	아파트	1,400				6.6	2020.07.	2	309	
23	경남	창원시 성산구	성주동	프리빌리지2차	아파트	1,350	1,000	79	12,100	3.8	2010.12.	12	787	삼정자초
24	경남	창원시 의창구	봉림동	엘에이치피닉스포레	아파트	1,300	850	80	15,900	4.8	2011.10.	11	349	봉원한들초
25	경남	창원시 진해구	풍호동	창원마린푸르지오1단지	아파트	1,300	1,100	82	5,900	6.7	2015.10.	7	709	장천초
26	경남	창원시 진해구	자은동	자은중흥S-클래스	아파트	1,250	850	74	12,800	5.3	2017.02.	5	307	진해냉천초
27	경남	원시 마산합포	월영동	월영SK오션뷰	아파트	1,200	950	78	8,500	5.5	2017.05.	5	297	해운초
28	경남	창원시 진해구	풍호동	창원마린푸르지오2단지	아파트	1,200	850	75	10,800	5.1	2015.10.	7	557	장천초
29	경남	원시 마산합포	교방동	창원푸르지오더플래티넘1단지	분양권	1,200				6.3	2023.08.	-1	311	
30	경남	원시 마산합포	교방동	창원푸르지오더플래티넘2단지	분양권	1,200				8.0	2023.08.	-1	276	
31	경남	창원시 진해구	경화동	두산위브	아파트	1,150	650	67	16,900	5.0	2017.02.	5	299	경화초
32	경남	창원시 진해구	풍호동	창원자은에일린의뜰	아파트	1,150	950	77	7,200	5.1	2017.10.	5	302	진해냉천초
33	경남	원시 마산합포	교방동	창원푸르지오더플래티넘3단지	분양권	1,150				7.5	2023.08.	-1	94	
34	경남	창원시 의창구	북면	창원감계아내에코프리미엄2차	아파트	1,100	850	85	9,100	6.4	2018.11.	4	563	북면초
35	경남	창원시 의창구	북면	창원감계힐스테이트2차	아파트	1,100	850	80	7,500	6.4	2017.10.	5	247	북면초
36	경남	원시 마산합포	시포동1가	마산마아이파크	아파트	1,100	900	81	7,200	3.6	2010.04.	12		월성초

출처 : 손품왕

경상남도 전체를 살펴보는 것도 아파트 분석에 도움이 될 것이다.

▎ 창원시 급지 순위(15년 이하, 300세대 이상) ▎

순위	주소1	주소2	주소3	아파트명	구분	매매평단	전세평단	전세가율	매전갭(34)	총점	입주년월	년식	초등	초등명
15	경남	창원시 마산회원구	양덕동	메트로시티2단지	주상복합	1,650	1,250	76	14,300	5.7	2015.10.	7	511	가고파초
18	경남	창원시 마산회원구	양덕동	양덕코오롱하늘채	아파트	1,500	1,200	82	9,300	5.2	2016.03.	6	175	가고파초
19	경남	창원시 마산회원구	합성동	롯데캐슬더퍼스트	아파트	1,500	1,200	81	9,900	6.1	2018.07.	4	585	합성초
20	경남	창원시 마산회원구	양덕동	메트로시티	아파트	1,450	1,050	77	12,200	5.9	2009.12.	13	286	가고파초
21	경남	창원시 마산회원구	석전동	창원메트로시티석전	아파트	1,450	550	42	31,300	8.0	2019.12.	3	282	복성초
22	경남	창원시 마산회원구	회원동	창원롯데캐슬프리미어	아파트	1,400				6.6	2020.07.	2	309	
27	경남	창원시 마산합포구	월영동	월영SK오션뷰	아파트	1,200	950	78	8,700	6.8	2017.08.	5	297	해운초
29	경남	창원시 마산합포구	교방동	창원푸르지오더플래티넘1단지	분양권	1,200				6.3	2023.08.	-1	311	
30	경남	창원시 마산합포구	교방동	창원푸르지오더플래티넘2단지	분양권	1,200				8.0	2023.08.	-1	276	
33	경남	창원시 마산합포구	교방동	창원푸르지오더플래티넘3단지	분양권	1,150				7.5	2023.08.	-1	94	
36	경남	창원시 마산합포구	신포동1가	마산만아이파크	아파트	1,100	900	81	7,200	3.6	2010.04.	12		월성초
37	경남	창원시 마산합포구	산호동	창원칸타빌오션뷰	주복분양	1,100	900	79	6,100	5.4	2021.02.	1	219	합포초
41	경남	창원시 마산합포구	월영동	마린애시앙부영	아파트	1,050	750	72	11,500	6.4	2018.04.	4	284	
42	경남	창원시 마산합포구	교원동	무학자이	아파트	1,000	850	86	4,300	4.8	2011.04.	11	378	교방초
53	경남	창원시 마산합포구	교방동	무학산벽산블루밍2단지	아파트	900	650	96	8,200	4.8	2009.06.	13	331	교방초
54	경남	창원시 마산합포구	산호동	산호경동리인	아파트	900	750	80	6,500	5.1	2018.02.	4	327	용마초
60	경남	창원시 마산합포구	오동동	중앙마린파이브	주상복합	850	700	87	5,300	5.4	2014.07.	8	481	합포초
61	경남	창원시 마산합포구	현동	중흥S-클래스프라디움3차	아파트	850	600	80	7,900	5.7	2017.03.	5	386	현동초
63	경남	창원시 마산합포구	현동	중흥S-클래스프라디움2차	아파트	800	600	71	7,300	4.2	2015.12.	7	230	현동초
66	경남	창원시 마산합포구	현동	원현동중흥 S-클래스프라디움	아파트	750	550	75	7,200	4.5	2014.11.	8	432	현동초
69	경남	창원시 마산합포구	현동	현동코오롱하늘채	아파트	750	600	81	5,200	5.0	2019.01.	3	148	현동초
74	경남	창원시 마산합포구	산호동	산호베스티옴	아파트	700	650	88	3,000	5.2	2016.01.	6	213	합포초
75	경남	창원시 마산합포구	현동	LH그린품애	아파트	600	600	88	900	5.2	2015.10.	7	259	현동초
76	경남	창원시 마산합포구	진동면	마산진동협성엠파이어	아파트	550	450	78	4,400	5.4	2014.06.	8	239	진동초
78	경남	창원시 마산합포구	진동면	한일유엔아이	아파트	500	400	83	2,200	4.8	2008.06.	14	350	진동초
80	경남	창원시 마산합포구	진동면	창원진동삼정그린코아골드코스트	아파트					5.9	2019.11.	3	505	
81	경남	창원시 마산회원구	회원동	e편한세상창원파크센트럴	아파트					7.8	2020.10.	2	247	
85	경남	창원시 마산합포구	가포동	마창대교유보라아이비파크	분양권					7.0	2024.03.	-2	257	가포초

출처 : 손품왕

　범위를 좁혀 마산(회원구, 합포구)만 놓고 보면 어디가 대장 아파트인지 한눈에 쉽게 파악된다. 마산 지역의 대장 아파트는 메트로시티2단지 이다.

마산회원구 주목 아파트

▌ 양덕 메트로시티2단지

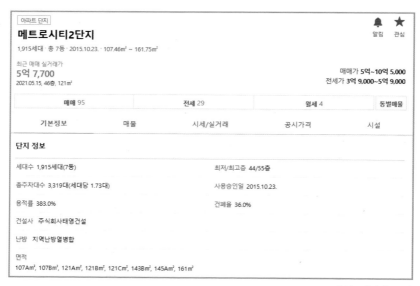

아파트 단지

메트로시티2단지

1,915세대 · 총 7동 · 2015.10.23. · 107.46㎡ ~ 161.75㎡

최근 매매 실거래가
5억 7,700
2021.05.15, 46층, 121㎡

매매가 **5억~10억 5,000**
전세가 **3억 9,000~5억 9,000**

매매 95	전세 29	월세 4	동별매물

기본정보	매물	시세/실거래	공시가격	시설

단지 정보

세대수 1,915세대(7동)	최저/최고층 44/55층
총주차대수 3,319대(세대당 1.73대)	사용승인일 2015.10.23.
용적률 383.0%	건폐율 36.0%

건설사 주식회사태영건설

난방 지역난방열병합

면적
107A㎡, 107B㎡, 121A㎡, 121B㎡, 121C㎡, 143B㎡, 145A㎡, 161㎡

출처 : 네이버부동산

메트로시티2단지는 중대형이 있는 단지로 1,915세대에 6년 차 된 아파트이다.

| 랭킹순 | 최신순 | 높은가격순↑ | 면적순 |

메트로시티2단지 205동
매매 7억
아파트 · 121.26/84.94㎡, 고/44층, 남서향
36B 실입주가능, 창원NC파크, 바다조망, 205동 선호동호수, 귀한매매
　　공인중개사사무소 | 매경부동산 제공
10년이내 대단지 방세개 화장실두개
확인매물 21.05.07

메트로시티2단지 205동
매매 6억 9,000
아파트 · 121.26/84.94㎡, 26/44층, 남서향
10년이내 대단지 방세개 화장실두개
확인매물 21.05.17 중개사 2곳 ∨

메트로시티2단지 205동
매매 6억 8,000
아파트 · 121.38/84.93㎡, 고/44층, 남동향
36A 실입주가능, 귀한매매물건, 선호동호수, 햇살좋은 집
　　공인중개사사무소 | 매경부동산 제공
10년이내 대단지 방세개 화장실두개

메트로시티2단지 204동
매매 5억 5,000
아파트 · 121.26/84.94㎡, 3/49층, 남동향
36B 동남향 단지뷰 이행 가격좋고 집 좋아요 즉시입주
　　공인중개사사무소 | 한국공인중개사협회 제공
10년이내 대단지 방세개 화장실두개
등록일 21.05.03

메트로시티2단지 201동
매매 5억 7,000
아파트 · 121.13/84.97㎡, 중/49층, 남향
전세끼고 급매가36C로앞층 정남향 시스템에어컨
　　공인중개사사무소 | 부동산써브 제공
10년이내 대단지 급매 방세개
확인매물 21.04.27

메트로시티2단지 201동
매매 5억 7,500
아파트 · 121.13/84.97㎡, 저/49층, 남향
급매36C인테리어됨집 시스템에어컨,줄눈탄성LED조명,채광굿,상가인접동.
　　공인중개사사무소 | 부동산써브 제공

메트로시티2단지 205동
전세 5억 9,000
아파트 · 121.26/84.94㎡, 5/44층, 남동향
생활권 편리 선호동, 입주일 협의가능.
　　공인중개사사무소 | 매경부동산 제공
10년이내 융자금없는 대단지 방세개
확인매물 21.05.24

메트로시티2단지 206동
전세 4억 7,000
아파트 · 121.26/84.94㎡, 고/49층, 남서향
　　부동산중개사사무소 | 부동산써브 제공
10년이내 융자금없는 대단지 방세개
확인매물 21.05.06

출처 : 네이버부동산

매매가는 평형에 따라 5억 5,000만 원~7억 원까지 형성되어 있다. 전세는 4억 원~5억 9,000만 원에 나와 있다. 만약 5억 5,000만 원에 매매해서 5억 9,000만 원에 전세를 줄 수 있을까? 물론 이건 희망사항

이지만, 현장에서 잘 파악하고 소장님과 관계를 잘 맺어서 자신만의 스토리를 만들면 불가능한 일도 아닐 것이다.

소장님브리핑

- 지금은 36평 기준 6억 원 이하가 없다. 6억 원 이하는 저층이다. 전세 기준은 4억 원~4억 5,000만 원까지이다. 5억 7,000만 원으로 나온 것은 전세 물건인데 부동산에서 잘못 낸 것 같다고 본다.

- 부산, 서울 등에서 사러 온다. 최근 물건이 빠진 상태이다.

- 부동산이 다시 오른다는 생각 때문에 투기과열지역, 조정대상지역인 창원을 피하는 투자자들이 그나마 비규제이면서 입지가 좋은 마산이 앞으로 더 오를 거라고 보고 매수한다. 요즘은 김해 장유보다 저평가되었다고 보고 투자한다.

- 양덕동에 영화관이 생기고, 해양도시 등의 호재가 있다. 마산법원에 법조센터타운을 짓는다고 하는데, 회성동 부지가 재개발되어서 추후에 이전 작업을 한다. 계획이 있다.

- 양덕4구역, 양덕2구역이 좋다.

- 가고파초등학교라는 명문 초등학교가 있어서 메트로시티2단지는 더 오를 것이다. 솔직히 유니시티만큼은 안 되겠지만, 1억 원 정도 격차는 있으면서 따라갈 것이다.

- 양덕동 부영아파트 상권이 좋다. 창동은 죽었다. 합성동은 그나마 괜찮다. 야구장 메트로 쪽에 있고, 산호동은 개발 등 돈이 많이 들어갔다(산호동으로 상권이 이전될 것 같다고 예상).

- 메트로시티2단지의 로열동은 206동, 207동이다. 큰 평수가 있고, 206동은 야구장이 보인다. 30층 이상이 로열층으로 좋다.

- 메트로시티1단지가 입지는 좋은데, 엘리베이터가 느린 등 아파트가 많이 노후화된 분위기가 있다(연식 11년). 메트로시티2단지는 젊은 사람들이 많고, 아이들이 많다. 메트로시티1단지는 나이든 분들이 많다. 다 수리해야 한다. 아파트 자체가 넓다 보니 메트로시티1단지는 관리가 미흡하다.

메트로시티 동별매물

매매 4억 7,000~10억
전세 3억 8,000~6억
아파트 · 2127세대 · 총21동
· 2009.12.28. · 119.98㎡ ~ 235.76㎡

매매 128 │ 전세 14 │ 월세 3

출처 : 네이버부동산

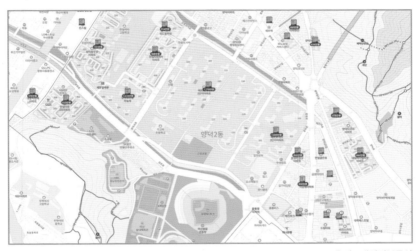

출처 : 네이버부동산

출처 : 네이버지도

전국을 봤을때 앞서 지도와 비슷한 느낌의 지역은 어딜까? 창원도 이런 느낌이다. 아파트가 몰려 있는 이런 곳이 대체로 살기도 좋고, 학군도 좋다. 그걸 보면 된다.

양덕4구역

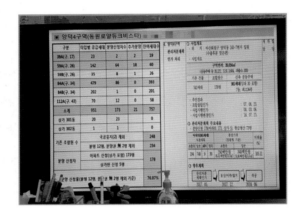

양덕4구역은 만들어질 예정에 있다. 대장 아파트의 인근에 있고, 시공사가 동원에서 롯데로 변경되어 양덕2구역과 같이 진행될 예정이다. 그럼 당연히 대장과 비슷해지거나 대장을 이기는 단지가 형성될 것이다. 답을 보고 가는 투자인 것이다. 더구나 지금 다 부순 상태이니 얼마나 좋은가! 내가 가진 금액 대비 파악하고 접근하는 게 좋다. 물론 다 부수고도 느리게 가는 게 재개발이라지만, 다른 재개발보다 훨씬 빠르기 때문에 서둘러야 할 것이다.

● 양덕2구역은 6월로 청약이 예정되어 있었으나 분양가 안 나오니 지연되는 분위기이다. 일반청약도 당첨되면 프리미엄이 최소 8,000만 원~1억 5,000만 원이고, 조합원 매물은 없는 상황이다.

● 양덕4구역은 프리미엄이 2억 원에 거래되었다. 지금 나온 매물은 84㎡가 프리미엄이 2억 5,000만 원이다. 중요한 것은 지금 있는 마산 투자자들이 2019년 11월 들어왔는데, 현재 매물이 없다. 어차피 지금까지 안 판 분들은 최소 2년 이상 가져간다. 내년까지 가져간다고 봐야 한다. 매물은 더 귀해질 것이고, 프리미엄은 계속 올라간다. 회원2구역도 프리미엄이 1억 6,000만 원이다. 교방1구역도 프리미엄이 1억 6,000만 원이다. 양덕2구역도 실수요자 많기 때문에 매물 나올 게 없다.

● 양덕2구역은 작년 4월 착공했고, 선착공, 후분양이다. 준공 80% 되었을 때 후분양되는 건데, 착공만 먼저 했지 허그에서 일반 분양가를 조합에서 원하는 금액으로 해줄지는 미지수이다. 선분양일지, 후분양일지는 서로의 이익에 따라 달라질 것이다.

투자 흐름

　후발 주자로서 물건이 많고 괜찮은 곳으로 자산구역이 있다. 자산구역은 6월에 평형 신청하고, 하반기 관처, 내년 상반기 이주가 목표이다. 물건마다 다르지만 프리미엄이 6,000만 원~1억 원 초반이다. 시공사는 태영건설이다. 합성동 재개발도 많이 올랐다. 합성동 재개발은 두산으로 시공사가 바뀌고, 프리미엄도 감평에 따라 다르다. 조합원의 수가 212명이다. 감평도 높고, 프리미엄이 나온다면 현재 4,000~8,000만 원일 것이고, 이주 중인 단계다. 양덕3구역도 단기간에 많이 올랐다. 시장을 봤을 때 시간이 필요하지 않을까 싶다. 양덕3구역의 조합원은 147명인데, 매물이 없다. 프리미엄도 8,000만 원 정도이다. 양덕4구역 공사 후에는 팔룡터널이 뚫려서 유니시티로 바로 가게 되므로 마산에는 또 다른 호재라고 할 수 있다.

┃ 마산의 재개발 구역 ┃

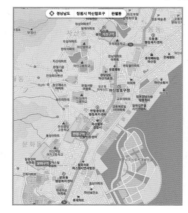 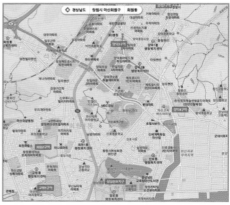

출처 : 아실

03

마산합포구 주목 아파트

▌마린애시앙부영

투자자들이 많이 궁금해 하는 마린애시앙부영을 살펴본다. 마린애시앙부영은 4,298세대로 2019년 12월에 입주한 단지이다. 오션뷰는 큰 평수이다. 아마 마산이 규제로 묶이지 않은 것도 이 단지가 이유가 될 수 있다.

출처 : 네이버부동산

마린애시앙부영			
06년 1월 ~ 21년 5월			최근 3년 보기

06년 　 10년 　 14년 　 18년 　 21년

계약체결	일	경과	체결가격	거래 동층
	03		매매 3억 700	6층
21.04	29	⑮	매매 3억 750	9층
	27		매매 3억 700	6층
	25		최고가 매매 3억 800	5층
	24		매매 3억 500	21층
	24		매매 3억 600	7층
	23		매매 3억 600	5층
	22		매매 3억 700	5층
	22		최고가 전세 2억 5,000	101동 5층
	20		최고가 매매 3억 800	11층

출처 : 아실

마린애시앙부영 123동
전세 2억 9,000
아파트 · 112B/84m², 고/28층, 남동향
최선호동 고층매물,110동 4층 전세2억3천있음

🔲 공인중개사사무소 | 한경부동산 제공

확인 21.05.04. ☆

마린애시앙부영 109동
전세 2억 8,000
아파트 · 112B/84m², 고/29층, 남서향
커뮤니티 중앙광장인접 햇살맛집

🔲 공인중개사사무소 | 부동산써브 제공

확인 21.04.30. ☆

마린애시앙부영 104동
전세 2억 7,000
아파트 · 112A/84m², 23/23층, 남서향
주출입구동생활권편함귀한탑층풀옵션에어컨2대추가

🔲 부동산중개 | 매경부동산제공

출처 : 네이버부동산

$84m^2$ 기준 2억 8,000만 원~4억 원에 매물이 나와 있다. 앞서 살펴
본 마산한일1, 2차를 팔고 여기로 갈아타는 이유이기도 하다. 전세는
2억 1,000~2억 9,000만 원으로 나와 있다.

마린애시앙부영
매매 2.80억~6.6억
전세 2.1억~4.5억
월세 10만~1.2백
매매 55 | 전세 450 | 월세 64
단지정보 　 시세/실거래가

출처 : 네이버부동산

나와 있는 매물보다 전세가 엄청나다. 그만큼 투자자들이 많이 들어갔다.

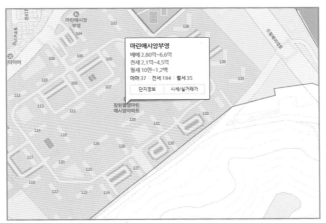

현재는 많이 소진되었다.

소장님 브리핑

- 매물 원하는 사람 많고, 물량 자체는 전매 물건도 없다. 로열은 분양 다 되고, 등기를 다 쳤다. 로열동은 전세 낀 물건이 가끔 나온다. 입주장에는 거의 전세가 저렴하게 맞춰진다. 그래서 갭이 큰 게 단점이다. 지금은 저층 정도 나오고, 프리미엄은 사실 3,000~4,000만 원 생각하자.

- 전세는 어차피 하반기 되면 잘 나간다. 2억 2,000~2억 3,000만 원 조회된다. 하반기 되면 2억 5,000~2억 6,000만 원 생각하고 있다. 더 올라갈 수도 있다. 기본적으로 그 정도 올라간다. 마산에서는 사놓으면 득이 된다.

- 사실 마산에서 새로 분양하는 게 줄줄이 있다. 분양가 자체를 평당 1,200만 원 생각하는데, 34평 기준으로 4억 원~4억 5,000만 원 본다. 여기는 그에 비

해 분양가가 저렴했다. 34평 분양가가 원래 3억 300만 원이었다. 그러니까 물건 있으면 잡자!

출처 : 카카오맵

❱ 오션뷰는 45~53평이다. 나온 매물은 없다. 15층 이상 되면 바다 조망이 좋다. 오션뷰 45평이 6억 6,000만 원으로 나왔다. 15층 이상 45평형 분양가가 4억 500만 원이다. 프리미엄이 2억 원 넘게 붙었다. 오션뷰 물건은 안쪽이랑 가격이 다르다.

❱ 마린애시앙은 후분양이라서 분양받고 바로 입주 가능했고, 입주지정기간이 없이 분양받고 나서 3개월 이내 잔금을 치르면 언제든지 입주 가능했다. 잔금 못 치를 경우는 유예 기간 3개월을 줬다. 연체이자 붙고, 그 전에 할인분양 했는데, 잔금 기일을 놓치면 할인받은 것을 내놓아야 해서 금액 차이가 났다. 보통 무슨 방법을 쓰더라도 잔금을 치렀다. 바닷가 쪽은 그때 줄서서 텐트치고, 분양받은 분들이다. 그렇게 하는 사람들을 부정적으로 보는 분위기였고, 1년 전 오션뷰 초고층 몇 개가 나갔지만 중층 이상은 몇 개 남았다. 1년 전에 오션뷰 큰 평수의 맨 처음 분양 시 원분양했고 2020년 8월부터 할인분양하면서 그 전에 분양받은 사람은 8% 환급받았다. 8월부터 할인분양받고 3개월 지나고, 9월 7%, 10월 6%로 할인율이 1%씩 떨어졌다.

❱ 지금 산다면 53평이 투자로는 제일 낫다. 이유는 대형 평수 자체가 이 동네에 없고, 앞으로도 신축으로 이렇게 들어올지는 모른다.

❱ 부영 이미지는 안 좋지만 마린애시앙은 입지가 좋다. 초등학교가 단지 안에 있고, 지금 수변공원 조성하는데 나름 좋다. 중학교도 인근에 있다. 마린애시

앙에서 나와서 어시장이 있는 곳까지 수변공원 라인이다. 산책로가 생기면 해양신도시 쪽으로 생기는 것인데, 신도시는 무엇이 생길지 모른다. 이슈거리가 될 것이고, 일단 살고 있는 사람이 만족도 있는 것은 수변공원이다. 생기면 더 오른다.

- 옆에 있는 SK는 마린애시앙보다 3~4년 준공년도 차이가 나는데, 84㎡가 4억 원을 찍었다. 바로 옆에 있는 것이다. 그럼 진짜 입지도 좋은 건데 분양가가 저렴하게 되었다. 2년 돌아야 자기 가격 올라온다. 지금 등기치는 것이니 금액이 정확하게 되는 것이 아니다. 2~4년 지나면 좋다.

- 기본 4억 원은 가고, 5억 원까지 간다고 본다. 84㎡의 로열동이라고 하면, 동이 워낙 많기에 반반 나눠서 보면 초등학교라인과 입구라인으로 보면 된다. 개성이 다르다. 단지 배치도를 보면 안쪽에 긴 단지 말고 바깥쪽 뷰가 나오는 단지가 119동, 122동 외곽라인이다. 121동, 123동, 124동, 117동 이렇다. 앞쪽 라인 108동, 104동, 101동이고 산을 좋아하면 뒷 동이다.

- 입구 동이라 하면 상권 자체가 몰려 있다. 상가 가까운 곳은 104동으로 규모가 크다. 상가는 분양하지 않는다. 1층 대형마트는 300평인데, 대형마트 생기고 하면 상권이나 커뮤니티 위치로 봤을 때 입구 동이 뜬다. 초등학교 자녀를 둔 사람들에게는 초등학교 앞이 로열동이면서 뷰가 나오면 좋은 동이다.

- 신혼부부나 자녀들이 컸을 경우는 입구 동이 좋다. 중학교 도보 1~2분 거리이다. 외곽라인은 동마다 조금씩 차이가 있지만 시야가 트여 있다. 중간에 긴 동은 좌우가 막혀 있어서 20층 이상이면 위로 보이는 것이 있어 개방감은 있다. 10층 이하는 마린애시앙의 경우 조경이 좋으니 나무랑 같이 보여서 눈으로 보는 것은 좋은데, 중간에 긴 층은 이것도 저것도 아니다. 오히려 저층이 직접 보면 예쁘다. 바깥 동은 조경을 볼 것도 아니고 개방감이 있어서 중간, 위, 아래 전부 괜찮다. 안쪽 동은 다 막히면 약간 저층 아니면 초고층이 낫다.

- 기준 층은 5층이다. 5층 이상 금액은 동일하다. 5층 한 칸씩 밑으로 내려올수록 500만 원 차이 난다.

출처 : 아실

101동과 102동이 로열동이다.

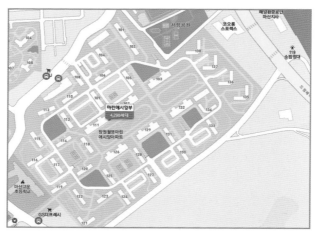

출처 : 아실

135동, 136동, 137동, 138동(1, 2호라인 중 A타입)이 선호하는 동이다. 중앙공원이 보이는 곳을 더 선호한다. 137동 4호라인, 138동 3호라인 에서 보면 중앙공원이 예쁘게 보인다.

▲ 마린애시앙 단지 전경

공시지가 1억 원 미만 아파트

　공시지가 1억 원 미만 아파트에 대한 관심이 많지만, 나는 비규제지역은 공시지가 1억 원 미만보다 그냥 매수해서 일반 세율로 하는 게 낫지 않나 생각한다. 규제지역은 공시지가 1억 원 미만이나 썩빌로 하고 말이다. 그 흐름의 장에 내가 같이 타고 가나 그것만 잡으면 될 듯하다.

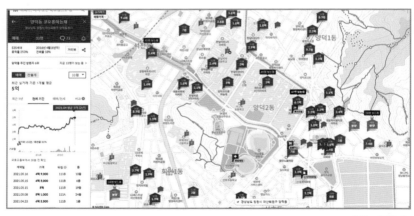

출처 : 호갱노노

먼저, 마산 갭투자금 1억 원 이하, 25년 이하, 300세대 이상, 초등학교 500미터 안에 들면서 30평형대로만 기준을 잡고 찾아본다.

　마산은 이 정도 보면 된다. 투자는 늘 입지가 중요하므로 잘 체크해야 한다.

｜갭투자금 1억 원 이하 30평형대 단지(25년 이하, 300세대 이상, 초등학교 500미터 이내)｜

주소1	주소2	주소3	아파트명	기준	년차	준공	전용	매매 기준	평당가	공시기준	공시가	금액	변동금액	상승률
경남	창원시 마산합포구	월영동	현대1차	기본	24	1998.04.	84.91	16,000	485	16,000	10,944	17,250	750	16 %
경남	창원시 마산합포구	월영동	현대	기본	24	1998.07.	84.97	15,000	466	15,000	10,260	15,750	1,100	7 %
경남	창원시 마산합포구	신포동1가	센트럴	기본	21	2001.06.	84.84	22,750	691	21,000	14,364	20,000	1,000	5 %
경남	창원시 마산합포구	현동	중흥S-클래스프라디움3차	기본	5	2017.03.	95.27	28,000	757	28,000	19,152	28,500	1,500	5 %
경남	창원시 마산합포구	월영동	월영동아2차	기본	24	1998.11.	84.97	15,500	479	15,500	10,602	18,500	750	4 %
경남	창원시 마산회원구	내서읍	대동다숲(원계)	기본	16	2006.06.	84.98	19,000	536	19,000	12,996	19,000	500	3 %
경남	창원시 마산합포구	월영동	현대2차	기본	24	1998.04.	84.98	16,000	488	16,000	10,944	16,250	250	2 %
경남	창원시 마산합포구	월영동	동아1차	기본	24	1998.04.	84.64	15,000	455	15,000	10,260	17,000	250	1 %
경남	창원시 마산합포구	현동	중흥S-클래스프라디움3차	기본	5	2017.03.	84.98	26,500	797	26,500	18,126	26,750	250	1 %
경남	창원시 마산합포구	교방동	창원푸르지오더플래티넘1단지	기본	-1	2023.08.	84.9	41,400	1,224		0	41,150	250	1 %
경남	창원시 마산합포구	교방동	창원푸르지오더플래티넘3단지	기본	-1	2023.08.	84.31	39,350	1,176		0	38,850	500	1 %

출처 : 손품왕

▌양덕 코오롱하늘채

출처 : 네이버부동산

양덕 코오롱하늘채는 535세대, 5년 차 된 신축이다.

양덕코오롱하늘채 102동
매매 5억 3,000
아파트 · 111.53/84.97㎡, 30/30층, 남향
10년이내 탑층 방세개 화장실두개
확인매물 21.05.25 중개사 8곳 ∨

양덕코오롱하늘채 102동
매매 5억 3,000
아파트 · 111.23/84.89㎡, 24/30층, 남서향
10년이내 방세개 화장실두개 고층
확인매물 21.05.25 중개사 2곳 ∨

양덕코오롱하늘채 101동
매매 5억 3,000
아파트 · 111.53/84.97㎡, 26/30층, 남향
10년이내 방세개 화장실두개 고층
확인매물 21.05.12 중개사 4곳 ∨

양덕코오롱하늘채 102동
전세 4억 3,000
아파트 · 111.53/84.97㎡, 27/30층, 남향
10년이내 융자금없는 방세개 화장실두개
확인매물 21.05.24 중개사 2곳 ∨

양덕코오롱하늘채 102동
전세 4억 ~4억 1,000
아파트 · 111.23/84.89㎡, 10/30층, 남서향
10년이내 융자금없는 방세개 화장실두개
확인매물 21.05.25 중개사 6곳 ∨

양덕코오롱하늘채 103동
전세 4억 1,000
아파트 · 111.23/84.89㎡, 13/30층, 남동향
10년이내 융자금없는 방세개 화장실두개
확인매물 21.05.24 중개사 3곳 ∨

출처 : 네이버부동산

84㎡ 기준 매매가 4억 8,000~5억 3,000만 원이다. 전세는 4억 원 ~4억 3,000만 원이다. 그럼 똑같이 전세는 4억 3,000만 원에 맞추고, 매매가 4억 8,000만 원에 하면 5,000만 원 갭투자가 가능한데, 이 또한 현장에서 찾아서 어떻게 처리하는지가 중요하다는 말을 전한다. 이제 현장 속으로 떠나보자.

- 코오롱하늘채는 102동, 103동이 로열동이다. 102동, 103동에서 가고파초 등학교 맞은편 메트로시티1단지, 2단지 뷰가 나온다. 102동, 103동 1, 2, 3 라인은 막힘없이 보인다. 그리고 33A타입 102동, 103동 20~28층까지 투자 자들이 선호한다.

- 투자자들이 쓸어가면서 실거래가 5억 2,000만 원으로 최고를 찍었다. 그리 고 A타입 선호하는 이유는 2베이 타워형인데 정남향이라 더 선호한다. 33B 타입은 3베이 판상형이다. 기러기형이다. 기러기 앞 A타입, 1, 4라인 남동향, 남서향이다. 뷰는 A타입이 좋아서 투자자들은 여기를 선호하고, 실거주자는 B타입을 선호한다. 채광 고려했을 때 이런 디자인으로 짓는다.

출처 : 네이버지도

- 투자자들은 서울, 경기도에서 많이 오고, 매물이 다 빠지고 나서 전세 매물이 단기간에 4억 원으로 올랐다. 엄청 투자자들이 들어와서 좋은 물건은 없고, 가격에 반영되어 있다. 저층 위주로 남아 있다.

- 조합원 물건은 에어컨이 들어가 있고, 아닌 곳은 에어컨이 없다.

- 잔금일에 맞춰서 전세를 못 맞춘 적이 없다. 역전세가 많았다. 주인들이 들어 가는데, 명의 문제, 비과세 정리하면서 전세가 오르니까 자기 집에 역전세 들

어간다. 투자자들이 매매하고 전세를 놓은 곳에 자기가 들어가는 것이다. 여기서는 자기 집이었던 곳에 전세로 들어가는 것을 역전세라고 한다. 당장 투자자 입장에서도 전세에 대한 부담감이 없어서 이런 경우를 선호한다.

❯ 중학교는 신설이 없다. 차로 10분 거리에 있고, 창원삼성병원 뒤쪽에 여자중학교 1곳, 남자중학교 2곳, 석전메트로 무학여중, 양덕여중, 중앙중학교, 양덕중학교가 있다. 공부를 생각하면 노블파크나 트리비앙 아파트 쪽 반송중학교로 간다. 초등학교 고학년에 움직이기도 하는데, 중학교 학업성취도에 따라 고등학교를 배정받기 때문에 이동한다. 마산의 한계이다. 양덕은 앞으로 더 좋아진다.

출처 : 네이버부동산

▌ 양덕 마산한일타운1차

출처 : 네이버부동산

    마산 공시지가 1억 원 미만인 양덕의 마산한일타운1차는 투자자들이 쓸어갔다. 월영마을도 쓸어갔다. 그다음 바닷가 저렴한 것들도 쓸어갔다. 마산한일타운1차는 실거래가가 1억 2,000만 원이었다.

출처 : 호갱노노

마산한일타운1차는 685세대에 최근 급상승 중인 28년 차 아파트이
다. 여기는 입지도 좋다.

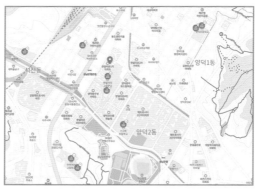

매매가 2억 원 이하 단지(300세대 이상, 25년 이상, 초등학교 500미터 이내)

주소1	주소2	주소3	아파트명	기본	년차	준공	전용	매매기준	평당가	공시기준	공시가
경남	창원시 마산합포구	추산동	신추산	기본	26	1996.10.	40.18	5,000	337	5,000	3,420
경남	창원시 마산합포구	자산동	한우	기본	36	1986.04.	56.58	7,700	391	7,200	4,925
경남	창원시 마산합포구	신포동2가	삼익	기본	43	1979.08.	44.86	9,000	486	9,000	6,156
경남	창원시 마산합포구	자산동	한우	기본	36	1986.04.	52.56	7,000	368	6,500	4,446
경남	창원시 마산합포구	자산동	한우	기본	36	1986.04.	51.39	7,000	376	6,500	4,446
경남	창원시 마산합포구	자산동	한우	기본	36	1986.04.	50.79	7,000	379	6,500	4,446
경남	창원시 마산합포구	자산동	한우	기본	36	1986.04.	48.97	7,000	383	6,500	4,446
경남	창원시 마산회원구	양덕동	마산한일타운1차	기본	28	1994.11.	59.94	14,000	545	13,250	9,063
경남	창원시 마산합포구	추산동	신추산	기본	26	1996.10.	59.71	8,500	367	8,500	5,814
경남	창원시 마산회원구	합성동	무학	기본	35	1987.02.	45.09	7,500	491	7,500	5,130
경남	창원시 마산합포구	자산동	한우	기본	36	1986.04.	57.96	9,500	445	8,000	5,472
경남	창원시 마산합포구	자산동	한우	기본	36	1986.04.	58.77	9,500	439	8,000	5,472
경남	창원시 마산합포구	자산동	한우	기본	36	1986.04.	58.14	9,500	444	8,000	5,472
경남	창원시 마산합포구	자산동	한우	기본	36	1986.04.	57.85	9,500	437	8,000	5,472
경남	창원시 마산합포구	신포동2가	삼익	기본	43	1979.08.	84.43	13,500	395	13,500	9,234
경남	창원시 마산합포구	신포동2가	삼익	기본	43	1979.08.	84.4	13,500	395	13,500	9,234
경남	창원시 마산합포구	신포동2가	삼익	기본	43	1979.08.	84.26	13,500	396	13,500	9,234
경남	창원시 마산합포구	자산동	한우	기본	36	1986.04.	69.81	10,300	422	9,300	6,361
경남	창원시 마산회원구	내서읍	동신1차	기본	28	1994.06.	93.28	14,100	433	14,100	9,644
경남	창원시 마산회원구	합성동	무학	기본	35	1987.02.	49.56	9,500	572	9,500	6,498
경남	창원시 마산회원구	합성동	무학	기본	35	1987.02.	49.61	9,500	571	9,500	6,498
경남	창원시 마산회원구	내서읍	동신1차	기본	28	1994.06.	105.8	15,000	392	15,000	10,260
경남	창원시 마산합포구	신포동2가	삼익	기본	43	1979.08.	111	15,000	351	16,000	10,944
경남	창원시 마산회원구	합성동	무학	기본	35	1987.02.	54.34	9,500	526	9,500	6,498
경남	창원시 마산합포구	신포동2가	삼익	기본	43	1979.08.	62.24	11,500	438	11,000	7,524
경남	창원시 마산합포구	신포동2가	삼익	기본	43	1979.08.	111	16,000	352	16,000	10,944
경남	창원시 마산합포구	신포동2가	삼익	기본	43	1979.08.	62.64	11,500	436	11,000	7,524
경남	창원시 마산회원구	내서읍	동신1차	기본	28	1994.06.	117.1	16,250	388	16,250	11,115
경남	창원시 마산합포구	신포동2가	삼익	기본	43	1979.08.	141.2	19,000	346	21,000	14,364
경남	창원시 마산합포구	신포동2가	삼익	기본	43	1979.08.	142	19,000	344	21,000	14,364
경남	창원시 마산합포구	자산동	한우	기본	36	1986.04.	82.68	12,500	445	12,300	8,413

300세대 이상, 25년 이상, 용적률 200% 이하, 초등학교 500미터 이내, 2억 원 이하인 매물로 확인한 표이다.

마산한일타운1차 101동
매매 1억 6,000
아파트 · 84.17/59.94㎡, 중/21층, 남서향
남서향 선호라인로얄층 수리된집.전세1억2,500만 안고 매매요.
⬛공인중개사사무소 | 부동산뱅크 제공
25년이상 방세개 화장실한개 중층
확인매물 21.05.22

마산한일타운1차 101동
매매 1억 5,500
아파트 · 84.17/59.94㎡, 4/21층, 남서향
부분리모델링. 세입자(보증금1억)안고.귀한남서향물건.
⬛공인중개사사무소 | 한국공인중개사협회 제공
25년이상 방세개 화장실한개 세대당1대
등록일 21.05.11

마산한일타운1차 101동
매매 1억 5,500
아파트 · 84.17/59.94㎡, 저/21층, 남향
전월세 5000/20 햇살 좋음.복도 끝라인이여서 사생활 보호가능
⬛공인중개사사무소 | 한국공인중개사협회 제공
25년이상 방세개 화장실한개 세대당1대
등록일 21.04.26

마산한일타운1차 101동
매매 1억 5,200
아파트 · 84.17/59.94㎡, 고/21층, 남향
25년이상 급매 방세개 화장실한개
확인매물 21.05.20 중개사 2곳 ∨

마산한일타운1차 101동
매매 1억 5,200
아파트 · 84.17/59.94㎡, 고/21층, 남서향
추천선호남서향 토인조망 10월입주 전세8전월20만임대중 한일1차전문
⬛공인중개사 | 부동산버브 제공
25년이상 방세개 화장실한개 고층

출처 : 네이버부동산

매매가 1억 5,200~1억 6,000만 원이다.

마산한일타운1차 ✕

06년 1월 ~ 21년 5월　　　　　　최근 3년 보기

06년　10년　14년　18년　21년

계약체결	일	경과	체결가격	거래 동층	
21.05	08	15	전세 1억 2,700	101동	14층
21.02	07		전세 1억 2,000	101동	11층
21.01	31		전세 1억 2,000	101동	8층
	26		전세 1억 2,500	101동	13층
	07		전세 1억 1,000	101동	5층
20.12	19		전세 1억 1,000	101동	11층
20.11	02		전세 1억	101동	13층
20.07	21		전세 1억	101동	9층
	05		전세 1억	101동	6층
20.06	16		전세 1억	101동	5층

출처 : 아실

전세 매물은 없고, 최근에 맞춰진 전세가는 1억 2,700만 원이다.

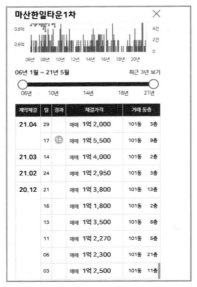

마산한일타운1차 ✕

0.8억　　　　　　　　　　　　　4건

0.6억　　　　　　　　　　　　　2건
　　　　　　　　　　　　　　　　0
06년 08년 10년 12년 14년 16년 18년 20년

06년 1월 ~ 21년 5월　　　　　　최근 3년 보기

06년　10년　14년　18년　21년

계약체결	일	경과	체결가격	거래 동층	
21.04	29		매매 1억 2,000	101동	3층
	17	15	매매 1억 5,500	101동	9층
21.03	14		매매 1억 4,000	101동	2층
21.02	24		매매 1억 2,950	101동	3층
20.12	21		매매 1억 3,800	101동	13층
	16		매매 1억 1,800	101동	2층
	13		매매 1억 3,500	101동	8층
	11		매매 1억 2,270	101동	5층
	06		매매 1억 2,300	101동	21층
	03		매매 1억 2,500	101동	11층

출처 : 아실

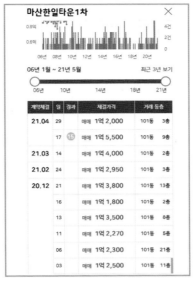

계약체결	일	경과	체결가격		거래 동층	
21.04	29		매매	1억 2,000	101동	3층
	17	⑮	매매	1억 5,500	101동	9층
21.03	14		매매	1억 4,000	101동	2층
21.02	24		매매	1억 2,950	101동	3층
20.12	21		매매	1억 3,800	101동	13층
	16		매매	1억 1,800	101동	2층
	13		매매	1억 3,500	101동	8층
	11		매매	1억 2,270	101동	5층
	06		매매	1억 2,300	101동	21층
	03		매매	1억 2,500	101동	11층

출처 : 아실

최근에 거래된 매매가가 전세가와 거의 비슷하다. 무피가 가능하지 않을까 살며시 생각도 하면서 현장 속으로 가보자.

소장님 브리핑

- 한일타운1차 포함 다른 아파트도 매물이 없다. 대지권 비율이 높아서 사람들 관심이 있고, 위치가 좋은데 다른 곳에 비해 싸다.
- 투자자들이 와서 수리하고 전세는 나갔다.
- 창원이 투기과열지구 지정되어 조용하고, 메트로시티 투자자들 전세가 나오는데 한일타운은 전세가 없다. 20평형대는 전세가 잘 나간다.
- 복도식이고 지하주차장 연결 안 되어 있다.
- 수리가 되어 있는 집을 사서 전세 맞추는 게 좋다. 도배와 장판, 욕실, 싱크대 수리해야 하고, 문도 고쳐주면 1,000만 원 정도 예상되기 때문이다.

❷ 여기는 무조건 공시지가 1억 원 미만이다.

❷ 20평형대 사는 사람들이 파는 이유는 주로 젊은 사람들이 여기 있다가 부영으로 많이 가는데, 이때 투자자들이 사서 수리해서 전세를 놓는다. 투자 비용 빼고 3,000만 원 넘길 시점이다.

❷ 양덕 한일타운2차는 작년까지 공시지가 1억 원 넘었는데, 올해는 공시지가 1억 원 이하이다. 여기는 904세대에 계단식이고, 1996년 입주해서 25년 차가 되었다. 단, 32평짜리는 공시지가 1억 원 이상이다.

❷ 893세대에 23년 차 계단식 아파트인 양덕 우성도 공시지가 1억 원 미만 물건이 있다. 1억 원 이하인 한일2차 물건은 전세 맞추기 쉽다.

☑ 2021년 1.1기준 공동주택가격
☑ 열람지역 : 경상남도 창원마산회원구 양덕서8길 25(창원마산회원구 양덕동 74-1)

공시기준일	단지명	동명	호명	전용면적(㎡)	공동주택가격(원)
2021.1.1	마산한일타운아파트(한일타운)	101	713 산정기초자료	59.94	84,100,000
2020.1.1	마산한일타운아파트(한일타운)	101	713	59.94	85,600,000

2021년 1.1 기준 공동주택가격에 의견이 있으신 분은 공동주택가격 이의신청서를 제출하여 주시기 바랍니다.

출처 : 부동산공시가격알리미

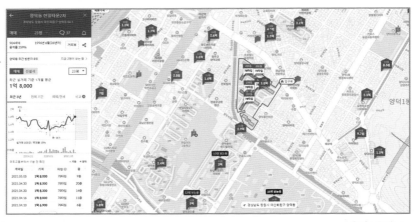

출처 : 호갱노노

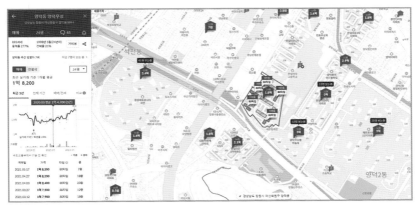

　마산에서 공시지가 1억 원 미만 아파트를 본다면 양덕동 한일타운 1차, 한일타운2차, 양덕 우성 이렇게 3개를 놓고 보면 도움이 될 듯하다. 공시지가 1억 원 미만을 볼 때는 늘 입지가 중요하기 때문이다.

　그런데 늘 강조하지만, 공시지가 1억 원 미만의 투자는 리스크가 존재한다는 사실을 잊지 말자. 만약 공시지가 1억 원 미만 아파트가 향후 1억 원 이상이 되었을 때 어떻게 대처해야 할까? 또한 정책이 바뀌어 향후 취득세 혜택이 평준화된다면 어떨까? 지금의 이 흐름과 트렌드가 변할 수 있다는 것도 항상 생각해보기를 바란다.

　층수와 대지 지분, 용도지역 등 재건축이나 리모델링이 될 가능성 여부를 검토해야 하고, 인근에 재개발, 재건축이 진행되는 것이 많다면 굳이 공시지가 1억 원 미만 아파트보다 갭투자를 하거나 단계가 빠른 재개발·재건축 투자를 하는 것이 좋지 않을까 생각한다.

창원시 진해구
공시지가 1억 원 미만 아파트

∥ 진해 공시지가 1억 원 미만 단지 ∥

주소1	주소2	주소3	아파트명	기본	년차	준공	전용	하위	상위	6개월전	4개월전	2개월전	1개월전	변동	하위	평균	상위	매매기준	평당가	공시기준	공시가
경남	창원시 진해구	풍호동	주공	기본	32	1990.08.	39.69	9,000	9,000	5,600	7,250	7,250	7,250		6,400	7,250	8,000	7,250	477	7,250	4,959
경남	창원시 진해구	풍호동	주공	기본	32	1990.08.	39.3	9,000	10,200	5,600	7,250	7,250	7,250		6,400	7,250	8,000	7,250	481	7,250	4,959
경남	창원시 진해구	풍호동	주공	기본	32	1990.08.	46.68			7,350	8,750	9,000	9,000		8,750	9,250	9,750	9,250	531	8,750	5,985
경남	창원시 진해구	풍호동	주공	기본	32	1990.08.	47.01			7,350	8,750	9,000	9,000		8,750	9,250	9,750	9,250	528	8,750	5,985
경남	창원시 진해구	경화동	경화주공	기본	36	1986.11.	31.98	7,000	7,700	4,650	5,500	6,100	6,100		5,500	6,100	6,600	6,100	535	5,500	3,762
경남	창원시 진해구	경화동	경화주공	기본	36	1986.11.	39.72	8,500	10,000	6,100	7,150	7,850	7,650		7,100	7,650	8,350	7,650	566	7,150	4,891
경남	창원시 진해구	석동	주공	기본	31	1991.11.	32.76	10,200	13,500	8,000	8,500	9,000	9,750		9,000	9,750	10,250	9,750	751	8,500	5,814
경남	창원시 진해구	자은동	성원	기본	27	1995.09.	39.75	10,000	12,600	8,000	11,000	11,000	11,000		10,000	11,000	12,000	11,000	694	11,000	7,524
경남	창원시 진해구	풍호동	풍호시영	기본	31	1991.01.	49.79	12,500	16,500	9,000	13,000	13,000	13,000		11,250	13,250	14,250	13,250	717	13,000	8,892
경남	창원시 진해구	석동	주공	기본	31	1991.11.	46.98			10,500	11,000	12,500	13,750		12,500	13,750	14,500	13,750	771	11,000	7,524
경남	창원시 진해구	석동	주공	기본	31	1991.11.	47.31	13,500	15,300	10,500	11,000	12,500	13,750		12,500	13,750	14,500	13,750	767	11,000	7,524
경남	창원시 진해구	석동	주공	기본	31	1991.11.	42.84			10,500	11,000	12,500	13,750		12,500	13,750	14,500	13,750	806	11,000	7,524
경남	창원시 진해구	석동	주공	기본	31	1991.11.	42.48	13,700	15,500	10,500	11,000	12,500	13,750		12,500	13,750	14,500	13,750	815	11,000	7,524

출처 : 손품왕

∥ 진해 경화동 경화주공

먼저 진해 경화동 경화주공을 살펴본다. 420세대, 36년 차 아파트
이다.

출처 : 호갱노노

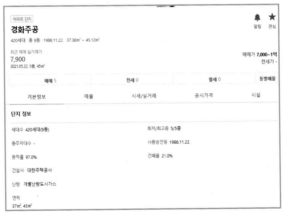

출처 : 네이버부동산

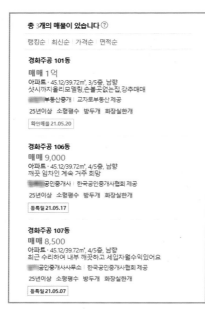

총 3개의 매물이 있습니다 ⑦

랭킹순 | 최신순 | 가격순 | 면적순

경화주공 101동
매매 1억
아파트 · 45.12/39.72㎡, 3/5층, 남향
샷시까지올리모델링,손볼곳없는집,강주매매
부동산중개 | 교자로부동산 제공
25년이상 소형평수 방두개 화장실한개
확인매물 21.05.20

경화주공 106동
매매 9,000
아파트 · 45.12/39.72㎡, 4/5층, 남향
깨끗 임차인 계속 거주 희망
공인중개사 | 한국공인중개사협회 제공
25년이상 소형평수 방두개 화장실한개
등록일 21.05.17

경화주공 107동
매매 8,500
아파트 · 45.12/39.72㎡, 4/5층, 남향
최근 수리하여 내부 깨끗하고 세입자월수익있어요
공인중개사사무소 | 한국공인중개사협회 제공
25년이상 소형평수 방두개 화장실한개
등록일 21.05.07

경화주공 ✕

06년 1월 ~ 21년 5월   최근 3년 보기

06년 10년 14년 18년 21년

계약체결	일	경과	체결가격	거래 동층	
21.05	20	7	전세 4,700	106동	2층
21.02	27		전세 3,000	101동	4층
21.01	15		전세 4,000	106동	4층
	11		전세 3,500	107동	4층
20.08	26		전세 3,000	107동	2층
20.06	19		전세 3,000	101동	4층
20.04	07		전세 3,500	106동	3층
19.12	06		전세 4,000	105동	1층
19.09	16		전세 5,300	109동	1층
19.08	15		전세 3,500	106동	3층

출처 : 네이버부동산　　　　　　　　　　　　出처 : 아실

매매는 8,500만 원~1억 원이다. 나와 있는 전세는 없고, 최근에 4,700만 원에 거래된 걸 알 수 있다. 그럼 현장 속으로 출발해보자.

◑ 마산, 창원, 진해가 상승세를 타다 보니 기대 심리가 있다. 최고가가 갱신되고 있다.

◑ 전세는 욕심내면 8,000만 원 맞추고, 아니면 하위 평균가 7,000만 원 맞춘다. 전세자금대출은 은행에서 시세만 되어도 심사를 해준다. 이렇게 작은 주택은 LH전세자금대출이라고, 저소득층한테 LH주택공사에서 임대 세입자들을 모집해서 지원금을 주고 집을 찾아 지원해주는 사업이 있다. 그런 경우에 전세로 많이 세팅하지만, 매매 진행 건은 LH에서 계약을 안 해준다. 지금 주인이 LH전세 먼저 계약을 해서 내주고, 그다음 매매 진행하는 조건이면 좋다. LH전세 조건은 5,000~6,000만 원 받는데 추가로 자기 돈을 넣는다. LH전세자금대출은 이자가 거의 없어서 이자 없이 돈을 쓴다. 1%도 채 안 되는 이자이다. 은행하고 차이가 많이 난다.

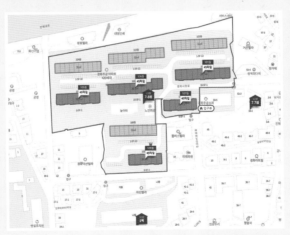

출처 : 호갱노노

▎ 풍호동 진해시영

풍호 진해시영은 구청에서 재개발하려고 도로땅을 매입한다는 이야기가 흘러나왔고, 재건축하려는 움직임이 있다. 460세대에 31년 차 아파트이다. 예전부터 창원 등의 투자자들이 투자하는 곳이다. 경화주공과는 비교가 안 되게 리모델링하면 예쁜 집이다. 노후 대비용으로 사놓고 재건축될 동안 기다리면서 거주해도 괜찮은 단지이다. 등산로도 가깝고, 진해구청도 인근이다. 향후 오를 가능성이 크다.

출처 : 네이버부동산

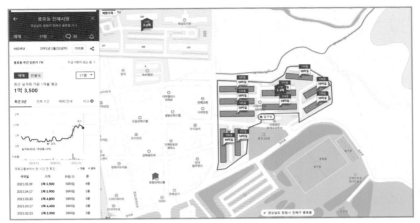

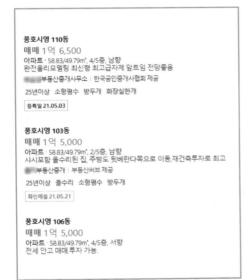

풍호시영 110동
매매 1억 6,500
아파트 · 58.83/49.79m², 4/5층, 남향
완전올리모델링 최신형 최고급자재 앞트임 전망좋음
■■■부동산중개사무소 | 한국공인중개사협회 제공
25년이상 소형평수 방두개 화장실한개
등록일 21.05.03

풍호시영 103동
매매 1억 5,000
아파트 · 58.83/49.79m², 2/5층, 남향
샤시포함 올수리된 집, 주방도 뒷베란다쪽으로 이동,재건축투자로 최고
■■부동산중개 | 부동산써브 제공
25년이상 올수리 소형평수 방두개
확인매물 21.05.21

풍호시영 106동
매매 1억 5,000
아파트 · 58.83/49.79m², 4/5층, 서향
전세 안고 매매.투자 가능.

풍호시영 ✕

06년 1월 ~ 21년 5월   최근 3년 보기

계약체결	일	경과	체결가격	거래 동층	
21.05	09	⑮	매매	1억 3,500	106동 4층
21.04	17		매매	1억 3,900	109동 1층
	13		전세	7,500	102동 1층
	10		전세	7,500	108동 4층
21.03	26		전세	7,500	1층
	20		매매	1억 4,800	108동 3층
	17		매매	1억 4,400	108동 3층
	11		전세	6,500	102동 4층
21.02	26		전세	4,500	104동 5층
	23		매매	1억 3,500	108동 3층

　매매는 1억 2,000~1억 6,000만 원이다. 최근 전세는 7,500만 원에
거래되었다.

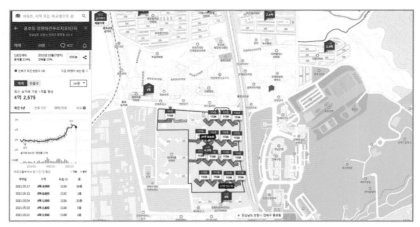

풍호시영은 진해 대장이 있는 곳, 입지 좋은 곳에 있다. 이런 것을 보고 움직이는 것이다. 투자는 창원 > 김해 > 마산 > 진해 순으로 늘 오른다는 사실은 과거를 놓고 보면 알 수 있다.

소장님브리핑

- 풍호초등학교를 끼고 있다. 가족 단위도 많고, 신혼들도 산다. 인테리어 좋으면 선호도가 높다. 인테리어 올수리 비용은 1,500~2,000만 원이다. 되도록 수리가 된 집들로 골라 사서 전세 놓자. 수리된 집은 대체로 1억 2,500만 원 정도이다.

- 5층은 전세가 잘 안 나간다. 엘리베이터가 없으니 2~3층이 로열층이다. 1억 4,500만 원 정도는 생각하자.

투자자들이 오는 이유

❍ 트램이 구청 앞에 생긴다는 이야기가 나왔고, 복지관, 구청 바로 앞인데다 버스정류장 잘되어 있고, 학교 바로 옆이다.

❍ 재건축은 40년 차에 하니 1993년 물건이라서 아직 멀었다. 동의서 걷는 사람도 없다. 여기는 어르신들이 많이 찾고, 실입주가 많다.

❍ 구조가 잘 빠져서 아이들 키우면서 사는 사람도 많다. 학교도 바로 옆이다. 걸어서 5분도 안 되는 거리이다.

❍ 상권은 사실상 거의 시골이라 롯데마트, 홈플러스, 탑마트를 이용하려면 마린푸르지오 근처를 차로 이용한다. 차로 막혀도 10분 거리이다. 안 막히면 차로 5분 거리인 마린푸르지오 상가에서 소비한다. 석동을 이용하기도 한다. 학원은 셔틀버스 이용해서 마린푸르지오로 간다.

경상남도는 창원시가 대장이다. 최근 창원시의 30평형대 대장 아파트인 용지더샵레이크파크가 2021년 8월 기준 11억 원을 찍었다. 대장의 이러한 흐름 속에서 과거의 김해, 마산, 진해, 양산, 진주, 거제 순위로 상승하고 있음을 알 수 있다.

창원시가 규제지역이 되면서 김해와 양산, 진해 그리고 마산이 뜨거워지고 있는 것이 현재 흐름이다. 거제는 뒤에서 지역 분석을 할 것이다. 요즘 투자의 흐름은 비규제지역과 공시지가 1억 원 미만으로 투자자들이 들어가는 분위기이다. 마산은 마린애시앙부영 입주로 인해 미분양 무덤이었지만, 지금은 많이 회복되었으며 상승 중이다.

재개발의 흐름(신축이 될 곳), 가격 흐름의 파악이 중요하다. 마산의 재개발지역은 양덕4구역, 양덕3구역, 합성2구역, 회원2구역, 교방1구역, 상남산호지구, 자산구역, 반월구역, 문화구역으로 많은 재개발 지역 중 가장 빨리 가는 지역을 파악해보자! 지역 분석 시 투자금 대비 기회비용의 파악은 매우 중요하다. 명심하자.

거듭 강조하지만, 공시지가 1억 원 미만 투자는 그 지역의 대장 아파트 주변(500미터 이내)을 살펴보기를 바란다. 옛날 투자자들은 해당 지역의 시청, 구청 주변 500미터 이내 투자를 하면 망하지 않는다고 했다. 하지만 지금은 택지 조성으로 인해 개발이 많이 되면서 인구수 20~25만 명이면 상권이 이동되어 지역의 대장 순위가 바뀜을 알 수 있다.

마산과 진해의 개발 호재는 무엇일까? 입지의 이동 여부와 향후 물량, 그동안 가격의 하락으로 인해 힘들었던 마산과 진해가 이제 천천히 가격의 회복 신호탄을 쏘아 올렸다는 사실! 과거 시세 대비 현재의 흐름, 대장이 달리면 입지 좋은 주변 구축의 흐름을 파악하는 것이 투자에 많은 도움이 될 것이다.

PART
04

제주 지역 분석

제주 지역 전체 파악하기

흔히 제주도에 3번 이상 가면 제주도에서 산다는 말이 있다. 그 정도로 우리나라 같지 않은 이국적인 느낌을 주는 제주도! 이번에는 제주도로 현장 조사 떠나기 전, 요즘 어디가 뜨겁고, 어디가 차가운지 파악하려고 한다.

▌ 6년 전과 현재의 가격 흐름 ▌

랭킹	주소1	주소2	-1주	-2주	-3주	-4주	-3개월	-6개월	-1년	-2년	-3년	-4년	-5년	-6년
1	경기	고양 덕양구	1.66	3.31	3.86	5.07	10.49	16	21.28	24.22	24.99	24.94	33.48	44.55
2	경기	고양 일산동구	1.64	4.34	5.39	5.99	12.98	17.08	18.6	19.04	19.57	18.08	19.59	28.09
3	경기	남양주	1.33	2.51	3.24	3.77	7.56	12.39	20.25	22.55	22.87	23.66	27.53	36.03
4	경기	고양	1.29	3.02	3.89	5.25	11.7	16.25	19.53	21.01	21.75	20.55	24.92	34.35
5	서울	중구	1.07	1.31	1.63	2.31	5.33	8.51	11.72	12.59	14.95	16.05	30.66	38.17
6	경기	성남 중원구	1.06	1.92	2.62	2.83	5.68	8.64	12.57	15.79	19.81	21.66	35.31	42.73
7	부산	연제구	1.05	1.73	2.31	2.58	5.46	6.62	7.84	8.52	9.89	6.77	6.19	16.18
8	경기	하남	1.02	1.32	1.34	1.6	4.07	8.98	12.74	16.68	18.42	18.55	30.9	37.13
9	경기	성남 분당구	1	1.73	2.37	2.78	6.12	10.22	13.77	15.66	19.03	20.13	53.69	62.36
10	경기	성남	0.94	1.61	2.35	2.76	5.95	9.65	13.16	15.5	18.91	20.18	48.82	57.12
11	대전	유성구	0.89	1.69	1.99	2.12	5.24	7.91	10.39	12.35	15.92	23.52	30.43	30.27
12	경기	동두천	0.88	0.98	1.62	1.43	0.48	0.46	0.41	0.42	0.15	-0.81	-1.45	2.54
13	대구	중구	0.88	1.21	1.52	1.95	5.22	7.84	9.34	9.61	10.27	12.44	20.82	26.91
14	서울	동작구	0.83	1.38	2.07	2.74	5.25	9.1	12.44	13.94	16.79	18.1	46.38	59.34
15	경기	오산	0.82	1.12	1.8	2.11	3.55	4.88	6.7	8.41	8.02	4.75	-0.45	1.56
16	경기	수원 권선구	0.81	1.14	1.4	1.74	3.56	5.8	8.78	14.17	18.38	17.85	19.38	23.47
17	경기	과천	0.79	1.86	2.22	2.33	2.35	4.06	4.87	4.64	7.78	9.99	22.65	33.68
18	경기	용인 수지구	0.77	1.65	2.31	2.98	7.45	11.03	15.4	20.43	24.81	24.72	37.9	42.87
19	경기	의왕	0.76	1.59	1.88	2.43	6.99	9.68	12.33	16.92	20.35	19.74	29.38	40.56
20	대전	중구	0.73	1.52	1.88	2.25	3.31	5.69	7.5	9.77	15.53	21.93	25.85	28.18
21	경기	양주	0.73	0.94	1.82	2.62	3.55	4.34	4.66	4.8	4.87	3.66	2.75	8.17
22	인천	서구	0.71	0.93	1.15	1.37	3.93	5.39	7.88	10.5	11.12	10.75	10.25	20.13

출처 : 손품왕

6년 전부터 지금까지의 흐름을 한눈에 볼 수 있다. 그리고 현장에 나가기 전에는 급매, 경매, 공매 모두 체크하고 나가는 것이 좋다. 뜨거운 노형2차아이파크도 눈에 띈다.

20-3330 아파트	제주특별자치도 제주시 연동 1399-1, 대림이편한세상아파트 203동 8층 [대지권 77.097㎡, 건물 119.296㎡]	845,000,000 591,500,000	유찰 1회 (70%)	2021.01.25 (10:00) 오늘입찰	3,799
20-6636 아파트	제주특별자치도 제주시 노형동 3791-1, 노형2차아이파크 202동 1층 [대지권 64.587㎡, 건물 115.16㎡]	854,000,000 854,000,000	신건 (100%)	2021.01.25 (10:00) 오늘입찰	704
20-20441 아파트	제주특별자치도 제주시 외도일동 640-2, 해마루풍경 101동 10층 [주상복합 / 대지권 42.291㎡, 건물 84.99㎡]	305,000,000 213,500,000	유찰 1회 (70%)	2021.01.25 (10:00) 오늘입찰	1,685
20-2108(1) 아파트	제주특별자치도 제주시 연동 251-38 외 1필지, 제원아파트 3동 5층 [대지권 48.055㎡, 건물 70.39㎡]	375,000,000 375,000,000	신건 (100%)	2021.02.01 (10:00) 입찰 7일전	630
20-21109 아파트	제주특별자치도 제주시 화복일동 12-1, 화복4아파트 405동 1층 [대지권 55.5㎡, 건물 59.93㎡]	217,000,000 217,000,000	신건 (100%)	2021.02.01 (10:00) 입찰 7일전	354

출처 : 굿옥션

항상 그랬듯이 제주의 위치부터 지도로 파악한다.

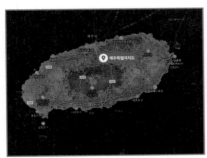

출처 : 네이버지도

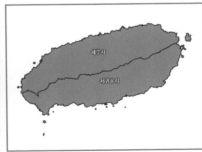

출처 : 손품왕

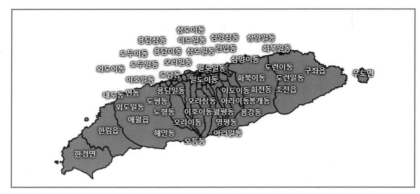

제주시의 행정단위이다.

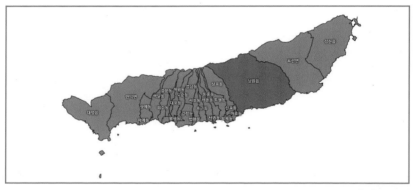

서귀포시의 행정단위이다.

순위	주소1	주소2	주소3	아파트수	매매평당	전세평당	전세가율	갭(34평)	년식
1	제주특별자치도	제주시	이도이동	4	2,800	800	41	68,000	28
2	제주특별자치도	제주시	연동	2	1,700	1,200	62	14,600	21
3	제주특별자치도	제주시	도남동	2	1,600	1,200	62	13,800	10
4	제주특별자치도	서귀포시	대정읍	2	1,600	1,100	69	17,400	8
5	제주특별자치도	서귀포시	강정동	2	1,500	1,000	71	15,000	6
6	제주특별자치도	제주시	노형동	8	1,500	1,100	68	14,300	19
7	제주특별자치도	제주시	아라일동	3	1,400	900	65	17,100	17
8	제주특별자치도	제주시	화북이동	2	1,300	1,100	69	7,700	9
9	제주특별자치도	서귀포시	서호동	2	1,300	700	59	20,500	8
10	제주특별자치도	제주시	도련이동	1	1,200	800	72	11,100	9
11	제주특별자치도	제주시	월평동	2	1,100	700	68	13,800	5
12	제주특별자치도	제주시	애월읍	1	1,100	900	73	8,400	12
13	제주특별자치도	서귀포시	동홍동	3	1,000	700	69	10,400	28
14	제주특별자치도	제주시	화북일동	3	1,000	700	67	11,400	24
15	제주특별자치도	서귀포시	중문동	2	1,000	600	64	13,200	19
16	제주특별자치도	제주시	일도이동	3	900	700	76	8,300	27
17	제주특별자치도	제주시	외도일동	2	800	600	77	7,100	22
18	제주특별자치도	제주시	건입동	1	800	800	64	0	29
19	제주특별자치도	제주시	도련일동	1					9
20	제주특별자치도	제주시	삼양이동	1		1,000	64		9

출처 : 손품왕

제주도는 제주시, 서귀포시로 나뉜다. 그중에 급지 평단가는 이도이동 > 연동 > 도남동 > 대정읍 > 강정동 > 노형동 > 아라일동 > 화북이동 > 서호동 순이다.

▌ 제주특별자치도 급지 ▌

평당가	서귀포시	제주시
2800		이도이동
2700		
2600		
2500		
2400		
2300		
2200		
2100		
2000		
1900		
1800		
1700		연동
1600	대정읍	도남동
1500	강정동	노형동
1400		아라일동
1300	서호동	화북이동
1200		도련이동
1100		월평동 애월읍
1000	동홍동 중문동	화북일동
900		일도이동
800		외도일동 건입동

출처 : 손품왕

두 번째로 비싼 연동보다 평단가가 1,100만 원이나 차이가 나는 이
도이동! 왜 이렇게 이도이동이 비쌀까? 급지 파악은 곧 땅값 조사라고
생각하면 될 것이다.

┃ 제주시 평단가 비싼 단지 ┃

평당가	건입동	노형동	도남동	도련1동	아라1동	매입동	연동	이도1동	일반동	이도이동	일도이동	한책이동	한북이동
4400										주공1단지			
4000										이도주공4.3단지			
2000		노형e편한세상											
1900			도남백조하이힐										
1800					아라아이파크								
1700					제주아라KCC스위첸		대림e편한세상2차						
1600		부영3차 부영1차					대림e편한세상1차			제주이도힐데베라체			
1400		노형롯데캐슬·클래스 중흥S-클래스 효요룸											
1300		노형대원채 부영2차											제주삼화LH4단지 제주삼화+월드메르디앙2차
1200			도남e편한세상1차	제주삼화사랑으로부영1차				제주첨단과학기술단지에코르(3블럭)					
1100						제주혼연센시아1단지		제주첨단과학기술단지에코르(5블럭)					
1000										영산홍	제주대유대림일도주공		한북주공1단지 한북주공2단지 한북주공4단지
900				영운							제주대주피방		
800	제주전일현대							부영2차 부영1차			일도신천지		

출처 : 손품왕

제주시의 평단가가 비싼 단지도 체크해본다. 역시 제주도에서도 재
개발·재건축의 바람이 분다.

┃ 서귀포시 평단가 비싼 단지 ┃

평당가	강정동	대정읍	동홍동	서호동	중문동
1600	서귀포강정지구중흥S-클래스	삼정G.edu			
1500		라온프라이빗에듀(제주영어교육도시 D-4블록)			
1400	제주강정유승한내들퍼스트오션(4블록)				
1300				제주서귀포혁신도시LH2단지	
1200				제주서귀포혁신도시엘에이처1단지	
1100			동홍주공4단지		
1000			동홍주공1단지		중문푸른마을주공
900			동홍주공5단지		

출처 : 손품왕

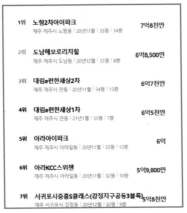

1위	노형2차아이파크	7억8천만
	제주 제주시 노형동 | 20년11월 | 33평 | 14층	
2위	도남해모로리치힐	6억8,500만
	제주 제주시 도남동 | 20년12월 | 33평 | 8층	
3위	대림e편한세상2차	6억7천만
	제주 제주시 연동 | 20년11월 | 34평 | 13층	
4위	대림e편한세상1차	6억5천만
	제주 제주시 연동 | 21년1월 | 33평 | 7층	
5위	아라아이파크	6억
	제주 제주시 아라일동 | 20년11월 | 33평 | 12층	
6위	아라KCC스위첸	5억9,800만
	제주 제주시 아라일동 | 20년11월 | 32평 | 10층	
7위	서귀포시중흥S클래스(강정지구공동3블록)	5억8천만
	제주 서귀포시 강정동 | 20년12월 | 32평 | 9층	

출처 : 아실

최근 제주에서 30평형대로 가장 비싸게 거래된 곳이 노형2차아이파크이다(2020년 12월 기준). 평단가가 제일 비싼 단지와 가장 비싸게 거래된 곳을 파악하며 파고들어갈 예정이다.

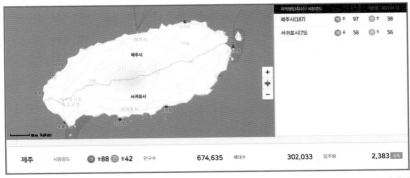

출처 : 부동산지인

제주도의 인구는 약 67만 명으로 서울 송파구와 비슷하다.

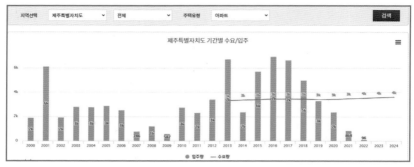

출처 : 부동산지인

입주 물량은 없다.

주택유형	단지명	소재지	입주시기	총세대수	매매시세(3.3㎡)	분양가(3.3㎡)	시공사
아파트	e편한세상중문	제주특별자치도 서귀포시 중문동 1756	2021-06	280	0	1,419	(주)삼호,(주)대림고 퍼레이션
아파트	희천해가	제주특별자치도 서귀포시 안덕면 서계리 3596	2021-09	120	0	1,665	
아파트	동홍동센트레빌	제주특별자치도 서귀포시 동홍동 1368번지 일원	2021-11	212	0	1,436	(주)동부건설

출처 : 부동산지인

입주를 해도 올해뿐이다.

▌5개 지역 매매평단가 비교 ▌

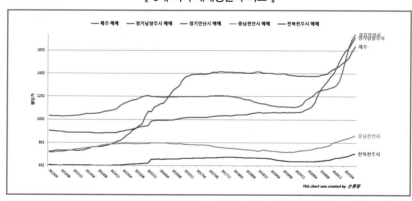

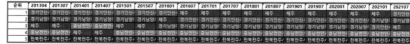

출처 : 손품왕

제주의 매매평단가는 경기도 안산과 남양주와 비슷하게 가고 있다. 제주도는 2020년 하반기부터 상승이 시작되었음을 알 수 있다.

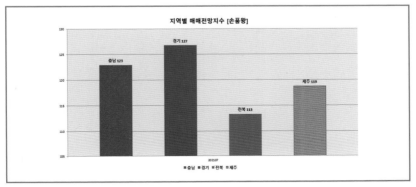

출처 : 손품왕

이렇게 미래전망지수도 경기도 1위, 충남 2위, 제주도가 3위라는 것을 알 수 있다.

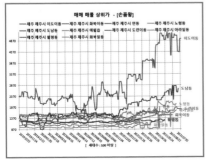 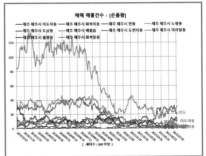

출처 : 손품왕

연식을 기준으로 보면 이렇게 나온다. 노형동 매물이 급격히 줄어든다는 것을 알 수 있다.

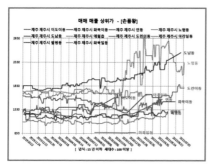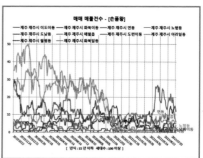

15년 이하, 100세대 이상을 놓고 보면 차트가 달라짐을 알 수 있다.

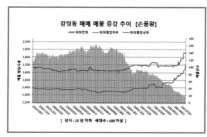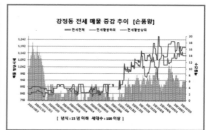

서귀포시 강정동, 대정읍을 보면 매물은 줄고 가격은 상승함을 알 수 있다.

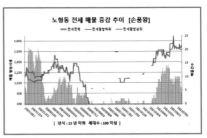

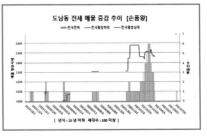

제주시 노형동은 매물이 없고, 가격이 하락하다 상승함을 알 수 있
다. 도남동은 매물이 조금 쌓이고, 가격은 횡보하는 것을 알 수 있다.

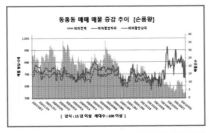

제주도 서귀포시 15년 이상을 보면, 동홍동은 가격이 오르락내리락 하면서 다시 상승 매물은 줄고, 전세도 늘다가 지금은 횡보한다. 법환동은 매물도 사라지고, 가격은 이제 살포시 상승한다.

출처 : 손품왕

제주시 15년 이상의 단지(노형동)를 보면 매물은 조금씩 느는데, 가격은 엄청 상승한다. 전세 매물은 많이 늘었다.

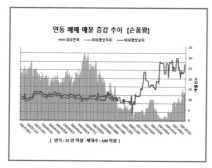 

출처 : 손품왕

연동도 매물은 있는데 가격은 상승하고 있다.

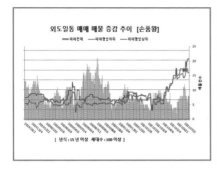

출처 : 손품왕

외도일동은 매물이 횡보하면서 가격은 급상승이다.

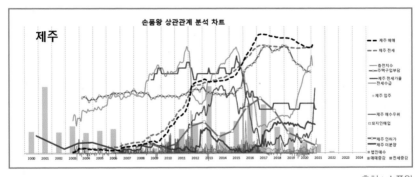

출처 : 손품왕

제주에서는 매매가 다시 상승하는 분위기이다. 전세와 매매가 만나는 시점을 보자.

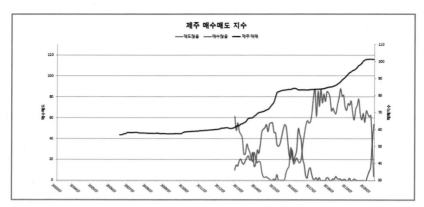

출처 : 손품왕

파는 사람은 적고, 사는 사람은 많은 차트를 보면 타이밍이 좋다는 것을 알 수 있다. 하나하나 살펴보면서 단지(평단가) 등을 파악해보자.

▌제주특별자치도 관심 단지 ▌

주소1	주소2	주소3	아파트명	규제	입주	분양	사용승인	가격변동	평당가	세대수	지하철	초등	전국	지역순위	구순위	동순위
제주특별자치도	서귀포시	강정동	제주강정유승한내들퍼스트오션		입주2년후	201503	20170320	↑ 2.9	1,446	499			2,951	4	1	1
제주특별자치도	서귀포시	중문동	민우중문		입주2년후		19930923	↑ 2.9	460	98		108	21,521	192	51	6
제주특별자치도	제주시	일도이동	해성대유		입주2년후		19950511	↑ 2.5	897	204		624	25,315	303	222	21
제주특별자치도	제주시	노형동	세기7자		입주2년후		19960125	↑ 2.2	919	96		175	26,185	316	231	41
제주특별자치도	서귀포시	동홍동	동홍반석아트미		입주2년후		20030418	↑ 2.2	796	155		910	22,504	233	60	22
제주특별자치도	제주시	도남동	수선화2자		입주2년후		19931206	↑ 1.9	798	95		243	22,002	212	159	9
제주특별자치도	서귀포시	대정읍	해늘이2자		입주2년후		20160512	↑ 1.5	851	53			24,309	278	75	8
제주특별자치도	제주시	연동	제원3자		입주2년후		19790825	↑ 1.3	1,811	200		264	19,129	138	100	12
제주특별자치도	서귀포시	동홍동	일포2자		입주2년후		19980211	↑ 1.2	655	45		536	25,562	307	83	29
제주특별자치도	제주시	화북일동	화북주공4단지		입주2년후		19980110	↑ 1.1	953	810		51	10,410	36	27	9
제주특별자치도	제주시	동홍동	동홍주공1단지		입주2년후		19881014	↑ 0.9	926	310		135	17,236	96	27	9
제주특별자치도	제주시	용담삼동	용담현대1차		입주2년후		19910227	↑ 0.8	701	252		513	16,607	88	62	1
제주특별자치도	제주시	노형동	노형2자아이파크		입주2년후		20140120	↑ 0.3	2,340	174		443	5,174	14	10	6
제주특별자치도	서귀포시	서호동	제주서귀포혁신도시LH2단지		입주2년후		20150901	↑ 0.3	1,320	548		908	5,905	15	5	1
제주특별자치도	제주시	연동	대림2자e편한세상		입주2년후		20020125	↑ 0.3	1,921	366		221	8,353	22	17	2
제주특별자치도	제주시	아라일동	제주아라KCC스위첸		입주2년후		20121227	↑ 0.1	1,726	572		266	4,307	9	7	1
제주특별자치도	제주시	이도이동	이도주공2,3단지		입주2년후		19980923	↑ 0.1	3,411	760		359	9,574	29	22	2
제주특별자치도	제주시	이도이동	주공1단지		입주2년후		19850709	↑ 0.1	2,678	480		499	12,069	45	34	5
제주특별자치도	제주시	아라일동	아라아이파크		입주2년후		20131001	↑ 0.0	1,673	614		230	4,321	10	8	2
제주특별자치도	제주시	월평동	제주첨단과학기술단지꿈에그린2자		입주2년후	201604	20171031	↑ 0.0	1,203	410			5,973	16	11	1
제주특별자치도	제주시	연동	제원2자		입주2년후		19790104	↑ 0.0	1,681	150		169	19,965	157	116	17
제주특별자치도	제주시	도남동	도남해모로리치빌		입주2년내	201611	20190529	↓ -0.1	1,660	423		89	3,830	6	4	1
제주특별자치도	제주시	노형동	노형e편한세상		입주2년후		20051228	↓ -0.2	1,605	350		147	11,094	40	31	12
제주특별자치도	제주시	노형동	노형아이파크		입주2년후		20010725	↓ -0.3	1,767	247		579	13,313	57	41	15
제주특별자치도	서귀포시	서호동	태봉그린피아		입주2년후		20020131	↓ -0.6	560	126		232	20,842	184	49	7
제주특별자치도	서귀포시	중문동	중문미동하나로		입주2년후		20020923	↓ -0.9	535	66		316	17,526	103	30	4
제주특별자치도	제주시	일도이동	일도성환		입주2년후		19950404	↓ -1.1	823	189		395	25,315	303	222	21
제주특별자치도	제주시	삼도이동	미들아뜨리에		입주2년후		20060201	↓ -1.2	836	112		309	22,002	212	159	6
제주특별자치도	제주시	노형동	해오름		입주2년후		20010111	↓ -1.2	1,529	346		347	12,761	53	39	13

출처 : 손품왕

제주도에서 가격 변동이 심한 곳이 요즘 관심 단지로 떠오르고 있다는 것을 알 수 있다. 앞서 표에 나와 있는 단지만 체크하고 파악하면 투자처를 구할 수 있을 것이다. 급지는 봤으니 이제 어느 단지인지 파고들자.

▌제주특별자치도 평단가 비싼 단지 순위 ▌

순위	주소1	주소2	주소3	아파트명	구분	매매평단	전세평단	전세가	매전갭	초창	입주년월	녀식	주동	초등명	지하성	세대수	매도	주차	용적	건폐	건설사
1	제주	제주시	이도이동	주공1단지	아파트	4,450	800	16	122,900	3.7	1985.07.	37	491	이도초		480	144	114.0	65	12	대한공사
2	제주	제주시	이도이동	이도주공2,3단지	아파트	3,950	550	18	115,400	5.1	1988.09.	34	352	이도초		760	39	132.0	86	17	대한공사
3	제주	제주시	노형동	노형e-편한세상	아파트	1,950	950	61	34,300	4.2	2005.12.	17	264	백록초		350	361	162.0	159	18	대림
4	제주	제주시	도남동	도남해모로리치힐	아파트	1,900	1,600	64	10,400	5.9	2019.01.	3	58	도남초		423	206	244.0	0	0	한진중공업
5	제주	제주시	아라일동	아라아이파크	아파트	1,750	1,100	63	22,900	4.3	2013.10.	9	581	아라초		614	449	####	214	25	대림개발
6	제주	제주시	연동	대림e편한세상2차	아파트	1,700	1,450	61	9,200	4.8	2002.01.	20	181	한라초		366	188	331	193	16	대림
7	제주	제주시	이도이동	제주이도한일베라체	아파트	1,650	1,100	69	18,800	5.3	2011.01.	11	196	남광초		661	327	145.0	199	22	한일
8	제주	제주시	아라일동	제주아라KCCS위첸	아파트	1,650	1,100	65	19,100	4.5	2012.12.	10	241	아라초		572	373	495.0	219	25	케이씨씨
9	제주	제주시	연동	대림e편한세상1차	아파트	1,650	1,050	63	19,800	4.4	2001.01.	21	72	한라초		440	201	150.0	182	15	대림
10	제주	서귀포시	대정읍	삼정G.edu	아파트	1,600	1,000	64	20,800	4.1	2015.06.	7	798			701			66	26	삼정기업
11	제주	서귀포시	대정읍	라온프라이빗에듀(제주영어교육도	아파트	1,550	1,100	74	14,000	4.2	2014.09.	8	121	포성초		420		77		27	라온건설
12	제주	서귀포시	강정동	서귀포강정지구중흥S-클래스	아파트	1,550	1,050	70	17,000	4.3	2016.11.	6	823	새서귀초		525	842	789.0	139	19	중흥토건
13	제주	제주시	노형동	부영9차	아파트	1,500	950	71	19,200	4.1	2001.06.	21	121	한라초		384	225	229.0	189	19	부영
14	제주	제주시	노형동	부영1차	아파트	1,450	1,150	68	10,100	4.1	2001.08.	21	189	한라초		438	373	108.0	179	17	부영
15	제주	제주시	노형동	중흥증흥에스-클래스	아파트	1,400	900	66	16,600	4.2	2003.01.	16	211	한라초		330	213	316.0	159	17	중흥
16	제주	제주시	노형동	중흥S-클래스	아파트	1,400	1,300	67	3,500	4.2	2003.01.	19	298	한라초		372	248	222.0	79	23	중흥종합
17	제주	제주시	노형동	해오름	아파트	1,400	1,400	74	500	4.1	2001.05.	21	187			346	283	131	144	15	동흥종합건설
18	제주	서귀포시	강정동	제주강정유승한내들퍼스트오션(4	아파트	1,400	1,050	71	12,900	4.3	2017.03.	5	765	새서귀초		499	651	672.0	143	19	유승종합
19	제주	제주시	노형동	노형뜨란채	아파트	1,350	900	70	14,600	6.0	2006.11.	16	187	백록초		1,068	112	320.0	149	17	국제종합토건
20	제주	서귀포시	서호동	제주서귀혁신도시LH2단지	아파트	1,350	650	56	22,800	4.1	2015.09.	7	915	서호초		548			114	13	한진
21	제주	제주시	화북일동	제주삼화LH2단지	아파트	1,300	850	65	15,700	4.4	2014.08.	8	234	동화초		411	510	514.0	114	20	요진BG2
22	제주	제주시	노형동	부영2차	아파트	1,300	850	70	15,600	5.8	2001.01.	21	77	한라초		710	72	384.0	179	20	부영
23	제주	제주시	화북동	제주삼화사랑으로부영2차	아파트	1,250	1,250	71	-300	4.1	2013.01.	9	359	삼화초		448	684	576.0	159	20	부영
24	제주	제주시	도남동	도남e-편한세상1차	아파트	1,250	750	59	17,100	4.2	2010.01.	17	252	도남초		467	334	380.0	171	22	대림
25	제주	제주시	월평동	제주첨단과학기술단지꿈에그린(A	아파트	1,200	750	67	15,300	4.1	2017.10.	5	412	영평초		410		0		0	한화
26	제주	제주시	도련이동	제주삼화사랑으로부영1차	아파트	1,150	850	72	11,100	4.0	2013.01.	9	219	도련초		324	274	550.0	149	22	부영
27	제주	서귀포시	서호동	제주서귀혁신도시엘에이치1단지	아파트	1,150	650	61	18,100	3.5	2013.12.	7	760	서호초		450			119	15	남해종합주의
28	제주	제주시	애월읍	제주하귀효면서이노1단지	아파트	1,100	850	73	8,400	4.7	2010.09.	12	128	하귀초		445	471	111.0	124	18	성지
29	제주	서귀포시	동흥동	동흥주공4단지	아파트	1,100	750	63	12,500	4.1	1994.10.	28	296	서귀포초		320	372	500.0	109	26	대한공사,청운
30	제주	제주시	월평동	제주첨단과학기술단지꿈에그린(A	아파트	1,100	750	68	12,400	4.3	2018.01.	4	618	영평초		349		0		0	한화

출처 : 손품왕

평당 4,450만 원인 이도이동의 주공1단지이다.

▌제주시 이도이동에서 많이 상승한 단지 ▌

주소2	주소3	아파트명	매매	KB시세		매매 - 기준				해웅매매 - 202007기준		KB매매 - 202007기준		전세 - 매웅		전세 - KB시세		전세 - 기준			
			실거래			매웅 기	평당	평당		금액	변동금	금액	변동금	전세 매웅		전세 KB		전세 기	전세매웅 전세매웅 기준 전		매웅캡 매전캡
제주시	이도이동	이도주공2,3단지	49,000	51,000	53,000	51,000	3,086	3,212	3,338		38,000	13,000	34 %		8,750	9,250	9,750	9,250	17	18	18	41,750
제주시	이도이동	이도주공2,3단지	50,000	52,500	53,500	52,500	2,854	2,854	3,054		39,500	13,000	33 %		8,750	9,250	9,750	9,250	17	18	18	43,250
제주시	이도이동	이도주공2,3단지	45,000	46,500	48,000	46,500	2,982	3,082	3,181		35,500	11,000	31 %		7,750	8,250	8,750	8,250	17	18	18	38,250
제주시	이도이동	이도주공2,3단지	45,000	46,500	48,000	46,500	2,982	3,082	3,181		35,500	11,000	31 %		7,750	8,250	8,750	8,250	17	18	18	37,250
제주시	이도이동	이도주공2,3단지	50,500	52,500	53,250	52,500	3,166	3,292	3,339	41,500	13,500	32 %	47,000	5,500	12 %	13,000	13,000	8,500	8,500	15	16	16	44,000
제주시	이도이동	주공1단지	45,500	48,500	47,500	46,500	3,283	3,355	3,427				42,500	4,000	9 %		7,000	7,500	8,000	7,500	15	16	16	39,000
제주시	이도이동	주공1단지	46,000	47,500	49,000	47,500	3,199	3,303	3,408				43,500	4,000	9 %		7,500	8,000	8,500	8,000	16	17	17	39,500
제주시	이도이동	제주이도한일베라체	49,000	53,000	54,500	47,000	1,530	1,616	1,702				49,500	3,500	7 %	34,000	35,000	38,000	35,000	69	69	66	18,000
제주시	이도이동	제주이도한일베라체	49,000	53,000	54,500	50,000	1,521	1,607	1,692				49,500	3,500	7 %	34,000	35,000	38,000	35,000	68	69	66	18,000
제주시	이도이동	주공1단지	52,000	54,000	54,750	54,000	3,177	3,261	3,345	62,000	12,500	17 %	50,750	3,250	6 %		8,500	9,000	9,750	9,000	16	17	17	45,000

출처 : 손품왕

이도이동에서 가장 많이 상승한 단지, 제주도에서 가장 뜨거운 단지를 파고드는 것이다.

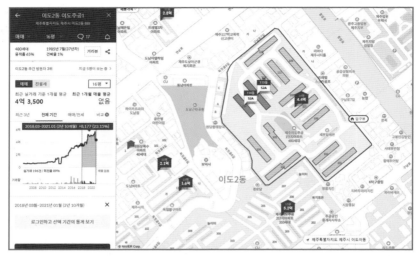

이도주공1단지는 왜 가파르게 상승하다가 떨어졌을까?

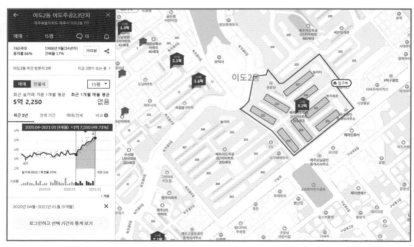

이도주공 2, 3단지는 왜 계속 상승할까? 이런 내용 또한 현장에서의 파악이 중요하다.

닥치고 현장!
소액자본으로 부동산 부자되기

갭투자 1억 원 미만으로 가능한 단지 & 최근 상승한 단지

손품플랫폼	임장지도	실거래		멀티	매물	공시	전세 - 기준			매물전세 - 20210101기준			KB전세 - 202107기준		
주소	주소2	주소3	아파트명	년차	준공	전용	기준전세율	매물_갭	매전갭	금액	변동금액	상승률	금액	변동금액	상승률
제주	제주시	화북일동	화북주공2단지	24	1998.01.	59.93	67	10,000	9,250	0			15,500	3,000	19%
제주	제주시	화북일동	화북주공4단지	24	1998.01.	59.93	67		9,250	20,000			15,500	3,000	19%
제주	제주시	외도일동	부영1차	22	2000.05.	59.93	82		4,500	18,000	2,750	15%	17,000	3,000	18%
제주	서귀포시	중문동	중문무른마을주공	19	2003.05.	51.88	63	8,500	7,500	15,000	-500	-3%	11,000	1,500	14%
제주	제주시	화북일동	화북주공4단지	24	1998.01.	49.50	66		7,650	0			13,250	1,750	13%
제주	서귀포시	중문동	중문남해오네뜨오션빌	6	2016.11.	84.89	73	6,000	8,500	25,000	3,500	14%	21,000	2,500	12%
제주	서귀포시	중문동	중문무른마을주공	19	2003.05.	59.99	64		8,000	14,000			12,500	1,500	12%
제주	서귀포시	중문동	중문무른마을주공	19	2003.05.	59.97	64		8,000	0			12,500	1,500	12%
제주	서귀포시	법환동	현대맨션1차	30	1992.12.	84.90	70		8,500	0			17,500	2,000	11%
제주	서귀포시	법환동	현대맨션1차	30	1992.12.	84.86	70		8,500	0			17,500	2,000	11%
제주	서귀포시	법환동	현대맨션1차	30	1992.12.	84.99	70		8,500	20,000			17,500	2,000	11%
제주	제주시	일도이동	일도수선화	29	1993.11.	49.06	65		6,250	16,000	-1,000	-6%	10,500	1,000	10%
제주	제주시	노형동	인텔리전트한빛	18	2004.01.	84.11	78		9,000	0			29,000	3,000	10%
제주	제주시	노형동	인텔리전트한빛	18	2004.01.	83.52	78		9,000	35,000			29,000	3,000	10%
제주	제주시	노형동	인텔리전트한빛	18	2004.01.	84.34	78		9,000	0			29,000	3,000	10%
제주	제주시	노형동	인텔리전트한빛	18	2004.01.	84.61	78		9,000	0			29,000	3,000	10%
제주	제주시	노형동	인텔리전트한빛	18	2004.01.	84.86	78		9,000	0			29,000	3,000	10%
제주	제주시	노형동	인텔리전트한빛	18	2004.01.	84.93	78		9,000	0			29,000	3,000	10%
제주	제주시	노형동	인텔리전트한빛	18	2004.01.	84.09	78		9,000	0			29,000	3,000	10%
제주	제주시	일도이동	일도삼주	29	1993.06.	59.97	70		6,750	0			14,500	1,500	10%
제주	서귀포시	중문동	e편한세상중문	1	2021.06.	84.98	80	9,000	10,000	38,500	0	0%	37,500	2,500	7%
제주	제주시	일도이동	일도신천지2차	28	1994.08.	59.98	65		8,500	0			14,500	1,000	7%
제주	서귀포시	일도이동	서해1차	38	1984.03.	84.15	66	3,000	8,000	0			14,500	1,000	7%
제주	서귀포시	안덕면	서귀포화순코아루푸르나임	5	2017.11.	78.97	68		9,000	0			18,000	1,000	6%
제주	제주시	일도이동	해성대유	27	1995.05.	59.82	66		8,500	0			15,500	1,000	6%
제주	제주시	노형동	노형성환그린1차	26	1996.02.	49.50	71		5,000	0			11,750	750	6%
제주	제주시	일도이동	일도신천지	29	1993.07.	59.97	64		9,000	0			15,250	750	5%
제주	제주시	노형동	노형성환그린1차	26	1996.02.	59.58	68		7,750	0			15,750	750	5%
제주	서귀포시	중문동	e편한세상중문	1	2021.06.	79.00	80	9,400	9,000	32,500	2,500	8%	33,500	1,500	4%
제주	서귀포시	강정동	서귀포강정골드클래스	6	2016.12.	84.97	82	18,000	8,500	38,000	1,500	4%	36,000	1,500	4%
제주	제주시	노형동	노형성환그린1차	26	1996.02.	80.92	72		7,750	0			18,750	750	4%
제주	제주시	일도이동	일도우성	27	1995.01.	49.73	67		6,000	0			11,500	500	4%
제주	제주시	일도이동	동홍주공4단지	28	1994.10.	50.70	64		5,250	9,000	3,000	44%	9,250	250	3%
제주	서귀포시	법환동	현대맨션1차	30	1992.12.	73.86	61	10,000	9,500	15,000	3,000	33%	14,500	500	3%

※ 확실한 내용은 손품과 발품으로 파악해야 한다. 또한 이 정보는 책 출간 시점 대비 달라질 수 있다. 가격은 계속 변하고 있다는 사실을 잊지 말자!

출처 : 손품왕

▌갭투자 1억 원 ~ 1억 5,000만 원으로 투자 가능한 단지 ▌

손품플랫폼	임장지도		실거래	멀티	매물	공시	전세 · 기준			매물전세 - 20210101기준			KB전세 - 20210107기준		
주소	주소2	주소3	아파트명	년차	준공	전용	기준전세율	매물_갭	매전갭	금액	변동금액	상승률	금액	변동금액	상승률
제주	제주	애월읍	제주하귀휴먼시아1단지	12	2010.09.	84.97	71		15,000	0			35,000	2,000	6 %
제주	제주일동	이도일동	장원스카이팰리스	9	2013.02.	120.04	73	14,500	14,500	0					
제주	제주시	일도이동	일도우성2단지	27	1995.01.	86.15	55		13,250	0			16,500	0	0 %
제주	제주시	화북일동	화북주공1단지	24	1998.06.	84.60	64		13,000	0			21,500	2,000	9 %
제주	제주시	외도일동	부영2차	21	2001.01.	84.98	71	16,500	13,000	32,500	-1,500	-5 %	30,000	2,000	7 %
제주	제주시	연동	디지털한빛	17	2005.06.	84.71	69		13,000	0			29,000	0	0 %
제주	제주시	화북일동	화북주공1단지	24	1998.06.	84.50	64		13,000	0			21,500	2,000	9 %
제주	제주시	일도이동	제주대유대림	25	1997.01.	84.94	64		12,500	0			22,500	0	0 %
제주	서귀포시	대정읍	삼정G.edu	7	2015.06.	74.43	74	12,500	12,500	36,000	-1,000	-3 %			
제주	서귀포시	서호동	제주서귀포혁신도시LH2단지	7	2015.09.	74.94	67		12,250	0			21,000	4,000	19 %
제주	제주시	일도이동	일도우성2단지	27	1995.01.	99.35	63		12,000	0			20,000	0	0 %
제주	서귀포시	아라일동	염광	32	1990.02	68.58	56		12,000	0			15,000	500	3 %
제주	서귀포시	서호동	주서귀포혁신도시옐에이치1단지	9	2013.12.	84.90	71		12,000	0			22,250	6,750	30 %
제주	제주시	연동	코스모스태흥누리안자	9	2013.01.	77.40	62		12,000	0			19,500	0	0 %
제주	서귀포시	서호동	주서귀포혁신도시옐에이치1단...	9	2013.12.	84.94	71		12,000	29,000			22,250	6,750	30 %
제주	서귀포시	서호동	주서귀포혁신도시옐에이치1단지	9	2013.12.	84.94	71		12,000	0			22,250	6,750	30 %
제주	제주시	이도이동	영산홍	29	1993.03.	58.41	56		12,000	0			14,500	500	3 %
제주	서귀포시	동홍동	동홍코아루	9	2013.09.	70.49	61		12,000	0			19,000	0	0 %
제주	제주시	동홍동	동홍코아루	9	2013.09.	84.92	65		12,000	0			22,000	0	0 %
제주	제주시	이도이동	영산홍	29	1993.03.	59.42	56		12,000	0			14,500	500	3 %
제주	서귀포시	안덕면	라모인빌리지	6	2016.04.	59.75	56	12,000	12,000	0					
제주	서귀포시	동홍동	동홍코아루	9	2013.09.	84.76	65		12,000	0			22,000	0	0 %
제주	서귀포시	동홍동	동홍코아루	9	2013.09.	70.57	61		12,000	0			19,000	0	0 %
제주	제주시	연동	연동백강스위트엠Ⅰ	1	2021.07.	66.83	75	11,800	11,800	35,000	500	1 %			
제주	제주시	아라일동	염광	32	1990.02.	46.32	44		11,500	0			8,700	300	3 %
제주	제주시	연동	동홍코아루	9	2013.09.	84.76	67		11,500	0			23,000	0	0 %
제주	제주시	연동	연동백강스위트엠Ⅰ	1	2021.07.	80.30	79		11,500	43,500	-1,000	-2 %			
제주	제주시	연동	디지털한빛	17	2005.06.	79.99	70		11,500	38,000			27,000	0	0 %
제주	서귀포시	동홍동	동홍코아루	9	2013.09.	84.76	67		11,500	0			23,000	0	0 %
제주	서귀포시	동홍동	동홍코아루	9	2013.09.	84.92	67		11,500	0			23,000	0	0 %
제주	제주시	연동	연동백강스위트엠Ⅰ	1	2021.07.	67.08	76		11,000	34,000	-3,000	9 %			
제주	제주시	아라일동	아라원신	30	1992.08.	121.92	70		11,000	0			26,000	0	0 %
제주	제주시	건입동	제주건입원대	29	1993.09.	138.90	72		11,000	0			24,000	4,000	17 %

출처 : 손품왕

앞서 표를 통해 1억 원 ~ 1억 5,000만 원으로 투자 가능한 단지들도 살펴본다.

| 제주특별자치도 30평형대 평단가 비싼 순위 |

플랫폼	임장지도	실거래	매매 - KB시세(과거)					매매 - KB시세			매매 - 기준			
주소2	주소3	아파트명	6개월전	4개월전	2개월전	1개월전	변동	하위	평균	상위	매매기준	평당최저	평당가	평당최고
제주시	한경면	곶자왈아이파크									80,000	2,437	2,437	2,437
제주시	노형동	노형2차아이파크	72,000	72,000	70,000	70,000	＼	70,000	76,000	78,000	76,000	2,098	2,218	2,338
서귀포시	대정읍	제주라임힐									72,600	2,052	2,052	2,052
서귀포시	대정읍	제주라임힐									71,600	1,995	2,024	2,052
서귀포시	대정읍	제주라임힐									71,150	1,970	2,003	2,035
제주시	노형동	노형해모로루엔	54,500	54,500	54,500	55,000	＿／	55,000	58,500	61,500	58,500	1,785	1,891	1,996
제주시	노형동	노형해모로루엔	58,000	58,000	58,000	59,000	＿／	59,000	63,250	66,000	63,250	1,762	1,866	1,971
제주시	연동	연동백강스위트엠 I									57,365	1,851	1,856	1,861
제주시	도남동	도남해모로리치힐	52,000	52,000	52,000	52,000	＿	52,500	57,500	59,500	57,500	1,676	1,788	1,900
제주시	도남동	도남해모로리치힐	61,000	61,000	60,500	62,000	＼／	63,000	69,500	71,500	69,500	1,675	1,788	1,901
서귀포시	대정읍	해동그린앤골드									56,000	1,656	1,783	1,910
서귀포시	대정읍	해동그린앤골드									60,000	1,702	1,761	1,820
제주시	도남동	도남해모로리치힐	54,750	54,750	54,000	54,000	＼	54,000	60,500	61,500	60,500	1,621	1,734	1,846
제주시	도남동	도남해모로리치힐	54,750	54,750	54,000	54,000	＼	54,000	60,500	61,500	60,500	1,614	1,726	1,839
제주시	도남동	도남해모로리치힐	54,750	54,750	54,000	54,000	＼	54,000	60,500	61,500	60,500	1,608	1,720	1,831
제주시	아라일동	아라아이파크	54,000	54,000	54,000	54,000	＿	54,000	57,000	60,000	57,000	1,613	1,703	1,792
제주시	아라일동	제주아라KCC스위첸	52,000	53,000	51,750	51,750	／＼	52,250	57,000	59,500	57,000	1,592	1,702	1,812
제주시	아라일동	제주아라KCC스위첸	53,250	53,750	53,750	53,750	／	54,000	57,000	59,500	57,000	1,618	1,701	1,783
제주시	노형동	노형아이파크	51,750	51,750	51,750	52,250	＿／	52,250	54,750	56,500	54,750	1,629	1,695	1,761
제주시	노형동	노형아이파크	51,750	51,750	51,750	52,250	＿／	52,250	54,750	56,500	54,750	1,627	1,693	1,760
제주시	연동	대림e편한세상2차	54,000	54,000	54,000	54,500	＼	56,500	59,500	61,500	59,500	1,618	1,689	1,761
제주시	도남동	도남해모로리치힐	53,500	53,500	53,000	53,000	＼	53,000	59,000	60,000	59,000	1,584	1,689	1,793
제주시	아라일동	아라아이파크	54,000	54,000	54,000	54,000	＿	54,000	57,000	60,000	57,000	1,600	1,688	1,777
제주시	아라일동	아라아이파크	54,000	54,000	54,000	54,000	＿	54,000	57,000	60,000	57,000	1,599	1,688	1,777
제주시	아라일동	아라아이파크	54,000	54,000	54,000	54,000	＿	54,000	57,000	60,000	57,000	1,598	1,686	1,775
서귀포시	대정읍	해동그린앤골드									57,000	1,445	1,681	1,917
제주시	연동	제원2차									60,000	1,679	1,679	1,679

출처 : 손품왕

　　제주도에서 30평형 기준 평단가가 제일 비싼 순위로 정리한 것이다. 곶자왈아이파크는 새 아파트이면서 세대수가 적다.

▌ 사람들이 많이 보는 관심 단지 ▌

주소1	주소2	주소3	아파트명	규제	입주	분양	사용승인	가격변동	평당가	세대수
제주특별자치도	제주시	이도이동	이도주공2,3단지		입주2년후		19880923	↑ 0.1	3,411	760
제주특별자치도	제주시	이도이동	주공1단지		입주2년후		19850709	↑ 0.1	2,878	480
제주특별자치도	제주시	노형동	노형2차아이파크		입주2년후		20140120	↑ 0.3	2,340	174
제주특별자치도	제주시	노형동	노형벽강하이본타워7자		입주2년내	20200703	20210120		2,308	79
제주특별자치도	제주시	한경면	꽃자왈IPARK		입주2년내	201812	20200622		2,276	85
제주특별자치도	제주시	노형동	노형해모로루엔		입주2년내	201707	20191021		2,151	157
제주특별자치도	제주시	오라이동	정원파인즈13자		입주2년후		20161128		2,143	49
제주특별자치도	서귀포시	안덕면	산방산코아루아이비타운		입주2년내	20180531	20190530		2,074	54
제주특별자치도	서귀포시	대정읍	라임밀		입주2년내	201806	20190927		2,061	68
제주특별자치도	서귀포시	대정읍	삼정G.edu		입주2년후		20150821		2,010	701
제주특별자치도	제주시	연동	대림1차e편한세상		입주2년후		20020125	↑ 0.3	1,921	366
제주특별자치도	제주시	도남동	도남해모로리치힐		입주2년내	201611	20190529	↓ -0.1	1,860	423
제주특별자치도	제주시	연동	제주시연동중흥S클래스		입주2년내	20180315	20200515		1,860	151
제주특별자치도	제주시	연동	대림1차e편한세상		입주2년후		20010120		1,839	440
제주특별자치도	제주시	노형동	노형아르리에3자		입주2년후		20160223		1,815	48
제주특별자치도	제주시	연동	제원3자		입주2년후		19790825	↑ 1.2	1,811	200
제주특별자치도	제주시	연동	제원1차		입주2년후		19780714		1,784	278
제주특별자치도	서귀포시	대정읍	영어도시로에디움		입주2년내	201808	20190920		1,769	39
제주특별자치도	제주시	노형동	노형아이파크		입주2년후		20010725	↓ -0.3	1,767	247
제주특별자치도	제주시	노형동	한화		입주2년후		20020115		1,745	234
제주특별자치도	제주시	아라일동	제주아라KCC스위첸		입주2년후		20121227	↑ 0.1	1,726	572
제주특별자치도	서귀포시	대정읍	라온프라이빗에듀		입주2년후		20140919		1,711	420
제주특별자치도	제주시	연동	제원2차		입주2년후		19790104	↑ 0.0	1,681	150
제주특별자치도	제주시	아라일동	아라아이파크		입주2년후		20131001	↑ 0.0	1,673	614
제주특별자치도	제주시	영평동	제주효성해링턴코트2차1단지		입주2년내	20190118	20201231		1,671	48
제주특별자치도	제주시	이도이동	제주이도일베라체		입주2년후		20110113		1,620	661
제주특별자치도	제주시	노형동	노형e편한세상		입주2년후		20051228	↓ -0.2	1,605	350
제주특별자치도	제주시	한경면	제주에듀루치올라		입주2년내	20190607	20201109		1,596	99
제주특별자치도	제주시	연동	연동뜨레모아		입주2년후		20160115		1,592	84

출처 : 손품왕

이 아파트만 알아봐도 제주에 대한 파악은 끝이라고 보면 된다.

▌ 사람들이 많이 보는 관심 단지 ▌

주소1	주소2	주소3	아파트명	규제	입주	분양	사용승인	가격변동	평당가	세대수
제주특별자치도	서귀포시	강정동	제주강정유승한내들퍼스트오션		입주2년후	201503	20170320	↑ 2.9	1,446	499
제주특별자치도	서귀포시	중문동	민우중문		입주2년후		19930923	↑ 2.9	460	98
제주특별자치도	제주시	일도이동	혜성대유		입주2년후		19950511	↑ 2.5	897	204
제주특별자치도	제주시	노형동	세기7자		입주2년후		19960125	↑ 2.2	919	96
제주특별자치도	서귀포시	동홍동	동홍반석아르미		입주2년후		20030418	↑ 2.2	796	155
제주특별자치도	제주시	도남동	수선화2차		입주2년후		19931206	↑ 1.9	798	95
제주특별자치도	서귀포시	대정읍	해누리2차		입주2년후		20160512	↑ 1.2	851	53
제주특별자치도	제주시	연동	제원3차		입주2년후		19790825	↑ 1.2	1,811	200
제주특별자치도	제주시	도남동	일호2차		입주2년후		19980211	↑ 1.2	655	45
제주특별자치도	제주시	화북일동	화북주공4단지		입주2년후		19980110	↑ 1.1	953	810
제주특별자치도	서귀포시	동홍동	동홍주공1단지		입주2년후		19881014	↑ 0.9	926	310
제주특별자치도	제주시	용담삼동	용두암현대1차		입주2년후		19910227	↑ 0.8	701	252
제주특별자치도	제주시	노형동	노형2차아이파크		입주2년후		20140120	↑ 0.3	2,340	174
제주특별자치도	서귀포시	서호동	제주서귀포혁신도시LH2단지		입주2년후		20150901	↑ 0.3	1,320	548
제주특별자치도	제주시	연동	대림1차e편한세상		입주2년후		20020125	↑ 0.3	1,921	366
제주특별자치도	제주시	아라일동	제주아라KCC스위첸		입주2년후		20121227	↑ 0.1	1,726	572
제주특별자치도	제주시	이도이동	이도주공2,3단지		입주2년후		19880923	↑ 0.1	3,411	760
제주특별자치도	제주시	이도이동	주공1단지		입주2년후		19850709	↑ 0.1	2,878	480
제주특별자치도	제주시	아라일동	아라아이파크		입주2년후		20131001	↑ 0.0	1,673	614
제주특별자치도	제주시	월평동	제주첨단과학기술단지꿈에그린2차		입주2년후	201604	20171031	↑ 0.0	1,203	410
제주특별자치도	제주시	연동	제원2차		입주2년후		19790104	↑ 0.0	1,681	150
제주특별자치도	제주시	도남동	도남해모로리치힐		입주2년내	201611	20190529	↓ -0.1	1,860	423
제주특별자치도	제주시	노형동	노형e편한세상		입주2년후		20051228	↓	1,605	350
제주특별자치도	제주시	노형동	노형아이파크		입주2년후		20010725	↓ -0.3	1,767	247

출처 : 손품왕

투자자들이 많이 보는 단지들이다. 하나하나씩 체크하며 찬찬히 파악해보기 전에 제주 전체를 파악할 때 꼭 기억해야 할 것이 있다. 제주는 제주시, 서귀포시, 영어교육도시 이렇게 3개 도시로 나뉜다고 보면 되고, 아파트를 볼 때는 노형동, 연동, 이도이동, 도남동, 아라일동, 외도일동 정도를 보면 된다는 사실을 잊지 말자.

제주의 주목 아파트 파악하기

▌노형동 - 노형2차아이파크

아파트 단지

노형2차아이파크
174세대 / 총 2동 / 2014.01.20. / 110.31㎡ ~ 139.25㎡

최근 매매 실거래가
10억 5,000
2020.12.12. 7층, 139㎡

매매가 **11억**
전세가 -

매매 1	전세 0	월세 0	동별매물

단지 정보

세대수 174세대(2동)	최저/최고층 15/15층
총주차대수 227대(세대당 1.3대)	사용승인일 2014.01.20.
용적률 219.0%	건폐율 20.0%
건설사 현대산업개발(주)	
난방 개별난방도시가스	
면적	
110㎡, 139㎡	

출처 : 네이버부동산

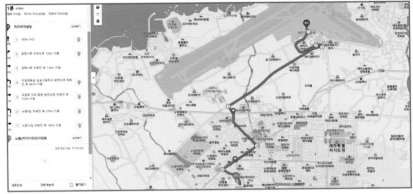

출처 : 네이버지도

노형2차아이파크는 공항에서 차로 10분 걸린다.

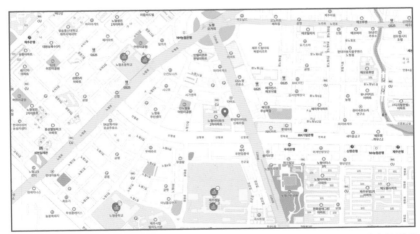

출처 : 네이버부동산

부동산에서 제일 중요한 입지를 파악한다.

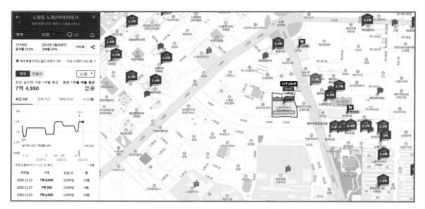

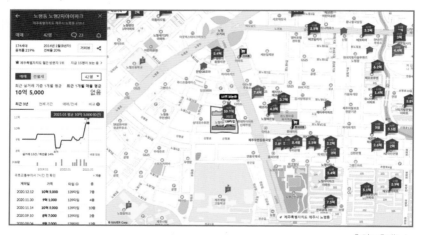

30평형과 40평형이 있는데 40평형의 인기가 엄청나다는 것을 알 수 있다.

- 아이파크는 노형동에서 택지개발로 2014년 지어진 2개동의 174세대 아파트이다. 택지에 있는 아파트가 아이파크 하나이다. 제주에서 제일 비싼 아파트이다. 사실 물건이 많이 나오지 않는다. 임대는 나오는 즉시 나간다. 매매는 2020년 11~12월 많이 나갔다. 금액대가 지금보다 조금 낮았다. 최근에 매매된 것이 42평, 10억 5,000만 원에 나갔다.

- 30평형대는 9억 원 가까이 한다. 다른 단지 아파트들은 5~6억 원 되고, 20년 된 아파트이다. 이곳은 단지 아파트를 선호한다.

- 제주 자체가 임대 수익률이 잘 나온다. 연세가 많은데, 보증금은 1 : 1이다. 연세가 2,000만 원이면, 보증금이 2,000만 원이다. 거의 다 연세여서 월세 걱정이 없다. 월세로 하면 연세보다 비싸다. 연세는 한 달을 제해준다.

- 서울, 부산보다 학군을 덜 따지지만, 제주도도 교육열은 낮은 편이 아니다. 잘하는 아이들은 아주 잘하고, 시내 쪽으로 원하는 학교들이 몇 개 있다. 한림읍으로 가면 약간 떨어진다. 초등학교는 뛰어놀라고 보낸다.

- 제주는 국제학교가 많다 보니 그쪽으로 모이는 경우가 많고, 특별히 학군 따지면서 오지 않으면 아파트 단지(초, 중)로 많이 보낸다. 임대가 잘 나간다.

- 제주도의 강남이 노형동이다. 노형동이 그나마 고등학교, 중학교 가깝고 좋다. 학원가도 좋다. 서귀포 대정에 국제학교가 많이 모여 있다. 육지 엄마들이 많이 왔다. 학원이 없다 보니 다시 노형동 와서 셔틀버스 타고 국제학교 다닌다. 아이파크에도 국제학교 다니는 애들이 많다.

- 상권은 시청 쪽이 노형동 상권이고, 연동은 중국 사람들이 많다. 제주도는 노형동이 제일 크다. 38층짜리 하얏트호텔이 드림타워 내에 들어왔다. 아이파크 옆 노형동 쪽으로 형성되어 있다.

- 제주 사는 사람들은 관광업 종사자, 자영업자들이 많은데, 경기가 너무 안 좋다. 전체적으로 힘들다. 7년 전만 해도 마트 가면 거의 외국인이었다. 여기가 중국인지 한국인지 모를 정도였는데, 지금은 외국인들 안 와서 카지노 오픈을 못한다. 코로나가 종식되어야 분위기가 바뀔 것이다.

- 교통은 육지처럼 러시아워가 있거나 하지 않고, 덜 막히다 보니 아무래도 제주도는 여유가 있다. 살기는 좋은데, 아이들 키우는 게 답답하다고 한다. 아

무래도 대학은 육지로 보내려고 하는 마음이다. 원래 제주 사람들은 교육열이 크게 없었는데, 곶자왈아이파크는 국제학교 보내려고 입주한 엄마들이다. 그래서 곶자왈아이파크를 사려는 사람도 있고, 사서 임대를 주려고 투자하는 사람들도 있다.

❷ 제주시는 바다뷰가 북향이다. 한라산뷰는 남향이다. 서귀포시는 한라산이 북향, 바다뷰가 남향이다. 너무 습하다. 태풍이 오면 서귀포를 치고 오니 2년 살다가 다들 제주시로 온다.

❷ 개발 호재라면 공항인데, 제주시 공항은 없어지지 않는다. 발표하고 땅값은 많이 올랐다. 지금 어떻게 될지 모른다. 제2공항 발표 나면 그쪽만 오르는 게 아니라 제주 전체가 오른다. 외지인들(육지 사람들)이 땅 사서 짓는 데 크게 문제없다. 외지인이 더 많이 투자했다.

❷ 제주도 땅은 길게 본다. 시내는 많이 올랐다. 땅도 외곽 쪽으로 많이 나와 있다. 묻어두겠다면 땅에 투자하고, 수익률을 본다면 아파트, 상가 투자이다. 상가 투자는 노형동은 10~20억 원이고, 수익률은 4% 정도 본다.

❷ 재건축도 시내에서 한다고 했지만 아직도 안 한다. 길게 봐야 한다. 요즘에는 재건축 샀다고 해서 육지처럼 돈을 많이 버는 게 아니다. 여유가 있는 사람은 사는데, 이미 많이 올랐다. 차라리 급매로 사라!

❷ 노형2차아이파크는 30평형대 9억 원대, 40평형대 12억 원대이고, 30평형 전세는 5억 원대(예전)였는데 지금은 6억 원대이다. 40평형 전세는 6억 5,000만 원(예전)이었다가 지금은 전세가 없으니 8억 원에 내놓아도 나간다.

❷ 육지처럼 자금조달계획서 꼼꼼하게 하지는 않는다. 6억 원 아래는 안 하고, 6억 원 넘으면 적긴 적는다.

❷ 제주도 부자들은 흩어져 있다. 직장은 연봉이 많지 않은데, 땅을 가진 사람들(육지 부자와 개념이 다르다)이 부자다. 2차 진입할 생각으로 오면 나쁘지 않은데, 예측은 불가하다. 계속 투자자들이 들어와야 받아지는데 그 부분에서 부동산은 예측하지 못한다. 투자자 1차는 끝났다고 본다. 보통 3차까지 가는데 2차 초입으로 보고 있다. 서귀포 혁신도시나 연동이 3,000~4,000만 원 올랐다.

❷ 지금 라온타운은 안 들어간다. 5억 원 정도 갔다가 지금은 내려갔다. 처음에는 희소성이 있었는데, 지금은 주변에 고급 타운하우스 생겨서 그쪽으로 간다. 과시 안 해도 된다는 사람들은 오히려 소형 아파트로 간다. 학교 바로 앞이고 위치가 좋기 때문이다. 잘 생각해서 판단해야 한다.

- 제주도에 투자자들이 들어오면 시내에 많이 산다. 시내, 외도, 애월에서 하귀 정도 아파트로는 투자해도 좋다. 임대 수익률이 좋다고 한다.

- 노형2차아이파크

- 신시가지 아라동 아이파크, 스위첸이 있긴 한데, 그쪽보다 노형동이 훨씬 괜찮다. 잘 팔리고, 환금성이 좋다.

- 구제주 아파트 단지는 삼화를 추천한다.

- 대정읍에 국제학교가 있다 보니 투자 목적이라면 임대만 받으면 된다. 나쁘지 않다. 매매는 안 되고, 임대는 잘된다. 지금은 그렇다. 예전에는 매매가 잘 되었는데 지금은 아니다. 예전보다 임대 들어가서 살려고 하지 집을 사서 들어가지 않는 것 같다.

- 외도 부영아파트가 금액이 괜찮다. 하귀 휴먼시아는 LH가 지은 건데 2010년식이다. 33평 단일 평수로 450세대이다. 노형동까지 차로 10분, 외도까지는 5분이다. 수요가 많다. 조용하게 살고 싶어서, 도심 탈피하기 위해 이주민들이 와서 휴먼시아에 정착하는 사람이 많다. 애들 키우기에는 초등학교도 좋다. 단지 바로 앞이다. 중학교는 결국은 노형동, 연동으로 온다. 중학교는 애들이 버스 타고 다닐 수 있는 거리이기는 하다. 그러다 보니 중학교 지내다 고등학교는 결국은 인문계 시내로 배정된다. 승합차, 통학버스 있으니까 타고 다닌다. 투자는 결국은 오른다는 가정을 하면 노형동이다!

▎아라일동 – 아라아이파크

출처 : 네이버부동산

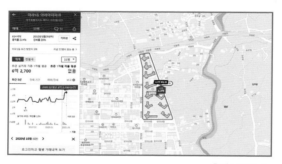

출처 : 호갱노노

2020년 갑자기 상승했음을 알 수 있다. 작년 11월부터 제주도에 다시 투자자들이 진입하고 있다는 것이 전체적으로 파악된다.

출처 : 네이버부동산

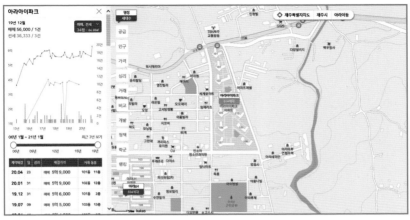

출처 : 아실

최근에 거래된 건 없다. 30평형대가 매물이 귀하다는 것을 알 수 있다.

 소장님 브리핑

- ○ 제주는 전체적으로 한 번 경기가 꺾이고 다시 올라오는 추세이다. 대단지가 인기가 많다. 노형동, 연동도 마찬가지이다. 최근에 신축된 걸로 보면 스위첸, 아이파크가 있다. 삼화지구나 노형동, 연동 대단지는 물건이 나오면 거래된다. 매수의 70%가 실거주이다. 실거주하면서 부동산은 언젠가는 오를 것이라고 기대하고 매수한다. 그래서 빌라 단지에 있는 분들은 갈아타는 분위기이다.

- ○ 이쪽은 상권이 있는 지역이 아니고, 다가구 많고 택지이다. 스위첸은 세대수가 많지 않고, 단지형 빌라가 많다. 휴안, 다담, 민영이 받쳐주고 있어서 주택가 상권이다. 실제 집 내부를 비교했을 때는 노형동이 오래되다 보니 젊은 층에 속하는 주부들이 아라동을 더 선호한다. 여기서 애들 어릴 때 키우다가 크면서 신제주로 간다. 고등학교 이상이 되면 제주시로 보낸다.

- ○ 아이파크는 108동, 107동이 로얄동이다. 스위첸의 로얄동은 107동, 106동이다.

❷ 스위첸, 아이파크 두 단지를 비교하자면 은근히 호불호가 있다. 스위첸의 장점은 초등학교가 가깝다는 것으로 초등학교 학부모들은 스위첸을 선호한다. 내부는 아이파크가 더 낫다. 위치는 스위첸이 좋고, 초등학교 다니는 자녀가 없으면 아이파크로 간다.

❷ 제주도에 삼성래미안이나 롯데캐슬이 단지 하나 짓자고 오면 타산이 안 맞다. 이도주공이 어느 정도 단계가 되어 시공사 선정되었는데, 현대건설(힐스테이트)이다. 4억 원대로 거래가 어렵다(제일 작은 평수). 최근 경매로 4억 5,000만 원에 낙찰되었다. 위치가 좋고, 제주도는 신축 아파트가 없다 보니 올랐다.

소장님 추천

❷ 외도 부영을 찾는 사람들이 있는데, 1차는 1억 중반이면 사니까 그런 것 같다. 그런데 재건축이 되어도 비싼 분양가라 별로이다. 외도와 노형동 사이에 빈 땅이 많다.

❷ 화북주공이 오래되었고, 삼화는 5~6년 되었는데, 주변 아파트 단지 많고 바닷가 쪽으로 상업지 조성(상업지 변경)한다. 공업지가 이전(시내 안에)하면 공업단지 자리에 아파트가 형성된다.

❷ 제주도는 주택보다 땅 사러 온다. 주택은 세금 계산해야 되는 것이 많다 보니, 아무래도 땅을 사는 사람이 많다.

❷ 제2공항 토지 언제 착공되냐고 많이 궁금해 하는데, 다들 2~3년 생각했는데 지금까지 지지부진 예산편성 안 되다가 올해 예산편성이 되어서 토지보상 이루어진다. 5년 정도 예상한다. 코로나19로 인해 예산이 없다.

❷ 첨단산업단지 위에 다음, 넥센이 있고, IT기업들이 들어왔다 나갔다 한다. 아라동이나 이도이동에 사는 사람이 많다.

❷ 투자자들은 서귀포시로는 잘 안 간다.

❷ 2013년도부터 개발 호재 이야기가 돌면서 제주도로 사람들이 계속 유입되니 하수관 문제 등이 발생하고, 2016년 하수관 막힘이나 도로폭 등에 대한 규제가 강화되었다. 소방법도 강화되어서 각종 기반시설을 갖추지 못한 곳은 허가를 안 해준다. 기반시설을 갖추면 땅값이 오른다. 기반시설을 사비로 갖춘다고 해도 허가를 잘 안 해준다. 그러므로 건축은 잘 판단해서 매입하자.

▌이도일동 - 주공1단지

다음은 평단가 제일 비싼 곳으로 향한다. 제주도 재건축 단지로 요즘 가장 핫한 곳이다.

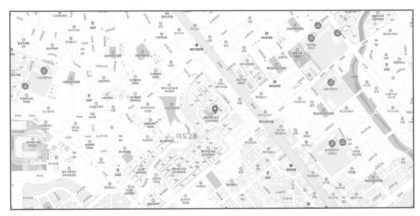

출처 : 네이버부동산

출처 : 네이버부동산

작은 평수로 되어 있다. 그럼에도 가격이 어마어마하다.

● 주공1단지나 2, 3단지는 오를 만큼 올랐다. 투자해서 과연 좋은 결과 나올까 걱정된다. 다른 곳 재건축할 곳이 군데군데 있다. 단계 사업시행인가 안 나온다. 시공사는 교통환경 평가 과정이다. 심의 과정이다. 그다음이 사업시행인가이다. 1단지는 포스코이고, 2, 3단지는 현대건설이다.

● 일반 분양이 10억 원 안 간다.

● 이도주공은 2, 3단지는 2022년 착공한다고 계획되어 있는데, 시행될지는 모른다. 현대힐스테이트가 들어설 것인데, 도로영향 평가는 끝났다. 정확히 되는 것은 언제인지 모른다.

● 이도주공 1단지는 포스코에서 하는데 도로 여건이 미비하다. 정확히 언제인지 모른다. 확정하지 못한다. 2, 3단지가 더 빨리 시작한다. 지금 가격은 1단지 19평이 6억 원 간다. 2, 3단지 13평이 대지 면적이 많다. 현재 5억 2,000만 원 간다. 완공되면 7~8억 원 예상하는 목소리가 있다.

● 이도주공은 기대치 크다. 제대로 완공되면 평당 2,500만 원 예상(바로 중심이다)한다. 교통 여건이 확대되면 교통이 복잡해진다. 젊은 사람들이 이도주공을 많이 찾는다. 상승에 대한 기대치 때문이다. 이도아파트가 기대치가 높다. 한일베라체나 스위첸도 나름 브랜드이기에 가격이 다운되지 않고 오르기 시작했다. 브랜드가 아니지만 다세대라도 인기 있는 것은 전용면적 25평인 연립주택으로 5~6억 원은 한다.

● 외도 부영이나 신제주 부영이 인기가 많고 선호한다.

● 연동 이편한세상도 추천한다.

● 땅을 사라고 추천하고 싶은데, 동쪽이 뜨겁다. 값이 싸고 좋기란 쉽지 않다. 그러다 보니 아무래도 비싼 곳을 추천하게 되는 것이다.

● 제2신공항이 제일 뜨겁다. 싸면서 오를 것을 사는 게 관건이다. 국책사업이지만 공항은 100% 된다고 보장할 수는 없다.

● 드림타워는 거주하기 좋지만, 복잡하다.

● 노형동은 학원, 학교, 상권이 좋다. 상가 위주로 형성된 곳이다. 역시 신제주
는 노형동이다.

● 이도동은 구제주이다. 시험을 봐서 고등학교 가는 비평준화 지역이다.

● 제주도는 길게 보면 땅을 사야 한다. 집은 서울, 땅은 제주도라고 말하고 싶
다. 인구는 한정된 제주도(유입·유동인구 있다 해도)이다 보니, 땅에 투자하는
게 좋다는 말이다. 단타는 집(브랜드 아파트)이 나쁘지 않고, 멀리 보면 역시 땅
(비싸고 좋은 땅)이다. 바다 보이는 땅은 가격이 엄청 차이가 난다. 바다가 비교
적 가까운 계획관리 지역이 좋다. 보전녹지가 계획관리로 변경되면 갑자기 오
른다. 표선도 좋은데 땅이 나오면 바로 나간다. 표선은 평당 400만 원이다.

▌곶자왈아이파크

　이번에는 제주에서 평단가가 제일 비싼 곳으로 가서, 평단가가 비싼
이유를 알아보자.

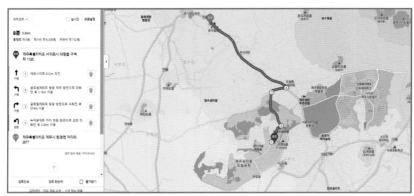

출처 : 네이버지도

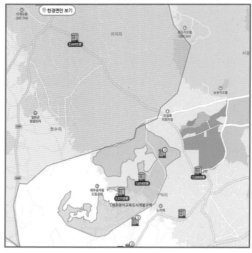

출처 : 네이버부동산

출처 : 네이버부동산

소장님브리핑

- ❷ 곶자왈아이파크는 분위기가 한창 좋을 때 지어지다 보니 토지 매입이 비쌌고, 분양가도 비싸다.

- ❷ 제주도 내에서 거리가 얼마 안 된다고 생각할 수 있지만, 국제학교를 생각하면 영어교육도시 내에 있는 아파트가 좋다. 무난하고, 나중에 수익성이 있고 훨씬 더 많이 오를 것으로 본다. 2017년도에 비해 2억 원이 빠졌는데, 그 이유는 종부세 폭탄을 맞아서 그렇다. 수도권에 다들 집을 갖고 있다 보니, 이쪽으로 급매물이 쏟아졌다. 그래서 급매물들이 12월 기준 많이 빠졌다. 지금은 조정기이다. 12월 비해 지금은 5,000만 원 정도 상승했다. 향후 여기는 학교가 더 들어올 계획이라서 2017년 정도 시세는 조만간 회복될 것 같다. 지금이 매수 타이밍이라고들 한다.

- ❷ 사실 처음에는 마트, 편의시설이 중문, 서귀포보다 떨어졌다. 제주도의 지리적 특성상 안개와 비도 많아서 결국 영어교육도시 안으로 다들 들어온다. 타운하우스도 반경 5km(5~10분 거리)까지는 잘되지만, 그 이상 넘어가면 피로감으로 매수들을 안 한다.

- ❷ 주변에 타운하우스가 있지만, 임대가 전혀 없다. 이곳은 코로나로 인한 부동산 수혜 지역이다. 해외에서 들어오는 수요와 국내 머무르는 수요가 많다. 코로나 이후 많이 들어와서 집이 없다. 타운하우스는 매매 빼고, 연세 매물이 아예 없다.

전세 갭 1억 원 미만 아파트

▌제주특별자치도 투자금 1억 원 미만으로 가능한 단지 ▌

주소2	주소3	아파트명	매매	기준	평당가	금액	변동금액	상승률	금액	변동금액	상승률	최저	최고	전세	기준세율	전 매물_갭	매전캡
제주시	연동	코스모스태흥누리안4차	37,500	1,184	0				36,000	1,500	4%			29,500	79		8,000
제주시	연동	코스모스태흥누리5차	37,500	1,179	38,000	2,000	5%	36,000	1,500	4%			29,500	79		8,000
제주시	연동	코스모스태흥누리5차	37,500	1,177	0			36,000	1,500	4%			29,500	79		8,000
제주시	연동	코스모스태흥누리5차	37,500	1,175	43,000			36,000	1,500	4%			29,500	79		8,000
제주시	연동	코스모스태흥누리5차	37,500	1,173	0			36,000	1,500	4%			29,500	79		8,000
제주시	연동	코스모스태흥누리5차	37,500	1,172	0			36,000	1,500	4%			29,500	79		8,000
제주시	연동	코스모스태흥누리5차	37,500	1,172	0			36,000	1,500	4%			29,500	79		8,000
서귀포시	서홍동	형남4차	27,500	1,016	0			27,000	500	2%			19,500	71		8,000
서귀포시	서홍동	형남4차	27,500	986	0			27,500	0	0%			19,500	71		8,000
서귀포시	서홍동	형남4차	27,500	973	0			27,500	0	0%			19,500	71		8,000
제주시	화북일동	화북주공4단지	23,250	969	23,000			21,600	1,650	8%			15,250	66		8,000
서귀포시	서홍동	지오빌2-2차	30,000	868	0			30,000	0	0%			22,000	73		8,000
제주시	연동	대림	29,000	859	0			29,000	0	0%			21,000	72		8,000
서귀포시	서홍동	지오빌2-2차	30,000	852	0			30,000	0	0%			22,000	73		8,000
제주시	외도일동	부명2차	30,000	823	29,750	250	1%	28,500	1,500	5%			22,000	73		8,000
제주시	조천읍	광명사인벌	26,500	790	0			26,000	500	2%			18,500	70		8,000
제주시	이도동	장원월드컵	24,500	752	34,000			24,500	0	0%			16,500	67		8,000
서귀포시	서홍동	지오빌2-2차	23,000	746	0			23,000	0	0%			15,000	65		8,000
제주시	연동	제주세기	33,000	632	0			33,000	0	0%			25,000	76		8,000
서귀포시	동홍동	삼아	24,250	575	0			24,250	0	0%			16,250	67		8,000
서귀포시	대포동	우림	22,250	717	22,000	250	1%				14,000	14,000	14,000	63	8,250	8,250
서귀포시		삼아	23,000	621	0			23,000	0	0%			14,750	64		8,250
서귀포시	대정읍	캐논스빌리지1단지	24,500	1,162	33,000	-8,500	-26%				16,000	16,000	16,000	65	8,500	8,500
제주시		대림	23,500	971	29,000	-1,000	-3%	23,500	0	0%	18,000	18,000	15,000	64	10,000	8,500
제주시	노형동	부명2차	27,000	1,197	25,500	3,500	14%	23,500	3,500	15%			18,500	69		8,500
제주시	일도동	제주월도대림1차	26,000	927	0			26,000	0	0%			17,500	67		8,500
서귀포시	안덕면	서귀포화순코아루푸트나임	26,000	889	0			26,000	0	0%			17,500	67		8,500
제주시	아라일동	염광	17,500	909	18,750	250	1%	18,500	-1,000	-5%	12,000	12,000	8,700	50	7,000	8,800
제주시	애월읍	제주하귀휴먼시아1단지	36,000	1,037	36,000	1,500	4%	33,500	2,500	7%			27,000	75		9,000
제주시	애월읍	제주하귀휴먼시아1단지	36,000	1,035	36,000	3,000	8%	33,500	2,500	7%			27,000	75		9,000
제주시	아라일동	염광	28,000	904	29,000			28,000	0	0%			19,000	68		9,000
제주시	아라일동	염광	28,000	879	0			23,000	0	0%			14,000	61		9,000
서귀포시	중문동	중문남해오네뜨오션힐	29,000	876	30,000	1,000	3%	28,000	1,000	4%			20,000	69		9,000

※ 정확한 정보는 손품과 발품으로 파악해야 한다. 흐름은 시시각각 변하고 있다는 사실을 명심하자. 출처 : 손품왕

┃ 제주특별자치도 투자금 1억 원 미만으로 가능한 단지 ┃

주소2	주소3	아파트명	매매 기준	평당가	금액	변동금액	상승율	금액	변동금액	상승률	최저	최고	전세 기준	기준 전세율	전	매물_갭	매전갭
제주시	노형동	인텔리전트한빛	35,000	1,199	0			35,000	0	0 %			25,500	73			9,500
제주시	노형동	인텔리전트한빛	35,000	1,195	37,000			35,000	0	0 %			25,500	73			9,500
제주시	노형동	인텔리전트한빛	35,000	1,187	0			35,000	0	0 %			25,500	73			9,500
제주시	노형동	인텔리전트한빛	35,000	1,186	0			35,000	0	0 %			25,500	73			9,500
제주시	노형동	인텔리전트한빛	35,000	1,176	0			35,000	0	0 %			25,500	73			9,500
제주시	노형동	인텔리전트한빛	35,000	1,175	0			35,000	0	0 %			25,500	73			9,500
제주시	연동	코스모스태흥누리안5차	29,000	995	0			29,000	0	0 %			19,500	67			9,500
서귀포시	법환동	현대맨션1차	27,000	842	0			27,000	0	0 %			17,500	65			9,500
서귀포시	강정동	대림제주서호(대림한숲)	27,000	842	30,000	0	0 %	27,000	0	0 %			17,500	65			9,500
서귀포시	법환동	현대맨션1차	24,000	797	0			24,000	0	0 %			14,500	60			9,500
서귀포시	법환동	현대맨션1차	27,000	774	30,000			27,000	0	0 %			17,500	65			9,500
서귀포시	법환동	현대맨션1차	27,000	774	30,000	-2,000	-7 %	27,000	0	0 %			17,500	65			9,500
서귀포시	서홍동	형남4차	30,200	954	32,000			30,200	0	0 %			20,500	68			9,700
제주시	연동	디지털한빛	32,250	1,014	0			32,500	-250	-1 %			22,500	70			9,750
제주시	연동	디지털한빛	35,000	1,051	0			34,500	500	1 %			25,000	71			10,000
제주시	일도이동	제주대유대림	32,500	940	31,000			32,750	-250	-1 %			22,500	69			10,000
서귀포시	안덕면	서귀포화순코아루푸르나임	28,000	885	25,000			28,000	0	0 %			18,000	64			10,000
서귀포시	안덕면	서귀포화순코아루푸르나임	29,000	851	28,250	1,750	6 %	29,000	0	0 %			19,000	64			10,000
제주시	삼도이동	미듬아뜨리에	28,000	838	0			26,000	2,000	8 %			18,000	64			10,000
제주시	삼도이동	미듬아뜨리에	29,000	815	0			27,000	2,000	7 %			19,000	66			10,000
제주시	이도일동	장원리드컵	32,000	718	0			32,000	0	0 %			22,000	69			10,000
제주시	노형동	해오름	35,250	1,398	36,000			34,250	1,000	3 %	35,000	35,000	25,000	71			10,250
제주시	이도이동	영산홍	25,000	1,045	26,000			26,500	-1,500	-6 %			14,500	58			10,500
제주시	이도이동	영산홍	25,000	1,027	30,000			26,500	-1,500	-6 %			14,500	58			10,500
제주시	아라일동	영광	25,500	936	25,250			25,500	0	0 %	18,000	18,000	15,000	59			10,500
제주시	아라일동	아라원신	35,500	746	0			35,500	0	0 %			25,000	70			10,500
제주시	도련이동	제주삼화사랑으로부영1차	38,500	1,168	39,000			38,000	500	1 %			27,750	72			10,750
제주시	화북일동	화북주공1단지	31,750	1,018	0			30,100	1,650	5 %			21,000	66			10,750
제주시	화북일동	화북주공1단지	31,750	1,017	32,500			30,100	1,650	5 %			21,000	66			10,750
제주시	일도이동	일도우성2단지	30,750	891	33,000			30,500	250	1 %			20,000	65			10,750
제주시	애월읍	제주하귀휴먼시아1단지	41,000	1,200	0			40,500	500	1 %			30,000	73			11,000
제주시	애월읍	제주하귀휴먼시아1단지	41,000	1,200	0			40,500	500	1 %			30,000	73			11,000
제주시	애월읍	제주하귀휴먼시아1단지	41,000	1,198	34,500	3,500	10 %	40,500	500	1 %			30,000	73			11,000

출처 : 손품왕

사건번호	소재지	감정가/최저가/낙찰가		매각기일	
20-3330 아파트	제주특별자치도 제주시 연동 1399-1, 대림이편한세상아파트 203동 8층 ■■ [대지권 77.097㎡, 건물 119.296㎡]	845,000,000 591,500,000 (70%) 763,980,000 (90%)	낙찰	2021.01.25 (10:00)	3,911
20-6636 아파트	제주특별자치도 제주시 노형동 3791-1, 노형2차아이파크 202동 1층 ■■ [대지권 64.587㎡, 건물 115.16㎡]	854,000,000 854,000,000 (100%) 871,000,000 (102%)	낙찰	2021.01.25 (10:00)	780
20-20441 아파트	제주특별자치도 제주시 외도일동 640-2, 해마루풍경 101동 10층 [주상복합 / 대지권 42.291㎡, 건물 84.99㎡]	305,000,000 213,500,000 (70%) 311,144,444 (102%)	낙찰	2021.01.25 (10:00)	1,751
20-1785 아파트	제주특별자치도 제주시 연동 268-14, 연동공간에버빌 9층 ■■ [주상복합 / 대지권 20.82㎡, 건물 84.17㎡]	360,000,000 252,000,000 (70%) 297,000,000 (83%)	낙찰	2021.01.18 (10:00)	2,235
19-9561 아파트	제주특별자치도 서귀포시 동흥동 528-1, 동흥동파밀리움 2층 ■■호 [대지권 55.12㎡, 건물 64.679㎡]	301,000,000 147,490,000 (49%) 230,270,002 (77%)	낙찰	2020.12.21 (10:00)	2,015
19-10356 아파트	제주특별자치도 제주시 화북일동 12-1, 화북4아파트 402동 6층 ■■ [대지권 55.5㎡, 건물 59.93㎡]	241,000,000 168,700,000 (70%) 212,550,000 (88%)	낙찰	2020.12.21 (10:00)	1,355

출처 : 굿옥션

앞서 본 경매 물건 중 노형2차아이파크는 대장이다. 102%인 8억 7,100만 원에 낙찰되었다. 돈을 벌었다고 해야 할까? 자료를 살펴보면 돈을 벌었음을 알 수 있을 것이다. 매물도 없고, 최근 거래된 시세를 보면 알 수 있다. 이렇게 매물이 없을 때, 경매나 공매를 찾아보고 매수하는 것도 방법이다.

마무리하며 제주도에서 아파트를 볼 때 무엇을 볼지 정리해보자. 첫째, 학군은 사실 육지에서 온 사람들(국제학교 등)이 중요하게 따진다.

두 번째는 대단지인데 노형동이나 연동, 아니면 아라동의 2013년 지어진 신축 아파트가 있고, 앞으로 개발될 이도주공아파트도 있다. 제주시는 아파트들 보이는 것은 북향이다. 제주시는 북향이라서 북서풍이 엄청나다. 결로, 직사광선, 바다가 보인다. 신경 안쓴다. 서귀포시는 바다뷰 남향은 프리미엄 1억 원을 주는 게 맞고, 그래도 가지고 간다.

세 번째는 상권인데, 롯데마트와 이마트가 있다. 로드숍이 조금 있기는 하지만, 쇼핑할 사람들은 서울에 가서 당일치기로 쇼핑을 한다. 아니면 면세점을 이용하거나 김포에 가서 쇼핑하기도 한다.

네 번째 학원가는 노형동, 연동이다. 대단지 아파트는 관공서 발령 등으로 육지에서 온 사람들이 좋아한다. 임대와 매매의 수요가 꾸준하다. 저점을 찍고 반등했다. 물건도 안 보고 구입한다. 특히 노형동이나 연동은 아파트 잘 안 보고 구입할 정도이다. 그런데, 20년 이상 되다 보니 리모델링을 해야 한다. 여기서 자신들이 구입한 가격에서 리모델링한 가격을 더해 매도 계획한다. 노형동이나 연동 사람들은 안 팔고 계속 사는 경향이 있다. 노형동, 연동이 대장이다 보니 갈 데가 없다.

제주특별자치도는 제주시, 서귀포시, 영어교육도시 이렇게 3개 도시로 나뉜다. 최근 많은 사람들이 살고 싶은 곳으로 꼽는 도시이고, 저자 또한 살고 싶은 곳이다. 대단지가 없는 제주도는 재건축으로 신축이 될 대단지가 들어선다면 최고의 호재일 것이다.

제주도 대장 아파트의 가격을 보면 분위기가 뜨거운지 알 수 있다. 2021년 8월 기준, 제주시 노형동 해모로루엔의 30평형대 실거래가가 9억 5,000만 원이다. 제주시는 구축의 시세가 높은 흐름이다. 재건축 바람이고, 투자자들의 진입으로 인해 상승하고 있음을 알 수 있다(공시지가 1억 원 미만 투자자가 엄청 들어갔다). 현 투자 트렌드가 반영된 현상이다.

전세는 신축이 리딩하고, 준신축이 따르는 흐름이다. 신축, 준신축, 구축 매물이 급소진되어 전세 물건이 쌓이고 있는 분위기이다. 제주도는 지금 상승 흐름을 탔다. 준신축과 구축 전세 물량이 쌓이는 것을 보면 투자자 진입이 많음을 알 수 있다. 투자자들이 많이 진입했기에 구축의 갭이 준신축과 신축보다 벌어진 것이다.

책을 집필하던 당시 제주도에 갔을 때 규제지역으로 제주시가 묶인다는 소장님들의 이야기가 많았지만, 묶이지 않았다. 마지막으로 덧붙이면, 투자할 때는 늘 빠져나갈 자신만의 세금 계획을 잘 세우기를 바란다.

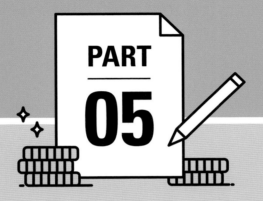

PART
05

거제시
지역 분석

거제시 전체 파악하기

　많은 규제 속에서 어떻게 대안을 찾고 나아가야 할지 고민하는 분들이 많을 것이다. 약간의 긴장과 두려움은 나를 돌아보는 계기가 되지 않을까 생각한다. 이번에는 좋은 분위기를 타고 있는 거제시로 떠나보려고 한다. 언제나 그렇듯 지도에서 해당 지역의 위치부터 확인해보자.

❚ 거제시 행정구역 ❚

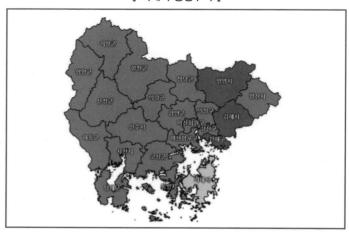

출처 : 손품왕

이제는 여러분도 지도를 보며 확인하는 습관이 충분히 자리 잡았을 것이라고 믿는다.

출처 : 한국감정원

앞의 자료를 보면 거제시의 분위기를 알 수 있다. 매매가는 상승하는데, 전세가는 하락하고 있는 것이 보일 것이다. 그만큼 거제시는 상승은 하고 있지만, 전세 맞추기에 대한 두려움이 크다는 것을 알 수 있다. 투자에서는 늘 리스크에 대한 헷지(Hedge)가 필요하다는 사실을 잊지 말자. 그럼, 본격적으로 거제시를 파악하기 위해 손품부터 체크해보자!

┃ 거제시 15년 이하, 300세대 이상 평단가 비싼 단지 순위 ┃

순위	주소1	주소2	주소3	아파트명	구분	매매평단가	전세평단가	전세가율	매전갭 (34)
1	경남	거제시	고현동	e편한세상거제유로스카이	분양권	1,550			
2	경남	거제시	고현동	e편한세상거제유로아일랜드	분양권	1,400			
3	경남	거제시	상동동	더샵거제디클리브	분양권	1,250			
4	경남	거제시	양정동	거제수월힐스테이트	아파트	1,200	850	71	12,300
5	경남	거제시	장평동	거제장평유림노르웨이숲	주상복합	1,200	750	67	15,200
6	경남	거제시	장평동	거제장평포레나	아파트	1,200	750	64	16,400
7	경남	거제시	수월동	거제자이	아파트	1,050	800	74	9,500
8	경남	거제시	상동동	힐스테이트거제	아파트	1,050	750	69	11,400
9	경남	거제시	옥포동	거제엘크루랜드마크	아파트	950	800	84	3,900
10	경남	거제시	수월동	거제신현두산위브	아파트	900	700	79	6,500
11	경남	거제시	상동동	거제더샵블루시티	아파트	900	700	80	6,800
12	경남	거제시	고현동	스타힐스센트럴	아파트	900	650	73	8,600
13	경남	거제시	양정동	거제더샵	아파트	850	700	81	5,500
14	경남	거제시	고현동	e편한세상고현	아파트	850	650	78	6,500
15	경남	거제시	옥포동	e편한세상옥포	아파트	850	650	73	6,700
16	경남	거제시	아주동	거제아주코오롱하늘채	아파트	850	600	71	8,400
17	경남	거제시	양정동	거제2차아이파크1단지	아파트	800	600	72	7,200
18	경남	거제시	양정동	거제2차아이파크2단지	아파트	800	550	70	8,400
19	경남	거제시	양정동	거제아이파크	아파트	800	550	72	7,900
20	경남	거제시	문동동	거제센트럴푸르지오	아파트	800	600	79	5,700
21	경남	거제시	상동동	거제상동벽산블루밍4차	아파트	800	550	75	7,700
22	경남	거제시	아주동	거제마린푸르지오1단지	아파트	800	550	77	8,500
23	경남	거제시	아주동	거제아주KCC스위첸	아파트	800	650	77	6,400
24	경남	거제시	일운면	스타힐스오션시티	아파트	750			
25	경남	거제시	아주동	거제덕산아내프리미엄1차	아파트	750	500	70	7,700
26	경남	거제시	아주동	대동다숲2단지	아파트	750			
27	경남	거제시	아주동	아주e편한세상2단지	아파트	750	500	72	7,100
28	경남	거제시	거제면	거제오션파크자이	아파트	700	350	52	12,600
29	경남	거제시	상동동	벽산e-솔렌스힐1차	아파트	700	550	75	6,300
30	경남	거제시	장평동	거제장평코아루	아파트	700	400	61	9,000

출처 : 손품왕

이 표는 거제시에서 15년 이하 300세대 이상 단지를 손품왕을 통해 필터링한 결과이다. 84m² 기준 평단가가 높은 순위대로 나열되어 있다. 이 단지들을 파악하며 손품을 시작한다.

거제시 15년 이하, 300세대 이상 급지 순위

평당가	거제면	고현동	옥포동	문동동	사등면	상동동	수월동	아주동	양정동	옥포동	일운면	장평동
1600		e편한세상거제유로스카이										
1500												
1400		e편한세상거제포레힐랜드										
1300						더샵거제디클리브						
1200							거제수월힐스테이트					거제장평롯데노르웨이숲 거제장평포레나
1100						힐스테이트거제	거제자이					
1000												
900		스타힐스센트럴e편한세상고현				거제더샵블루시티	거제신푸루신아이시	거제아주코오롱하늘채	거제더샵	거제힐크루팡드마크 e편한세상옥포		
800			거제센트럴푸르지오			거제상동벽산블루밍4차		거제마린푸르지오1단지 거제아주KCC스위첸	거제3차아이파크1단지 거제3차아이파크2단지 거제아이파크			
700	거제오션파크자이					백산-휼랜스힐1차 백산-휼랜스힐2차 백산-휼랜스힐3차		거제산아덴녹트리미앤1자 대동다숲아파트1단지 아주e편한세상2단지 덕산아내리마앤파크 아주e편한세상1단지			스타힐스오션시티	거제장평코아루
600			거제롯포드유호1단지		거제경남아닉스2동	대동다숲1단지						덕산아내1차 덕산아내2차
500			거제롯데인벤스2차	사곡영진자이온1단지 사곡영진자이온2단지		거제신원에스케이뷰		거제아주원진에버빌				

출처 : 손품왕

이렇게 한눈에 보기 좋게 급지를 나눌 수 있다. 어느 지역 파악을 하기 전, 이렇게 미리 손품으로 분석하면 그 지역을 가보지 않아도 알게 된다. 또한 사이버임장을 먼저 하고 나서 그 지역에 현장답사를 가면 마치 어제 왔던 것처럼 편하게 그 지역을 파악할 수 있다. 그만큼 손품으로 하는 사이버임장은 아주 중요하다. 특히, 초보들이라면 꼭 빠뜨리지 말아야 할 것이 바로 사이버임장이다.

거제시 연령별 인구

행정기관	총 인구수	연령구간인구수	0~9세	10~19세	20~29세	30~39세	40~49세	50~59세
경상남도 거제시	242,555	242,555	24,960	27,870	23,369	34,093	47,341	39,525
경상남도 거제시 일운면	8,045	8,045	550	627	668	825	1,236	1,615
경상남도 거제시 동부면	3,100	3,100	79	116	218	208	342	598
경상남도 거제시 남부면	1,586	1,586	27	60	78	85	152	323
경상남도 거제시 거제면	7,191	7,191	374	576	540	572	973	1,279
경상남도 거제시 둔덕면	2,872	2,872	58	148	203	138	298	540
경상남도 거제시 사등면	11,961	11,961	1,342	1,146	902	1,658	2,201	1,895
경상남도 거제시 사등면가조출장소	1,093	1,093	33	50	59	75	107	224
경상남도 거제시 연초면	8,137	8,137	456	642	744	822	1,348	1,683
경상남도 거제시 하청면	3,521	3,521	170	264	272	290	429	645
경상남도 거제시 하청면칠천출장소	1,073	1,073	28	26	45	60	107	202
경상남도 거제시 장목면	3,130	3,130	69	108	194	169	374	560
경상남도 거제시 장목면외포출장소	1,392	1,392	50	73	70	94	179	260
경상남도 거제시 장승포동	6,048	6,048	368	640	632	610	1,160	1,207
경상남도 거제시 능포동	9,203	9,203	498	908	945	837	1,580	1,881
경상남도 거제시 아주동	26,984	26,984	4,274	3,529	2,286	5,509	6,189	3,021
경상남도 거제시 옥포1동	7,342	7,342	588	662	823	1,049	1,340	1,359
경상남도 거제시 옥포2동	26,158	26,158	2,327	3,014	2,806	3,440	4,934	4,869
경상남도 거제시 장평동	20,757	20,757	1,565	2,210	2,750	3,237	4,375	3,993
경상남도 거제시 고현동	34,727	34,727	3,229	4,190	3,975	4,682	6,819	5,974
경상남도 거제시 상문동	34,509	34,509	5,473	5,117	2,962	6,248	7,691	4,223
경상남도 거제시 수양동	23,726	23,726	3,402	3,764	2,197	3,485	5,507	3,174

출처 : 행정안전부

이 자료는 법정동을 기준으로 해서 나타낸 것으로, 주민등록통계를 통해 0~9세, 10~19세가 어느 동에 많이 거주하는지에 따라 학원가, 학군 등이 모여 있는 살기 좋은 곳이라고 보면 된다. 이렇게 아이들이 많이 거주하는 동네일수록 그에 맞는 단지를 선택하는 기준이 된다는 것을 잊지 말자! 타 지역도 이렇게 연령별 인구수가 어디에 많은지 파악하면 아파트 투자가 한결 쉬워질 것이다.

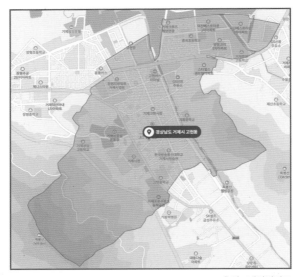

거제시 고현동의 지도이다. 대장 아파트가 이곳에 위치해 있다.

2023년 11월 입주 예정으로 1,113세대인 e편한세상거제유로스카이 단지가 고현동에 있다. 이렇게 가격을 보고 향후 얼마까지 올라갈 것인가에 대해 단지별로 파악하면서 거제시의 아파트 가격을 유추할 수 있는 것이다.

고현동에서 학원가가 모여 있는 곳이다. 주변 단지, 그리고 신축 등을 체크하는 것이 중요하다. 사이버임장은 로드뷰를 통해 정말 학원가가 잘 형성되어 있는지 확인하는 것도 중요하다.

출처 : 네이버지도

이렇게 정말 학원이 잘 형성되어 있는지, 사이버발품을 통해 확인하는 습관도 매우 중요하다. 이것은 하나의 예시이므로 다른 지역들도 이런 방법으로 파악하는 습관을 기르기를 바란다. 아주 유용한 팁이 될 것이다.

출처 : 네이버지도

앞서 지도에 표시된 곳이 거제시 상문동이다. 최근에 분양권 투자로 투자자들이 많이 들어온 거제디클리브가 바로 이곳에 있다.

출처 : 네이버지도

출처 : 호갱노노

상동동에 학원가가 많지 않지만 대표적인 것은 대동다숲 상가에 있다. 추후 거제디클리브가 입주하게 되면 학원가가 생길 자리가 있는지를 체크하는 것도 중요하다.

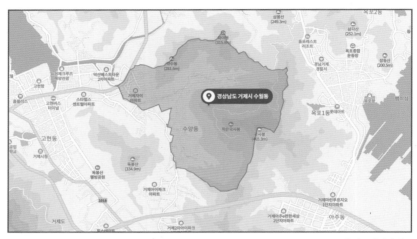

출처 : 네이버지도

여기는 수월동이다. 거제시에서 학원가의 규모가 가장 큰 동네이다. 그만큼 아이들 키우기 좋은 동네이자 단지임을 알 수 있다.

출처 : 호갱노노

지도에 표시된 것만으로도 한눈에 학원이 매우 많다는 것을 알 수 있다. 그렇다면 거제시 연령대별 인구수로 단지를 파악하고 투자하는 포인트도 찾을 수 있다. 이런 방법은 전국의 모든 아파트에도 비슷하게 적용 가능하니 이 부분을 체크해서 나만의 스킬로 삼기를 바란다.

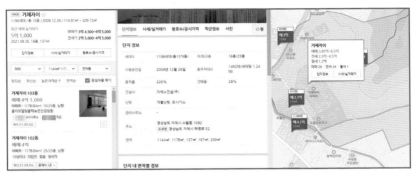

출처 : 네이버부동산

거제자이아파트이다. 1,196세대, 84m² 기준으로 체크하고 매매가와 전세가가 얼마인지, 매물의 수량은 얼마나 되는지 등을 모든 현장에 나가기 전에 이렇게 파악해야 한다. 내가 만일 매수하게 된다면 전세가 잘 나갈지, 아니면 많은 투자자의 유입으로 인해 전세 물량이 많아서 시간이 걸릴 것인지, 가능한 경우의 수를 모두 파악하고 현장답사를 하는 것이다. 이렇게 연령대별 인구수로 아이들이 많이 거주하는 동과 단지를 파악하는 것도 중요하다는 사실을 알려드린다. 또한 재건축이 되는 곳은 어디이고, 공시가격 1억 원 미만 단지는 어디인지 등을 현장에 나가기 전에 파악하는 것은 아주 중요하다는 사실을 잊지 말자.

6개 지역 매매평단가 비교

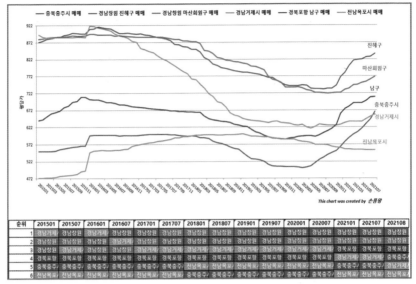

출처 : 손품왕

순위	201501	201507	201601	201607	201701	201707	201801	201807	201901	201907	202001	202007	202101	202107	202108
1	경남거제	경남창원	경남거제	경남창원	경남창원	경남창원	경남창원	경남창원	경남창원	경남창원	경남창원	경남창원	경남창원	경남창원	경남창원
2	경남창원	경남창원	경남창원	경남창원	경남창원	경남창원	경남창원	경남창원	경남창원	경남창원	경남창원	경북포항	경남창원	경남창원	경북포항
3	경남창원	경남거제	경남창원	경남창원	경남거제	경남거제	경남거제	경남거제	경남거제	경북포항	경북포항	경남거제	경남거제	충북충주
4	경북포항	경북포항	경북포항	경북포항	경북포항	경북포항	경북포항	경북포항	경북포항	경북포항	경북포항	경남거제	경남거제	경남거제	경남거제
5	충북충주	충북충주	충북충주	충북충주	충북충주	충북충주	전남목포	전남목포	전남목포	전남목포	충북충주	충북충주	충북충주	경남거제
6	전남목포	전남목포	전남목포	전남목포	전남목포	전남목포	충북충주	충북충주	충북충주	충북충주	전남목포	전남목포	전남목포	전남목포

매매평단가를 보면 어느 지역이 저평가된 지역인지 쉽게 확인된다. 앞의 자료는 2015년 기준 시점이다. 어느 지역이 과거 대비 올랐는지 아닌지 알 수 있다. 흐름이 그만큼 중요하다.

인구가 비슷한 지역을 놓고 가격 비교를 하면 전고점 대비 아직도 거제시는 오르지 않았음을 알 수 있다. 아직 저평가라는 이야기인 것이다. 물량이 소진되고, 시간이 지나면 어느 순간 원래 가격으로 돌아갈 것이라고 본다.

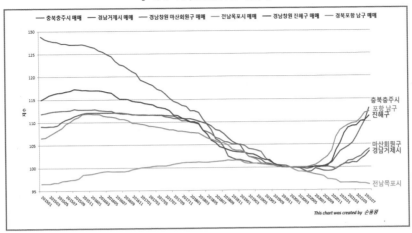

┃ 매매지수(2020년 1월 기준) ┃

출처 : 손품왕

　　거제시의 매매지수 흐름을 손품왕 자료를 통해 파악해보았다. 인구가 비슷한 지역과 비교해서 매매지수의 흐름을 보면, 기준 시점은 2020년 1월로 잡고, 충주시와 포항남구만 전고점 대비 상승했음을 알 수 있다. 그렇다면 나머지 지역은 아직 저평가인 것일까? 그것은 현장 답사를 통해 제대로 파악하는 것이 중요하다.

┃ 거제시 청약 경쟁률 ┃

지역1	지역2	지역3	아파트명	분양일자	분양가	평단가	최고경쟁률	가점평균	세대수
경상남도	거제시	고현동	e편한세상거제유로아일랜드	201910	32,980 ~ 42,940	1,083	3.7	37	1,049
경상남도	거제시	고현동	e편한세상거제유로스카이	202104	42,400 ~ 67,400	1,274	198.7	49	1,113
경상남도	거제시	상동동	더샵거제디클리브	202105	34,030 ~ 45,540	1,157	25.9	41	1,288

출처 : 손품왕

　　거제시가 분양 당시 가점으로 뜨거웠는지 알 수 있다.

※ -3년은 분양 중인 물건을 말한다.

출처 : 손품왕

거제시의 매매 시세 흐름도 파악해본다. 신축(-3~5년), 준신축(5~20년), 구축(20~50년)으로 구분해서 파악해보면 그 흐름을 알 수 있다. 시세는 모두 상승 중이며, 매물 건수도 늘고 있음을 알 수 있다.

출처 : 손품왕

전세 시세 흐름을 보면 신축은 상승하고 있고, 준신축은 조금 하락하고 있으며, 구축은 상승하고 있는 것을 알 수 있다. 이것은 신축이 대세이고, 공시지가 1억 원 미만을 투자자들이 매수해서 수리하고 전세가를 높이 올린다는 증거이다. 매물 건수를 보면 준신축과 구축이 매물이 늘다가 지금은 조금 줄어드는 것을 알 수 있다.

출처 : 손품왕

신축도 전세갭이 떨어졌다가 지금은 상승 중이며, 준신축보다는 구축의 전세갭이 더 높다는 것을 알 수 있다. 투자자들의 진입이 구축의 전세갭 상승 원인이 되었으리라 유추할 수 있다. 시장의 왜곡이다. 결국 매물의 수, 갭투자 가격 등 모든 것은 현장에 직접 가서 파악해야 한다는 사실을 다시 한번 명심하자.

▎거제시 분석 멀티 차트 ▎

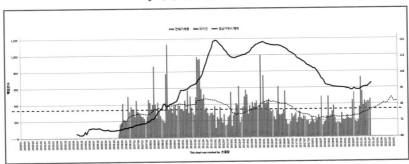

출처 : 손품왕

거제시는 조선업의 영향과 입주 물량으로 인해 전고점을 회복하지 못하고, 미분양이 쌓여 있다. 준공 후 미분양은 아직 952채가 있다.

| 거제시 미분양 건수 |

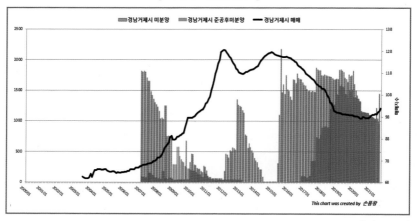

출처 : 손품왕

| 거제시 미분양과 준공 후 미분양 건수 |

년월	경남:거제시 미분양	경남:거제시 준공후 미분양
202101	1,096	1,096
202102	1,071	1,071
202103	1,055	1,055
202104	1,038	1,038
202105	1,216	1,062
202106	1,042	991
202107	1,449	952

출처 : 손품왕

거제시가 다른 지역들과 다르게 오르는 느낌을 체감하지 못하는 이유가 바로 미분양 때문이다. 악성 미분양이 소진되어야 거제시의 분위기도 좋아질 것이다. 이미 매매 상승은 시작했는데, 주로 분양권 신축

위주이다. 전세 매물이 많아서 현재는 전세 맞추기가 어렵다. 그래서 (신축)갭이 벌어져 있다.

┃ 거제시 거래량 추이 분석 ┃

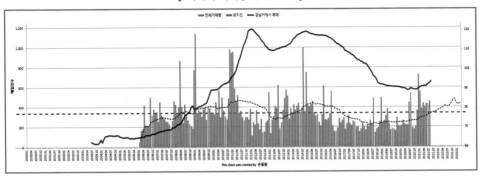

출처 : 손품왕

앞서 〈거제시 분석 멀티 차트〉와 〈거래량 추이 분석〉의 그래프를 살펴보면 알겠지만, 거제시의 거래량은 2020년 12월 바닥을 찍고, 이후 평균 거래량 이상으로 상승하기 시작했다. 겨울에서 봄으로 가는 상승 변곡점이라고 보면 된다. 매매지수와 전세지수 또한 2020년 하반기부터 상승 추세이다. 그 이유는 그 전에 거래량이 먼저 바닥을 찍고 올라왔기 때문이다. 상승 초입에 평균 거래량이 움직인다.

▎ 최근 상승세인 공시지가 1억 원 미만 단지 ▎

주소1	주소2	주소3	아파트명	년차	준공	전용	공시가	금액	변동금액	상승률
경남	거제시	고현동	고려2차	29	1993.02.	59.76	6,156	9,350	2,900	31 %
경남	거제시	장평동	장평주공2단지	30	1992.03.	39.60	6,669	10,750	2,000	19 %
경남	거제시	고현동	덕산베스트타운	24	1998.01.	59.31	7,353	10,750	1,750	16 %
경남	거제시	고현동	덕산베스트타운	24	1998.01.	59.77	7,524	11,000	1,500	14 %
경남	거제시	고현동	화인아트	31	1991.06.	59.79	7,866	14,000	2,000	14 %
경남	거제시	고현동	고려2차	29	1993.02.	74.64	8,379	12,250	1,500	12 %
경남	거제시	고현동	고려2차	29	1993.02.	84.90	9,063	13,250	1,400	11 %
경남	거제시	고현동	덕산베스트타운	24	1998.01.	74.08	9,063	13,500	1,500	11 %
경남	거제시	고현동	고려3차(1050)	29	1993.05.	84.69	9,576	14,000	1,500	11 %
경남	거제시	장평동	장평주공2단지	30	1992.03.	46.98	7,524	12,250	1,400	11 %
경남	거제시	옥포동	옥포덕산5차	26	1996.07.	59.92	4,788	7,300	700	10 %
경남	거제시	능포동	옥명대우	23	1999.02.	84.96	7,866	11,500	1,000	9 %
경남	거제시	능포동	옥명대우	23	1999.02.	84.94	7,866	11,500	1,000	9 %
경남	거제시	고현동	거제덕산베스트타운2차	19	2003.01.	59.76	7,353	11,000	1,000	9 %
경남	거제시	고현동	거제덕산베스트타운2차	19	2003.01.	59.31	7,353	11,000	1,000	9 %
경남	거제시	고현동	고려4차	26	1996.07.	59.95	7,524	11,000	1,000	9 %
경남	거제시	장평동	제니스타운	22	2000.05.	59.93	6,840	10,000	900	9 %
경남	거제시	일운면	거원비취맨션	30	1992.01.	59.34	3,762	6,000	500	8 %
경남	거제시	일운면	거원비취맨션	30	1992.01.	59.40	3,762	6,000	500	8 %
경남	거제시	상동동	신우스위트빌	21	2001.07.	59.88	4,343	6,500	500	8 %
경남	거제시	고현동	고려6차	25	1997.12.	59.78	7,524	11,000	750	7 %
경남	거제시	고현동	고려5차	25	1997.04.	59.95	7,695	11,250	750	7 %
경남	거제시	고현동	거제양정대동피렌체	18	2004.10.	59.91	9,576	14,000	1,000	7 %
경남	거제시	고현동	고려6차	25	1997.12.	76.29	9,234	13,500	1,000	7 %
경남	거제시	상동동	덕산베스트타운3차	18	2004.11.	59.51	5,472	8,500	500	6 %

출처 : 손품왕

거제시의 공시지가 1억 원 미만 매물이다. 요즘 트렌드이자 많은 사람의 관심이 쏠리는 곳이니 파악을 해보기를 바란다.

자, 이제 본격적으로 현장으로 달려간다. 닥치고 고! 현장!

거제의 주목 아파트 파악하기

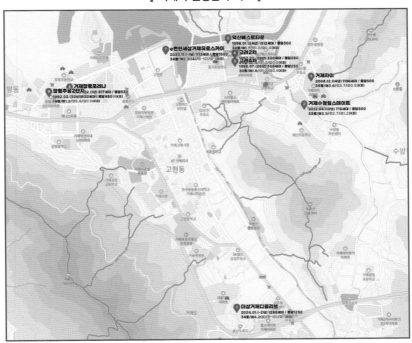

출처 : 손품왕

이렇게 1~9번까지 내가 가고자 하는 단지를 미리 정한 후 현장으로 간다. 독자 여러분도 자신이 가려고 하는 단지를 먼저 정한 후, 시세를 파악하고 현장답사를 가면 시간을 줄일 수 있을 것이다. 특히, 임장지도는 답사에서 매우 중요하다는 사실을 꼭 기억하자!

사실, 모든 단지에 대해 부동산 소장님의 브리핑을 넣으면 좋겠지만, 지면이 한정되어 있는 점, 이해 바란다. 거제는 특히 다른 지역보다 더 최근의 분위기를 담아보려고 노력했다.

▌ 상동동 더샵거제디클리브

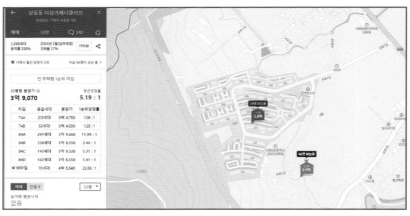

상동동 더샵거제디클리브이다. 분양가 대비 현재 분위기와 흐름, 지역 소장님의 생각이 어떤지 파악하는 것은 현장에서 아주 중요하다.

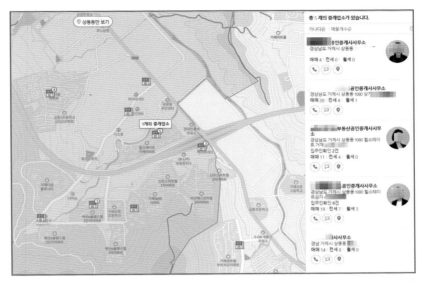

먼저, 이렇게 내가 파악하고자 하는 부동산에 대해 많은 정보를 가지고 있는 지역 소장님을 네이버부동산으로 찾는다. 매물을 많이 보유한 소장님에게 먼저 현장에서도 전화하고, 현장답사 가기 전에도 파악하는 습관이 중요하다. 이런 노력은 어느 지역이든 모두 동일하게 적용되므로 지금 한 번만 알려드린다(똑같이, 반복적으로 파악하는 습관을 기르자).

소장님 브리핑

- ⊙ 디클리브는 98m²가 완판되었다. 2021년 9월 7일~10일까지 명의변경(명변)한다. 84m² A타입, C타입은 매물이 없고, B타입, D타입은 남아 있다. 계약이 안 된 것은 500세대 정도 있다. 74m² A타입, B타입은 많이 남아 있다. 2021년 9월 둘째 주 청약해서 9월 13일 발표한다. 그때 사는 게 낫다.

- ⊙ 초피(처음 붙는 프리미엄)에 팔 분들이 분명 있으니 초피에 사라고 한다. 지금 명변을 하고 있고, 84m²는 거의 다 매도하고, B타입과 D타입 중 남아 있는 것을 분양 중이다. 시간이 지나 초피에 매수하는 게 낫다.

- ⊙ 74m² 타입은 거제 사람들이 잘 안 찾고, 투자자들도 수요가 없다.

- ⊙ 84m² B타입과 D타입은 타워형이다. B타입은 많이 붙어 있고, V자형으로 생겼다. 1호와 4호가 붙어 있다 보니 사생활 침해에 대한 우려로 인기가 없다. 투자자들은 상관없이 산다.

- ⊙ 9월 둘째 주 끝나고 나면 초피에 파는 매물이 나올 것이다. 팔고 나면 웬만한 동, 호수 빠지고, 저층 빼고 거의 다 정리될 것이다.

- ⊙ 당첨된 것들 중 계약이 안 된 것들은 거제 지역에 무주택자들 무순위로 한 번 더 했다. 거제 사람들은 살려고 한다. 84m²의 피가 2,000~3,000만 원에 거래된다고 보면 된다. 동, 호수와 전망이 좋은 것은 3동, 6동, 9동, 11동으로 학교가 생길 예정이어서 사람들이 선호한다.

여기 실린 소장님의 브리핑은 어디까지나 소장님 개인의 생각이니 여러분은 참고만 하면 좋겠다. 현장답사는 이렇게 실전처럼 하는 것이다. 모의투자이든 무엇이든, 이 책을 통해 여러분이 실전 감각을 기를 수 있기를 바란다. 나는 절대 여러분에게 어떤 아파트를 사라고 하는 마음으로 이 책을 집필한 것이 아니다. 독자 여러분에게 어떻게 지역을 파악하고, 단지를 체크하는지 알려주는 실전 맞춤형 도서로 여겨진다면 더 없이 기쁠 것이다. 그게 발품황제 남호 이성주의 바람이다. 그럼,

220 소액자본으로 부동산 부자되기

소장님이 생각하는 추천을 이어간다.

소장님 추천

- ❯ 84m² A타입이 많이 없다. 비싸게 살 필요는 없다. 그래서 지금 말고 9월 둘째 주쯤 오픈 되는 것을 보고 매수하는 것을 권한다. 미분양 물건들 청약 발표가 9월 13일이고, 초피 파는 사람들은 나오니 그때 사면 된다.

- ❯ 중도금 대출은 11월에 나고, 2024년 1월에 입주하니 내년이나 내후년에 매도 계획을 세우면 된다. 등기 치고 가기에는 물량들이 많고, 유로스카이 물량과 겹칠 수 있으니 조심해야 한다.

- ❯ 공시지가 1억 원 미만 투자는 취득세 때문에 매수하는 것이므로 입지 좋은 곳을 보고 매수해야 한다.

다양한 정보와 의견을 수집하기 위해 다른 부동산 사무실로 들어간다. 현장답사는 멘탈이 아주 중요하고, 알 때까지 파고들어가야 한다는 사실을 잊지 말자!

❂ 거제시는 신축이 많이 지어지고 있다. 공시지가 1억 원 미만은 연식이 오래 되고, 갭으로 많이 들어가지만 나중에 시세차익이 얼마가 날지 모른다. 미리 잘 계산해봐야 한다.

❂ 수월동 거제자이나 힐스테이트도 매매가 상승으로 갭 차이가 1억 원 이상이 다. 상동동 힐스테이트는 3억 6,000만으로 상승 중이다. 전세는 2억 5,000 만 원이다. 상동동 힐스테이트도 1억 2,000만 원 갭투자해야 한다.

❂ KTX역사와 관련되어서 터지는 순간 가격은 상승할 것이다. 들어온다면 손해 는 안 본다. 자부담은 그 정도이다. 상동동 디클리브가 핫한 이유는 KTX역사 이슈가 가장 큰 이유이다. 그래서 그게 안 되면 어떻게 될지 모르지만, 디클 리브는 크게 빠지지는 않을 거라고 생각한다. 단지에서 5~10분 초등학교 거 리이기 때문이다. 거제시는 젊은 층들이 많아서 실입주로 보는 사람이 많다.

❂ 디클리브로 프리미엄이 많이 올랐고, 층이 낮은 것도 84m²의 A타입 프리미 엄이 3,000만 원이다. 라인 좋고, 층수가 높은 것은 4,000만 원 이상이다.

❂ 거제시에서 주거지가 너무 많이 형성된 지역은 KTX역이 힘들다. 지하로 가야 하는데 사업타당성 검토 시 비용 대비 리스크가 크다고 본다.

❂ 상동동은 거제면에서 오면 터널이 산 쪽으로 들어온다. 들어오는 입구는 상 동동 쪽이다. 안쪽 중심가는 못 들어간다. 거제도는 행정동 이동이 1시간, 2시간이 아니라 걸어서 30분 이내 거리이다. 동만 바뀌고 거리는 크게 멀지 않다. 상동동에서 고현동까지 5분 거리이다.

● 유로아일랜드와 유로스카이 중에서 추천하자면 유로스카이는 너무 비싸다. 분양가가 싸니 유로아일랜드로 추천한다.

● 고현주공 투자는 나쁘지 않다. 얼마가 나올지 모르지만 분양가는 대략 1,100만 원을 넘길 것이라고 예상한다. 아직은 관리처분인가가 안 나서 나오는 게 없다. 소문만 무성하다. 조합에서 조합원과의 마찰로 결정이 안 나서 관리처분인가가 나오지 않고 있다. 관리처분인가가 나와야 청산, 이주의 계획과 철거를 하는데, 제자리걸음 중이다.

● 장평포레나는 신축이고, 회사들이 가까워서 좋은데, 포레나 쪽으로 옮겨 타려고 하는 젊은 사람들이 많지 않다. 그나마 금액이 싸서 가지, 금액이 비싸면 안 갈 것 같다. 포레나가 단지가 붙어 있고, 삼성중공업과 관련된 직장인들 외에는 별로 안 가려고 한다. 전세로 찾는 수요가 있지만, 실매매로는 선호도가 떨어진다.

● 수월자이의 경우 정말 많이 올랐다. 연식이 15년이 넘었는데도 투자자 때문에 상승했다. 상동힐스테이트는 실입주자가 사는데, 수월동 거제자이는 갭으로 매수했다. 그래서 많이 상승했다. 나중에 투자자들이 빠지면, 조금 걱정된다.

● 실매수자가 5억 원으로 올려준다기보다 투자자끼리 올려주고 하는 것 같다. A투자자가 4억 5,000만 원에 사서 B투자자가 5억 원에 사고, 그렇게 반복 중이다. 파는 분들은 점유개정으로 4억 7,000만 원에 팔고 전세 3억 7,000만 원 역전세로 간다. 매도하는 사람은 점유개정(쉽게 말해 내 집 팔고 내가 전세로 들어가는 것)으로 그 집에 세입자로 들어간다. 즉, 갭투자인데, 전세를 새로운 사람을 들이는 것이 아니라 물건을 파는 사람이 전세로 들어오는 것이다.

● 현재 가격 상승의 근본적인 원인은 투자자이다. 거제시에 실수요자는 많지 않다. 그런데 신축 아파트는 계속 들어온다. 투자자들이 보는 것과 지역의 소장님들이 보는 시각은 다르다. 자이가 위치는 좋지만 신축이라면 정말 좋은데, 연식은 가고 감가상각은 계속 갈 것이지만, 주변에 신축이 없고 계속 올라간다. 다른 계획된 것들이 있다. 지금처럼 오름장에서는 괜찮은 투자라고 보는데, 2년 정도는 좋게 본다.

◐ 외지에서 온 사람들이 많다 보니 아파트에 관심 많다. 그러다 보니 1군 위주로 좋아하는데, 공시지가 1억 원 이하 아파트들은 투자자들이 들어가는 것이다. 물론, 오르기는 하겠지만 크게 오르지는 않는다. 거제 사람들은 84m²를 선호하고, 30~34평은 주변에 입주할 곳들이 있는데, 굳이 갭 4,000만 원 재미로 가는 것을 투자하지 않는 게 좋다. 투자했다가 안 오르면 2~3년 가져가야 하고, 내 돈이 묶여 있을 수 있다. 물론 싸게 팔아도 되는데, 지금 저가 아파트보다 차라리 신축으로 들어가도 자부담이 크게 차이 나지 않는다. 돈을 더 주고 매수하는 편을 추천한다.

여기서 잠깐!

점유개정이란?

양도인이 목적물을 매수인에게 팔고 그것을 계속 점유하는 경우를 말한다. 다시 말해, 양도 후에도 양도인이 그 목적물을 계속해서 직접 점유하고, 양수인은 간접 점유를 취득하는 일이다. 양도인이 자신의 소유물을 매수인에게 팔고 나서도 그 물건을 계속 임차하는 경우, 한 번 양수인(매수인)에게 인도했다가 다시 빌려오는 이중절차를 생략할 수 있는 방법이다. 점유개정은 양도담보 등의 경우에 실익이 많다.

※ 소장님들의 브리핑과 추천을 다양하게 담은 이유는 여러 의견을 놓고 비교해보는 것이 꼭 필요하기 때문이다. 이렇게 다른 소장님의 여러 이야기를 듣고 비교하는 습관이 중요함을 알려드린다. 실전에서 꼭 참고하기를 바란다. 다시 한번 강조하지만, 지역 소장님들의 브리핑과 추천은 그분들의 개인적인 견해이므로 참고만 하고, 그 정보를 바탕으로 최종 결정하는 것은 결국 내 선택이라는 사실을 명심하자.

거제자이와 거제수월힐스테이트

거제자이는 1,196세대의 14년 차 아파트이다. 학원가가 크고, 아이들 키우기 좋은 단지이다.

❷ 거제자이의 로얄동, 전망 좋은 동은 105동, 106동처럼 전면에 나와 있는 동이다. 지금 수월힐스테이트는 전세가 2억 9,000만 원~3억 원으로 나가고 있다. 거제자이랑 비교하면 힐스테이트가 4년 정도 연식이 젊다. 4년이라는 차이가 크면 크다고 느껴질 수 있다. 자이랑 힐스테이트를 비교하자면 자이는 초중학교를 단지에 끼고 있고, 주변 상권들이 자이 주변에 형성되어 있다. 연식과 노후도는 있지만 결국 자이를 선택하는 이유이다.

❷ 수리를 덜하고 싶은 경우에는 힐스테이트를 고려하는데, 힐스테이트가 전세는 빨리 빠지고, 자이는 정체된다. 금액대는 비슷하게 올라간다. 결국, 자이를 선택하는 사람이 따로 있고, 힐스테이트를 선택하는 사람이 따로 있다!

❷ 자이는 생활권이 너무 좋지만 수리를 해야 한다. 힐스테이트는 초등학교는 끼고 있지만, 중학교는 자이 쪽에 있다 보니 도보로 5~10분 거리이다. 하지

만 수리는 덜 해도 된다. 어린 자녀가 있는 경우에는 단지에서 도보로 초중학교에 바로 갈 수 있는 자이를 선택하는 것이지 두 아파트가 큰 차이는 없다.

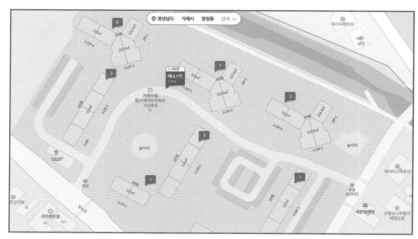

소장님의 브리핑만 들을 것이 아니라 여러 가지 질문을 통해 투자에 대한 소장님의 의견 등도 이끌어낼 수 있다. 독자 여러분도 현장답사 시 어떻게 소장님들에게서 내가 원하는 답을 얻을 수 있을지 미리 질문을 준비하고, 연습하자. 매 순간 연습해야 한다. 다음은 남호 이성주가 끌어낸 투자에 대한 소장님의 의견이다.

거제시 투자에 대한 소장님의 의견

위치를 보고 사야 한다. 공시지가 1억 원 이하 물건이라고 해도 반드시 위치를 보자. 고현동(중곡동), 통합적으로는 고현동인데 예전에는 중곡동이었다. 거제유로아일랜드 건너편 아파트 단지 있는 곳이 초중학교도 있고, 시장도 있어서 생활권이 아주 좋다. 투자를 한다면 여기 하

는 게 맞다. 덕산베스트1차나 2차, 고려2차 등이 투자자들이 많이 찾는
곳이다.

▌고현동 지도 ▌

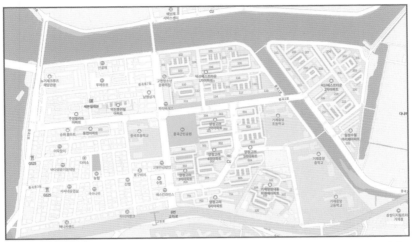

출처 : 네이버지도

거제 마무리

┃ 거제시 아파트 거래량 순위 ┃

주소2	주소3	아파트명	년차	준공	전용	공시가	금액	변동금액	상승률
거제시	고현동	고려2차	29	1993.02.	59.76	6,156	9,000	3,000	33 %
거제시	장평동	장평주공2단지	30	1992.03.	39.60	6,669	10,750	1,750	16 %
거제시	장평동	장평주공2단지	30	1992.03.	46.98	7,524	11,750	1,650	14 %
거제시	고현동	덕산베스트타운	24	1998.01.	59.31	7,353	10,750	1,250	12 %
거제시	고현동	고려2차	29	1993.02.	74.64	8,379	12,250	1,250	10 %
거제시	고현동	덕산베스트타운	24	1998.01.	59.77	7,524	11,000	1,000	9 %
거제시	고현동	고려2차	29	1993.02.	84.90	9,063	13,250	1,150	9 %
거제시	장평동	제니스타운	22	2000.05.	59.93	6,840	10,000	900	9 %
거제시	고현동	거제덕산베스트타운2차	19	2003.01.	59.76	7,353	10,750	750	7 %
거제시	고현동	고려4차	26	1996.07.	59.95	7,524	11,000	750	7 %
거제시	고현동	고려5차	25	1997.04.	59.95	7,695	11,250	750	7 %
거제시	고현동	고려3차(1050)	29	1993.05.	84.69	9,576	14,000	500	4 %
거제시	고현동	고려4차	26	1996.07.	76.45	8,892	13,250	500	4 %
거제시	고현동	고려5차	25	1997.04.	74.65	9,063	13,250	500	4 %
거제시	상동동	대동다숲	17	2005.07.	73.16	9,405	14,250	500	4 %
거제시	장평동	대한2차	28	1994.12.	59.98	6,840	10,000	300	3 %

출처 : 손품왕

　이 자료는 2021년 7월에서 9월까지 거제시의 거래량 순위를 나타낸 것이다. 최근 투자자들이 많이 산 아파트가 어디인지 알 수 있다. 분양권, 신축, 재개발&재건축(향후 신축이 됨), 공시지가 1억 원 미만, 학원가

가 잘 형성된 입지 좋은 구축이라는 것을 알 수 있다. 이런 흐름은 우리
가 분석하고 있는 6개 지역 전부 공통적으로 적용할 수 있다는 것을 예
상할 수 있다.

남호 이성주의 생각

거제시에서 30평형대를 이끌어가는 단지는 e편한세상거제유로아일랜드로 2021년 8월 기준, 4억 6,000만 원이다. 어느 지역이든 대장 아파트의 가격을 먼저 체크하는 것은 독자 여러분도 이제 습관처럼 하게 될 것이라고 생각한다.

┃ 거제시 분양 및 입주 예정 단지 ┃

출처 : 직방

거제시는 인구가 24만 명이다. 그동안 조선업 경기의 영향과 많은 입주 물량으로 인해 가격이 하락했다. 경남에서 아직도 전고점 대비 많이 하락한 지역이 거제시이다. 과거의 명성을 찾을 기회가 올 것인지 나도 궁금하다.

당연히 저평가된 지방 소도시에서의 부동산 흐름은 신축이다. 신축, 입지 좋은 준신축(학원가가 몰려 있는 곳), 아니면 재건축이 될 단지들, 그리고 공시지가 1억 원 미만을 봐야 한다는 사실을 잊지 말자.

거제시에 투자하기 두려운 요인 중 하나는 전세 물량이 너무나 많아서 투자하기가 쉽지 않다는 것이다. 향후 입주하는 단지들로 인해 지금은 거제시가 저평가이지만, 지금 당장 투자를 하려면 투자금이 많이 들어가는 것이 사실이다.

그러나 조선 수주 이슈가 있고, 지금 설계 도면을 그리는 단계까지 진행되고 있다. 그러면 본격적인 인원 증원이 이루어질 것이고, 입주 물량 또한 소진될 것이라고 본다. 2023년은 조금 이르고, 2024년부터 본격적인 거제의 상승이 시작되지 않을까 조심히 예측해본다. 물론 입지와 개발 호재가 있는 곳이 대세라는 것은 두말할 필요가 없다.

지금 거제시는 전세 걱정 없는 분양권을 투자자들이 많이 매수하는 분위기이다. 아니면, 공시지가 1억 원 미만의 아파트가 투자 트렌드이다. 다주택자들의 선택지가 많지 않기 때문이다. 취득세에서 자유로울 수 있는 공시지가 1억 원 미만으로 쏠리고 있는 이유이다. 투자 흐름을 살펴보면 준신축 갭투자의 가격보다 구축의 갭투자 가격이 더 많이 벌어

져 있음을 알 수 있다. 입주가 많다는 것, 즉 물량 앞에는 장사가 없다. 특히 지방 소도시일수록 그렇다.

거제시는 상동동, 수월동, 양정동, 고현동, 장평동을 중심으로 보면 될 듯하다. 다시 한번 강조하지만, 이것은 어디까지나 참고 사항이고, 결국 선택은 여러분의 몫이다.

▌ 거제시 공시지가 1억 미만 아파트 ▌

주소2	주소3	아파트명	년차	준공	전용	공시가	금액	변동금액	상승률
거제시	고현동	고려2차	29	1993.02.	59.76	6,156	9,000	3,000	33 %
거제시	장평동	장평주공2단지	30	1992.03.	39.60	6,669	10,750	1,750	16 %
거제시	장평동	장평주공2단지	30	1992.03.	46.98	7,524	11,750	1,650	14 %
거제시	고현동	덕산베스트타운	24	1998.01.	59.31	7,353	10,750	1,250	12 %
거제시	고현동	고려2차	29	1993.02.	74.64	8,379	12,250	1,250	10 %
거제시	고현동	덕산베스트타운	24	1998.01.	59.77	7,524	11,000	1,000	9 %
거제시	고현동	고려2차	29	1993.02.	84.90	9,063	13,250	1,150	9 %
거제시	장평동	제니스타운	22	2000.05.	59.93	6,840	10,000	900	9 %
거제시	고현동	거제덕산베스트타운2차	19	2003.01.	59.76	7,353	10,750	750	7 %
거제시	고현동	고려4차	26	1996.07.	59.95	7,524	11,000	750	7 %
거제시	고현동	고려5차	25	1997.04.	59.95	7,695	11,250	750	7 %
거제시	고현동	고려3차(1050)	29	1993.05.	84.69	9,576	14,000	500	4 %
거제시	고현동	고려4차	26	1996.07.	76.45	8,892	13,250	500	4 %
거제시	고현동	고려5차	25	1997.04.	74.65	9,063	13,250	500	4 %
거제시	상동동	대동다숲	17	2005.07.	73.16	9,405	14,250	500	4 %
거제시	장평동	대한2차	28	1994.12.	59.98	6,840	10,000	300	3 %

출처 : 손품왕

거제시 공시지가 1억 원 미만의 단지들이다. 이 자료를 살펴보고, 현장 답사하듯 실전처럼 파악해보기를 바란다. 만약 나라면 지방 소도시의 공시지가 1억 원 미만 물건을 본다고 했을 때, 내 투자금이 3,000만 원

이상 들어간다면 다른 지역 광역시에도 개발 호재가 있고, 빈 땅이 없는 곳을 선호한다! 아니면 굳이 공시지가 1억 원 미만에는 투자하지 않는다. 그런데, 지금 왜 공시지가 1억 원 미만 매물을 다루고 있을까? 그것이 바로 요즘 트렌드이고, 이런 흐름에서 내가 언제 매도할 것인지 파악하라는 마음에서이다.

★ **공시지가 1억 원 미만 아파트 매수 팁**

1. 지역 대장 아파트가 있는 곳 주변 아파트를 매수
2. 인근에 재개발이 진행되는 곳의 아파트를 매수
3. 개발 호재가 있는 곳의 아파트를 매수
4. 재건축이 진행되지 않아도 전세 수요가 상시 대기 중인 아파트를 매수
5. 지역 주변에 빈 땅이 없는 곳에 자리한 아파트를 매수

이 5가지를 충족하는 곳의 아파트를 매수하면 리스크를 최대한 줄일 수 있을 것이다.

PART

06

목포시
지역 분석

목포 전체 파악하기

먼저 목포시 지도를 확인한다. 항상 강조하는 말이지만, 지도 속에 답이 있다.

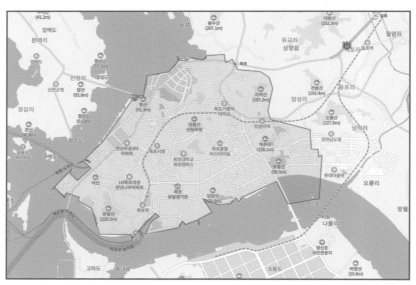

출처 : 네이버부동산

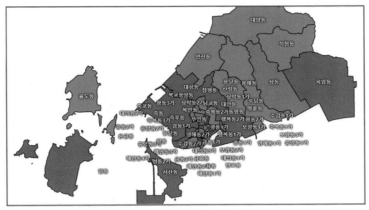

| 목포시 행정구역 |

출처 : 손품왕

목표하는 동의 위치도 파악한다.

| 전남 급지 순위(10년 이하, 300세대 이상) |

순위	주소1	주소2	주소3	아파트수	매매평당	전세평당	전세가율	갭(34평)	년식
1	전라남도	여수시	신기동	1	1,700				-1
2	전라남도	여수시	웅천동	8	1,600	1,100	65	15,500	4
3	전라남도	순천시	해룡면	10	1,500	1,000	74	16,300	5
4	전라남도	순천시	오천동	1	1,400	1,000	74	12,700	7
5	전라남도	순천시	조례동	3	1,400	900	72	14,000	2
6	전라남도	여수시	신월동	1	1,300				
7	전라남도	순천시	조곡동	1	1,300				-1
8	전라남도	여수시	국동	1	1,200	600	61	17,600	9
9	전라남도	목포시	상동	1	1,100				
10	전라남도	무안군	일로읍	6	1,100	800	71	10,000	2
11	전라남도	여수시	소라면	4	1,100	900	76	7,700	6
12	전라남도	광양시	성황동	2	1,100	800	78	10,800	1
13	전라남도	순천시	서면	4	1,000	1,100		-1,500	
14	전라남도	나주시	빛가람동	12	1,000	700	75	9,900	6
15	전라남도	광양시	마동	4	1,000	700	90	8,700	2
16	전라남도	목포시	옥암동	4	900	700	79	7,300	7
17	전라남도	광양시	광양읍	2	900	700	78	6,900	4
18	전라남도	화순군	화순읍	4	900	600	77	7,500	3
19	전라남도	목포시	석현동	3	800	700	87	5,900	
20	전라남도	장흥군	장흥읍	1	800	500	70	9,800	4
21	전라남도	담양군	담양읍	2	800	600	77	6,200	2
22	전라남도	목포시	용해동	2	800	600	76	7,300	3
23	전라남도	광양시	중동	4	800	600	85	5,400	7
24	전라남도	무안군	삼향읍	6	800	700	87	3,700	9
25	전라남도	목포시	연산동	4	800	700	86	3,100	4
26	전라남도	해남군	해남읍	2	700	500	65	8,900	3
27	전라남도	목포시	죽교동	1	700	700	89	2,600	6
28	전라남도	순천시	가곡동	1	700	600	81	4,700	9
29	전라남도	나주시	송월동	2	700	500	72	6,900	5
30	전라남도	목포시	대성동	1	700	600	90	2,400	7

출처 : 손품왕

전라남도의 평단가를 따지면 여수시 > 순천시 > 목포시 순이다.

┃ 전남 급지 순위(10년 이하, 300세대 이상) **┃**

평당가	여수시	순천시	광양시	무안군	화순군	목포시	담양군	장흥군	나주시
1700	신기동								
1600	웅천동								
1500		해룡면							
1400		오천동 조례동							
1300	신월동	조곡동							
1200	국동								
1100	소라면		성황동	일로읍		상동			
1000		서면	마동						빛가람동
900			광양읍		화순읍	옥암동			
800			중동	삼향읍		석현동 용해동 연산동	담양읍	장흥읍	
700		가곡동				죽교동 대성동			송월동
600									남평읍

출처 : 손품왕

이렇게 전라남도 시세표를 보면 어디의 급지가 좋은지 한눈에 파악된다. 현장답사 시 이렇게 손품을 팔고 나가면 내 몸이 편해진다는 사실을 알아두자.

┃ 목포시 급지 순위(10년 이하, 300세대 이상) **┃**

순위	주소1	주소2	주소3	아파트명	구분	매매평단	전세평단	전세가율	매전갭(34)
1	전남	목포시	상동	하당지구중흥-S클래스센텀뷰	주복분양	1,150			
2	전남	목포시	옥암동	우미파렌하이트	아파트	1,050	800	82	9,500
3	전남	목포시	옥암동	옥암한국아델리움센트럴3차	아파트	900	700	80	6,200
4	전남	목포시	석현동	목포한양립스더포레	분양권	900			
5	전남	목포시	연산동	목포백련지구천년가	아파트	850	750	86	4,000
6	전남	목포시	용해동	용해동광신프로그레스	아파트	850	600	76	7,700
7	전남	목포시	연산동	용해7차골드클래스	아파트	800	650	83	4,500
8	전남	목포시	옥암동	근화옥암베아채	아파트	800	600	77	6,800
9	전남	목포시	옥암동	코아루천년가	아파트	800	650	76	6,600
10	전남	목포시	석현동	목포서희스타힐스	아파트	800	650	87	4,300
11	전남	목포시	연산동	래스9차(백련지구A-1블럭)	분양권	800	800	88	100
12	전남	목포시	용해동	용해지구천년가맘스카운티	아파트	800	600	76	6,800
13	전남	목포시	죽교동	목포죽교신안실크밸리7차	아파트	750	650	89	2,600
14	전남	목포시	연산동	연산골드클래스8차	아파트	700	600	85	3,800
15	전남	목포시	대성동	목포대성LH천년나무	아파트	650	600	90	2,400
16	전남	목포시	달동	신항만뉴캐슬오션시티2차	분양권				
17	전남	목포시	석현동	하당제일풍경채센트럴퍼스트	분양권				

출처 : 손품왕

어디든 단지를 보면 대장이 어딘지와 신축의 흐름 등을 알게 된다.

목포시만 놓고 보면 상동 > 옥암동 > 석현동 > 용해동 순이다.

┃ 전남 목포시 급지 순위(10년 이하, 300세대 이상) ┃

평당가	대성동	상동	석현동	연산동	옥암동	용해동	죽교동
1100		하당지구중흥-S클래스센텀뷰			우미파렌하이트		
1000							
900			목포한양립스더포레	목포백련지구천년가	옥암한국아델리움센트럴3차		
800			목포서희스타힐스	용해7차골드클래스9차(백련지구A-1블럭)	근화옥암베아채코아루천년가	용해동광신프로그레스용해지구천년가맘스카운티	
700	목포대성LH천년나무			연산골드클래스8차			목포죽교산안실크밸리7차

출처 : 손품왕

자, 그럼 상동이 어디인지 지도로 살펴본다. 그 옆이 바로 옥암동이다.

출처 : 네이버지도

출처 : 카카오맵

여기는 남악신도시, 오룡지구이다. 늘 택지지구로 조성된 곳에는 아파트만 지어져 있기 때문에 가격도 상승한다.

출처 : 아실

목포시 30평형대 최고가는 상동에 위치한 하당지구중흥S클래스센텀뷰이다. 말할 것도 없이 신축이 대세다.

목포 학군을 살펴보면 다음과 같다.

순위	위치	학교명	응시자수	국가수준 학업성취도 평가 (보통학력이상)				진학률			졸업자 수
				평균	국어	영어	수학	특목고 진학률	특목고 진학수 (과학고/외고국제고)		
1	목포시 상동	영흥중학교	238명	99.6%	99.6%	99.2%	100.0%	0.0%	0명 (0명/0명)		239명
2	목포시 죽교동	목포홍일중학교	204명	99.5%	100.0%	99.5%	99.0%	0.4%	1명 (1명/0명)		208명
3	목포시 죽교동	목포덕인중학교	161명	97.7%	97.5%	98.8%	96.9%	0.0%	0명 (0명/0명)		165명
4	목포시 옥암동	목포애향중학교	280명	80.2%	90.7%	76.8%	73.2%	2.1%	6명 (4명/2명)		281명
5	목포시 상동	목포중앙여자중학교	240명	79.0%	95.0%	73.8%	68.3%	0.4%	1명 (0명/1명)		244명
6	목포시 용당동	문태중학교	201명	76.2%	89.5%	72.1%	67.1%	1.4%	3명 (3명/0명)		203명
7	목포시 옥암동	목포옥암중학교	272명	76.0%	89.4%	72.4%	66.2%	1.0%	3명 (2명/1명)		275명
8	목포시 죽교동	목포혜인여자중학교	175명	75.2%	90.3%	72.6%	62.9%	0.0%	0명 (0명/0명)		173명
9	목포시 양동	목포정명여자중학교	250명	75.2%	93.2%	73.7%	58.8%	0.7%	2명 (0명/2명)		257명
10	목포시 상동	목포영화중학교	209명	72.4%	87.1%	70.8%	59.3%	0.0%	0명 (0명/0명)		208명
11	목포시 상동	목포항도여자중학교	152명	68.4%	83.5%	64.5%	57.2%	0.0%	0명 (0명/0명)		161명
12	목포시 경동2가	목포여자중학교	49명	67.3%	87.8%	63.3%	51.0%	1.8%	1명 (0명/1명)		54명
13	목포시 산정동	목포유달중학교	111명	60.2%	74.1%	54.5%	52.2%	0.8%	1명 (0명/1명)		122명
14	목포시 옥암동	목포하당중학교	236명	58.9%	77.1%	49.2%	50.4%	0.4%	1명 (1명/0명)		240명

출처 : 아실

APT 입주물량			출처 : 분양물량조사
위치	단지명	입주년월	총세대수
전남 목포 상동	하당지구중흥-S클래스센텀뷰	2022년 9월	640세대
전남 목포 달동	신항만뉴캐슬오션시티2차	2021년 11월	348세대
전남 목포 상동	주하우제스카이	2021년 8월	100세대
		총 세대수	1,088세대

출처 : 분양물량조사

목포시 입주 물량이다. 전남 전체 물량도 살펴보면 다음과 같다.

위치	단지명 ▲	입주년월 ∨	총세대수 ▲
전남 완도 완도읍	쌍용더플래티넘완도	2023년 11월	192세대
전남 여수 신기동	신기동대광로제비앙센텀29	2023년 7월	347세대
전남 광양 광양읍	광양세미존서희스타힐스	2023년 6월	881세대
전남 순천 용당동	한양수자인디에스티지	2023년 3월	1,252세대
전남 순천 조곡동	e편한세상순천어반타워	2023년 2월	632세대
전남 광양 마동	광양동문굿모닝힐맘시티	2023년 1월	1,114세대
전남 순천 서면	포레나순천	2023년 1월	613세대
전남 여수 신월동	경도비전지에이그린벨	2022년 10월	391세대
전남 여수 신기동	여수신기휴스티지	2022년 10월	142세대
전남 목포 상동	하당지구중흥-S클래스센텀뷰	2022년 9월	640세대
전남 광양 성황동	광양센트럴자이	2022년 8월	704세대
전남 순천 저전동	저전동오네뜨트윈시티	2022년 8월	88세대
전남 함평 함평읍	함평백년가	2022년 6월	96세대
전남 함평 함평읍	함평신도시한국아델리움더퍼스트	2022년 5월	163세대
전남 광양 마동	중마영무예다음	2022년 5월	553세대
전남 여수 웅천동	여수웅천마린파크애시앙 1단지	2022년 4월	608세대
전남 여수 웅천동	여수웅천마린파크애시앙 2단지	2022년 4월	446세대
전남 순천 서면	순천금호어울림더파크2차	2022년 4월	349세대
전남 고흥 고흥읍	고흥승원팰리체더퍼스트	2022년 3월	220세대
전남 순천 해룡면	순천복성지구한신더휴	2022년 2월	975세대
전남 순천 서면	순천모아엘가리버파크	2022년 1월	322세대
전남 영광 영광읍	영광금호어울림리더스	2021년 12월	259세대

출처 : 분양물량조사

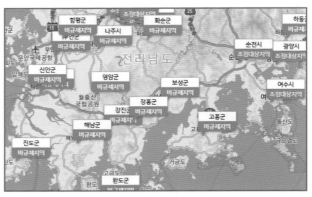

출처 : 아실

이렇게 전남 중 비규제지역에 속하는 목포를 체크한다.

이렇게 오룡지구를 추가적으로 개발하고 있다. 신축을 원하는 사람들은 이곳 당첨을 노릴 것이다.

▌전라남도 청약 경쟁률 ▌

지역1	지역2	지역3	아파트명	분양일자	분양가	평단가	최고경쟁률	가점평균	세대수
전라남도	목포시	상동	주하우제스카이	201809	30,200	822	1.2	32	100
전라남도	목포시	상동	하당중흥S클래스샌텀뷰	201809	30,000 ~ 88,000	909	14.5	35	640
전라남도	무안군	삼향읍	남악신도시중흥S클래스퍼스트뷰	201809	43,800 ~ 75,000	902	6.1		137
전라남도	화순군	화순읍	힐스테이트화순1단지	201811	30,000 ~ 82,400	927	53.2	62	604
전라남도	순천시	해룡면	순천북성지구안신더휴	201906	23,000 ~ 36,700	895	23.6	55	975
전라남도	순천시	조례동	순천조례2차골드클래스시그니처	201907	37,370 ~ 53,010	1,183	39.5	60	413
전라남도	광양시	성황동	광양푸르지오더파크	201908	21,300 ~ 29,700	889	23.5		1,140
전라남도	순천시	서면	순천모아엘가리버파크	201908	32,160	991	13.1	53	322
전라남도	목포시	달동	목포신항만뉴캐슬오션시티2차	201909	20,500 ~ 25,770	808	0.0		348
전라남도	여수시	신덕동	여수경도비전3에어그랜빌	201910	38,500 ~ 38,640	1,163	7.4	55	391
전라남도	여수시	소라면	힐스테이트죽림젠트리스	201911	37,710	1,130	140.0	71	989
전라남도	여수시	웅천동	여수웅천더마린파크에시앙1단지	201912	29,200	883	41.8	62	608
전라남도	여수시	웅천동	여수웅천더마린파크에시앙2단지	201912	28,900	876	56.9	60	446
전라남도	영광군	영광읍	영광금호어울림리더스	202002	27,630 ~ 30,560	816	2.1	43	278
전라남도	고흥군	고흥읍	고흥송원파크체더퍼스트	202002	30,700 ~ 31,500	956	0.5		220
전라남도	순천시	서면	순천요호어울림더파크2차	202003	30,640 ~ 36,600	983	119.3	55	349
전라남도	순천시	용당동	순천한양수자인디에스티지	202003	31,500 ~ 44,300	1,000	53.6	55	1,252
전라남도	함평군	함평읍	함평팰년가	202004	27,300	820	0.5		96
전라남도	여수시	신기동	대광로제비앙샌텀29	202004	51,800 ~ 87,800	1,600	37.4	59	363
전라남도	광양시	성황동	광양센트럴자이	202005	28,900 ~ 33,700	981	93.9		704
전라남도	여수시	신기동	여수신기휴스티지	202005	38,550 ~ 39,500	1,212	32.0	51	142
전라남도	함평군	함평읍	함평한국수밸리움더퍼스트	202006	24,900 ~ 28,400	835	0.7		163
전라남도	광양시	마동	광양동문굿모닝힐맘시티	202007	31,800 ~ 47,400	960	104.5		1,114
전라남도	순천시	서면	포레나순천	202008	32,700 ~ 46,250	992	111.5	57	613
전라남도	순천시	저전동	저전동오네뜨드원시티	202009	28,950 ~ 30,250	943	7.8	40	88
전라남도	순천시	조곡동	e편한세상순천어반타워	202010	39,000 ~ 91,100	1,222	546.0	62	632
전라남도	목포시	석현동	하당제일풍경채센트럴퍼스트	202011	40,700	1,012	8.7		404
전라남도	완도군	완도읍	쌍용더플래티넘완도	202011	39,100 ~ 133,300	1,379	13.0	52	192
전라남도	광양시	광양읍	세미온셔최스타필스	202011	22,000 ~ 30,800	944	6.1		881
전라남도	여수시	광무동	여수아델리움오션프랑	202012	40,990 ~ 57,050	1,438	16.0	47	274
전라남도	광양시	광영동	가야산한라비발디프리미어	202012	29,340 ~ 30,060	881	0.4		332
전라남도	목포시	석현동	목포한양립스더포레	202101	22,200 ~ 29,376	892	1.3		648
전라남도	구례군	구례읍	구례골드캐슬	202101	33,600 ~ 34,300	852	1.0		49
전라남도	여수시	미평동	미평동해광상그릴라힐즈파크	202104	32,110 ~ 33,110	997	4.0	28	282
전라남도	광양시	황금동	광양푸르지오더센트럴	202104	31,773 ~ 84,745	988	3.9	34	565

전남에서 분양한 단지들의 가점이다. 여수, 순천의 가점이 높다는 것을 알 수 있다. 순천시 조곡동에 있는 e편한세상순천어반타워 경쟁률은 무려 546:1이다. 목포는 가점이 높지 않았다는 것을 알 수 있다.

▌ 목포시 청약 경쟁률 ▌

지역1	지역2	지역3	아파트명	분양일자	분양가	평단가	최고경쟁률	가점평균	세대수
전라남도	목포시	상동	주하우제스카이	201809	30,200	822	1.2	32	100
전라남도	목포시	상동	하당중흥S클래스센텀뷰	201809	30,000 ~ 88,000	909	14.5	35	640
전라남도	목포시	달동	목포신항만뉴캐슬오션시티2차	201909	20,500 ~ 25,770	808	0.0		348
전라남도	목포시	석현동	하당제일풍경채센트럴퍼스트	202011	40,700	1,012	8.7		404
전라남도	목포시	석현동	목포한양립스더포레	202101	22,200 ~ 29,376	892	1.3		648
전라남도	목포시	달동	목포신항만뉴캐슬오션시티1차	미정					349

목포의 30평형대 대장 아파트는 다음 표를 참고하자.

▌ 목포시 30평형대 평단가 순위 ▌

손품플랫폼	임장지도	실거래	멀티차트	매물	공시	매물건수			매물건수(과거)					매매 - 매물싱위(과거)					매매 - 매물	
주소1	주소2	주소3	아파트명	기본	년차	준공	전용	매매	전세	월세	1주일	4주일	2주일	1주일	건수	8주전	4주전	2주전	1주전	변동	하위	싱위
전남	목포시	상동	하당지구중흥-S클래스센텀뷰	기본	0	2022.09.	85	24	0	0	38	24	27	24		49,600	49,600	49,600			32,000	49,600
전남	목포시	상동	하당지구중흥-S클래스센텀뷰	기본	0	2022.09.	85	12	0	0	18	13	18	12		41,010	41,010	42,360	42,360		31,800	42,360
전남	목포시	옥암동	융암한국아델리움센트럴3차	기본	2	2020.06.	85	0	0	0	0	0	0	0								
전남	목포시	옥암동	코아루천년가	기본	9	2013.12.	85	0	0	0	1	1	2	0		25,000	24,500	24,500				
전남	목포시	연산동	레스9차(백련지구A-1블럭)	기본	1	2021.05.	79	1	1	8	6	4	4	1		28,450	29,130	28,450	28,450		28,450	28,450
전남	목포시	옥암동	한라비발디	기본	14	2008.07.	98	5	0	0	6	5	6	5		38,000	36,500	35,500	35,500		29,500	35,500
전남	목포시	연산동	레스9차(백련지구A-1블럭)	기본	1	2021.05.	80	1	0	0	3	3	1	1		27,740	28,060	25,860	25,760		25,760	25,760
전남	목포시	옥암동	우미파렌하이트	기본	9	2013.10.	85	0	0	0	1	0	0	0		32,500	32,500					
전남	목포시	연산동	레스9차(백련지구A-1블럭)	기본	9	2013.10.	93	0	0	0	1	0	0	0								
전남	목포시	연산동	목포백련지구천년가	기본	5	2017.09.	85	7	1	0	7	6	4	7		29,600	29,000	29,000	30,000		28,000	30,000
전남	목포시	옥암동	목포한국아델리움	기본	14	2008.09.	103	2	0	0	3	0	0	0		32,500	30,000	31,000	32,000		32,000	32,000
전남	목포시	용해동	용해동광신포크라스	기본	2	2020.02.	85	3	0	0	2	1	0	0		27,000	27,000	27,000	27,000		26,500	27,000
전남	목포시	연산동	목포백련지구천년가	기본	5	2017.09.	85	0	0	0	1	0	0	0		29,500						
전남	목포시	용해동	용해동광신포크라스	기본	2	2020.02.	82	0	0	0	1	0	0	0				24,500				
전남	목포시	연산동	용해7차골드클래스	기본	7	2015.07.	85	1	0	0	1	0	0	0		25,800		27,500			27,500	27,500
전남	목포시	연산동	용해7차골드클래스	기본	7	2015.07.	74	1	0	0	2	1	1	1		26,000	25,500	25,500	26,000		26,000	26,000
전남	목포시	옥암동	코아루천년가	기본	9	2013.12.	85	2	0	0	2	0	0	0		24,500	24,500	34,000	34,000		24,500	34,000
전남	목포시	옥암동	코아루천년가	기본	9	2013.12.	85	2	1	0	4	3	2	0		25,500		25,500	25,500		25,000	25,500
전남	목포시	옥암동	목포한국아델리움	기본	14	2008.09.	103	1	1	0	2	1	0	1		29,800	30,000		29,000		29,000	29,000
전남	목포시	옥암동	모아엘가	기본	12	2010.02.	85	1	0	0	2	1	0	0		24,900	25,500	25,000	25,000		25,000	25,000
전남	목포시	옥암동	모아엘가	기본	12	2010.02.	85	4	0	0	5	3	0	0		27,000	26,500	36,000	36,000		24,000	36,000
전남	목포시	옥암동	모아엘가	기본	12	2010.02.	85	8	0	0	5	3	2	0		26,000	26,000	28,000	28,000		24,000	28,000
전남	목포시	석현동	KD빌리앙뜨	기본	15	2007.07.	85	3	0	0	4	3	3	2		27,500	27,500	27,500	26,500		26,200	26,500
전남	목포시	대성동	목포대성LH천년나무	기본	7	2015.12.	85	0	0	0	1	0	0	0								
전남	목포시	옥암동	목포옥암골드클래스	기본	13	2009.05.	85	0	0	0	0	0	0	0		20,000						
전남	목포시	옥암동	목포옥암골드클래스	기본	13	2009.05.	85	4	0	0	4	4	3	2		29,500	23,500	29,500	29,500		23,500	29,500
전남	목포시	용해동	호반리젠시빌스위트	기본	17	2005.01.	85	1	0	0	3	1	0	0		18,300	18,500		17,500		17,500	17,500
전남	목포시	대성동	목포대성LH천년나무	기본	7	2015.12.	85	1	0	0	3	1	1	1		23,000	22,000	22,000	22,000		21,500	22,000
전남	목포시	대성동	목포대성LH천년나무	기본	7	2015.12.	85	1	0	0	3	2	1	1		22,000	22,000	22,000	22,000		21,500	22,000
전남	목포시	대성동	목포대성LH천년나무	기본	7	2015.12.	85	18	2	0	22	20	18	18		23,000	23,200	23,200	23,200		20,500	23,200
전남	목포시	옥암동	융암푸르지오	기본	15	2007.03.	85	2	0	0	9	9	8	0		22,000	23,000	23,500	20,500		18,400	20,500
전남	목포시	옥암동	융암푸르지오	기본	15	2007.03.	85	7	0	0	3	5	2	0		23,000	23,500	23,500	23,500			

공시지가 1억 원 미만 아파트

일단, 초등학교 500미터 이내에 위치한 20년 이상, 300세대 이상의 아파트만 찾아본다.

▌ 공시지가 1억 원 미만 단지(20년 이상, 300세대 이상, 초등학교 500미터 이내) ▌

주소1	주소2	주소3	아파트명	기본	년차	준공	전용	매매	전세	월세	6개월전	4개월전	2개월전	1개월전	변동	하위	평균	상위	매매기준	평당가
전남	목포시	산정동	삼학하이츠	기본	41	1981.09.	44	0	0	0	3,650	3,650	3,500	3,500	~	3,000	3,500	3,850	3,500	221
전남	목포시	산정동	삼학하이츠	기본	41	1981.09.	51	0	0	0	4,050	4,050	3,900	3,900	~	3,450	3,900	4,250	3,900	219
전남	목포시	산정동	삼학하이츠	기본	41	1981.09.	51	0	0	0	4,050	4,050	3,900	3,900	~	3,450	3,900	4,250	3,900	219
전남	목포시	산정동	삼학하이츠	기본	41	1981.09.	60	1	0	0	5,650	5,400	5,000	5,000	~	4,400	5,000	5,750	5,000	252
전남	목포시	산정동	삼학하이츠	기본	41	1981.09.	59	1	0	0	5,650	5,400	5,000	5,000	~	4,400	5,000	5,750	5,000	255
전남	목포시	산정동	삼학하이츠	기본	41	1981.09.	76	0	0	0	6,400	6,400	6,000	6,000	~	5,250	6,000	6,500	6,000	232
전남	목포시	산정동	삼학하이츠	기본	41	1981.09.	70	0	0	0	6,050	6,000	5,500	5,500	~	4,750	5,500	6,000	5,500	233
전남	목포시	산정동	삼학하이츠	기본	41	1981.09.	85	0	0	0	7,500	7,250	6,750	6,750	~	6,000	6,750	7,150	6,750	235
전남	목포시	산정동	삼성	기본	35	1987.07.	59	0	0	0	4,700	4,700	4,700	4,700	~	3,500	4,700	6,000	4,700	246
전남	목포시	산정동	삼성	기본	35	1987.07.	59	0	0	0	4,700	4,700	4,700	4,700	~	3,500	4,700	6,000	4,700	245
전남	목포시	용당동	용당한국	기본	45	1977.07.	41	0	0	0	3,000	3,200	3,200	3,200	~	3,000	4,000	4,850	4,000	316
전남	목포시	용당동	용당한국	기본	45	1977.07.	42	0	0	0	3,000	3,200	3,200	3,200	~	3,000	4,000	4,850	4,000	310
전남	목포시	용당동	용당한국	기본	45	1977.07.	41	0	0	0	3,000	3,200	3,200	3,200	~	3,000	4,000	4,850	4,000	317
전남	목포시	용당동	용당한국	기본	45	1977.07.	41	0	0	0	3,000	3,200	3,200	3,200	~	3,000	4,000	4,850	4,000	313
전남	목포시	용당동	용당한국	기본	45	1977.07.	40	0	0	0	3,000	3,200	3,200	3,200	~	3,000	4,000	4,850	4,000	321
전남	목포시	용당동	용당한국	기본	45	1977.07.	40	0	2	0	3,000	3,200	3,200	3,200	~	3,000	4,000	4,850	4,000	314
전남	목포시	용당동	용당한국	기본	45	1977.07.	40	0	0	0	3,000	3,200	3,200	3,200	~	3,000	4,000	4,850	4,000	321
전남	목포시	용해동	용해2단지	기본	39	1983.11.	55	0	0	1	8,300	8,500	8,500	9,000	~	8,800	9,000	9,300	9,000	486
전남	목포시	용해동	용해2단지	기본	39	1983.11.	46	1	0	0	7,000	7,400	7,800	8,000	~	7,800	8,000	8,300	8,000	513
전남	목포시	용해동	용해2단지	기본	39	1983.11.	49	1	1	0	7,400	7,700	8,000	8,200	~	8,000	8,200	8,500	8,200	509

※ 공시지가 1억 원 미만 물건들의 정확한 최근 가격은 부동산공시가격알리미를 통해 찾아보는 것이 확실하다. 출처 : 손품왕

▌ 매물 파악을 위한 단지표 ▌

주소1	주소2	주소3	아파트명	기본	년차	준공	전용	매매	전세	월세	6개월전	4개월전	2개월전	1개월전
전남	목포시	산정동	삼학하이츠	기본	41	1981.09.	60	1	0	0	5,650	5,400	5,000	5,000
전남	목포시	산정동	삼학하이츠	기본	41	1981.09.	59	1	0	0	5,650	5,400	5,000	5,000
전남	목포시	용해동	용해2단지	기본	39	1983.11.	46	1	0	0	7,000	7,400	7,800	8,000
전남	목포시	용해동	용해2단지	기본	39	1983.11.	49	1	1	0	7,400	7,700	8,000	8,200

출처 : 손품왕

중요한 건 매물이 없다는 것이다. 그나마 매물이 있는 건 삼학하이츠, 용해2단지이다. 자, 그럼 현장 속으로 들어가보자.

소장님 브리핑

- 목포 분위기 안 좋다. 오룡지구가 생겼는데, 인구 유입은 없는데 새로운 단지가 생기고, 살려고 하는 사람은 구도심보다 신도시로 간다.

- 신축을 선호한다. 요즘 신축이 청년, 신혼부부 디딤돌대출 조건이 좋게 나온다. 생애최초주택을 산 사람들도 조건이 좋다. 젊은 사람들이 선호한다.

- 용해2단지는 별로다. 땅이 최고다. 임대, 임차 전월세 사는 사람들 보면 들어오는 사람마다 도배와 장판 해주는 게 골치 아프다.

- 땅은 어디가 좋은가 하면 도청에서 5~10km 정도 되는, 광주 방향, 그런 지역 땅이 좋다. 그런데 땅이 없다. 왜냐하면 목포도 이제 다 물류창고가 나가고, 사무실, 제조업이 나간다. 제과점(빵 도매) 등도 밖으로 나간다. 도로가 나주로 뚫려서 한 시간도 안 걸린다. 약 40분 걸린다. 그러다 보니 목포에서 광주 방향으로 5~10km의 땅은 상당히 수요가 많다.

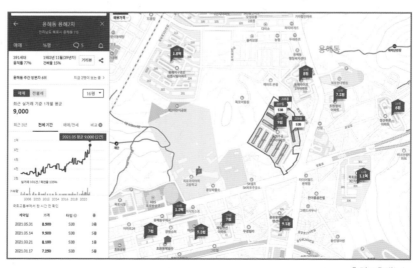

출처 : 호갱노노

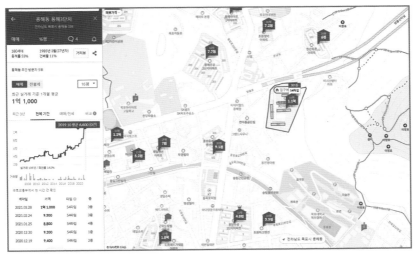

출처 : 호갱노노

현장 속으로

용해2단지 분위기를 체크해봤다. 2~3년 전보다 가격은 2배 넘게 올랐는데, 그렇게 오른 가격 그대로 이어지고 있다고 한다. 더 이상 오르지도 내리지도 않는다. 오른 이유는 재건축된다고 했기 때문인데, 그 바람이 불었을 때 3년 전에 투자자들이 많이 샀다고 한다.

오룡지구는 할 만한 매물이 없다. 전매 제한이거나 비과세로 팔 물건이 별로 없으니 차라리 남악신도시(옥암동, 삼향읍 남악리) 쪽으로 하는 게 좋다고 한다. 남악 쪽에 남악리젠시빌은 공시지가 1억 원 미만을 찾는 사람들이 많이 투자했다. 여기 찾는 분들은 여기만 찾는다고 한다. 1억 원 이상 되어도 금액에 상관없이 투자하는 분들은 찾는다.

공시지가 1억 원 미만은 남악근화베아체, 남악리젠시빌이 있고, 1억 원 이상은 옥암동에 있는 옥암근화베아체, 골드클래스에 많이 투자한다. 상동은 20년이 넘었다. 오래된 아파트라도 1억 원 미만 찾는 분들의 경우 상동의 오래된 구축 아파트를 보자!

연산동은 투자자들이 안 간다. 산정동도 구도심이니까 보지 말자! 소액 투자하는 사람들은 상동(법정동), 신흥동에 한다.

주소1	주소2	주소3	아파트명	기본	년차	준공	전용	호경노노	찾기	매매	전세	월세	6개월전	4개월전	2개월전	1개월전	변동	하위	평균	상위
전남	목포시	대성동	목포대성N천년나무	기본	7	2015.12.	85	호경		1	0	0	21,750	21,750	21,750	21,750		20,500	21,750	23,000
전남	목포시	대성동	목포대성N천년나무	기본	7	2015.12.	85	호경		3	0	0	21,750	21,750	21,750	21,750		20,500	21,750	23,000
전남	목포시	옥암동	옥암푸르지오	기본	15	2007.03.	85	호경		5	2	0	21,500	21,500	21,500	21,500		20,000	21,500	22,500
전남	목포시	옥암동	하당현대2차	기본	20	2002.06.	120	호경		4	0	0	21,500	21,500	21,500	21,500		20,000	21,500	22,500
전남	목포시	옥암동	우미오션빌	기본	20	2002.02.	104	호경		1	0	0	21,500	21,500	21,500	21,500		20,500	21,500	22,500
전남	목포시	대성동	목포대성N천년나무	기본	7	2015.12.	85	호경		18	2	0	21,000	21,000	21,250	21,250		20,500	21,750	23,000
전남	목포시	상동	성지비버리힐스	기본	17	2005.06.	85	호경		2	0	0	21,000	21,000	21,000	21,000		20,000	21,000	22,000
전남	목포시	옥암동	옥암한국아델리움센트럴3차	기본	3	2020.06.	60	호경		0	0	0	21,000	21,000	21,000	21,000		20,000	21,000	21,500
전남	목포시	옥암동	옥암푸르지오	기본	15	2007.03.	85	호경		9	2	0	20,500	20,500	20,500	20,500		19,000	20,500	21,500
전남	목포시	옥암동	옥암푸르지오	기본	15	2007.03.	85	호경		7	0	0	20,500	20,500	20,500	20,500		19,000	20,500	21,500
전남	목포시	용해동	신안인스빌	기본	15	2007.09.	104	호경		5	0	0	20,500	20,500	20,500	20,500		19,500	20,500	21,500
전남	목포시	죽교동	목포죽교신안실크밸리7차	기본	6	2016.06.	67	호경		4	0	0	20,500	20,500	20,500	20,500		19,000	20,500	22,000
전남	목포시	연산동	용해2지구모아엘가에듀파크	기본	3	2019.04.	60	호경		16	2	7	20,500	20,500	20,500	20,500		19,000	20,500	21,500
전남	목포시	연산동	용해2지구모아엘가에듀파크	기본	3	2019.04.	60	호경		1	0	0	20,500	20,500	20,500	20,500		19,000	20,500	21,500
전남	목포시	옥암동	옥암한국아델리움2차	기본	3	2019.11.	60	호경		2	0	0	20,000	20,000	20,000	20,000		18,800	20,000	20,750
전남	목포시	용해동	용해지구천년가맘스카운티	기본	3	2019.08.	60	호경		0	0	1	20,000	20,000	20,000	20,000		19,000	20,000	20,500
전남	목포시	용해동	용해지구천년가맘스카운티	기본	3	2019.08.	60	호경		7	0	0	20,000	20,000	20,000	20,000		19,000	20,000	20,500
전남	목포시	용해동	용해지구천년가맘스카운티	기본	3	2019.08.	60	호경		4	0	0	20,000	20,000	20,000	20,000		19,000	20,000	20,500
전남	목포시	상동	우미파크빌	기본	21	2001.05.	85	호경		4	1	0	19,250	19,750	19,750	19,750		18,000	19,750	20,500
전남	목포시	상동	삼성	기본	27	1995.09.	115	호경		0	0	0	19,750	19,750	19,750	19,750		18,500	19,750	21,000
전남	목포시	상동	삼성	기본	27	1995.09.	116	호경		0	0	0	19,750	19,750	19,750	19,750		18,500	19,750	21,000
전남	목포시	옥암동	옥암푸르지오	기본	15	2007.03.	78	호경		6	0	0	19,000	19,000	19,000	19,000		17,500	19,000	19,500
전남	목포시	남교동	남교토윈스타	기본	8	2014.08.	85	호경		1	0	0	20,000	19,000	19,000	19,000		18,000	19,000	20,000
전남	목포시	남교동	남교토윈스타	기본	8	2014.08.	85	호경		2	0	0	20,000	19,000	19,000	19,000		18,000	19,000	20,000
전남	목포시	남교동	남교토윈스타	기본	8	2014.08.	85	호경		0	0	0	20,000	19,000	19,000	19,000		18,000	19,000	20,000
전남	목포시	옥암동	옥암코아루	기본	15	2007.03.	85	호경		5	1	0	18,500	18,500	18,500	18,750		17,750	18,750	19,750
전남	목포시	옥암동	옥암코아루	기본	15	2007.03.	85	호경		9	0	0	18,500	18,500	18,500	18,750		17,750	18,750	19,750
전남	목포시	연산동	연산골드클래스8차	기본	4	2018.09.	62	호경		15	1	2	18,500	18,500	18,500	18,500		18,000	18,500	18,500
전남	목포시	옥암동	영산그린빌2차	기본	21	2001.06.	133	호경		2	0	0	18,500	18,500	18,500	18,500		17,500	18,500	19,750
전남	목포시	상동	우성	기본	28	1994.12.	134	호경		1	0	0	18,500	17,000	17,000	17,000		16,000	17,000	18,000
전남	목포시	옥암동	제운풍경채5차	기본	19	2003.05.	81	호경		3	0	0	18,000	18,000	18,000	18,000		16,000	18,000	18,000
전남	목포시	용해동	에코가채움	기본	6	2016.07.	69	호경		7	0	0	18,000	17,500	17,500	17,500		17,000	18,000	19,000
전남	목포시	용해동	호반리젠시빌스위트	기본	17	2005.01.	85	호경		22	0	1	18,000	18,000	18,000	18,000		16,200	18,000	19,000
전남	목포시	산정동	종현나이스빌	기본	20	2002.09.	121	호경		0	0	0	18,000	18,000	18,000	18,000		17,000	18,000	19,000
전남	목포시	옥암동	부영애시앙1차	기본	15	2007.03.	85	호경		13	0	0	17,500	17,000	17,000	17,000		16,000	17,000	18,000
전남	목포시	옥암동	제일풍경채3차	기본	20	2002.09.	85	호경		2	0	0	17,500	17,500	17,750	17,750		16,750	17,750	18,750

출처 : 손품왕

초등학교 500미터가 이내가 아닌 곳, 20년 이하로 찾아보자.

		공동주택공시가격 열람지역 : 전라남도 목포시 수문로 32(목포시 남교동 164)			
공시기준	단지명	동명	호명	전용면적(㎡)	공동주택가격(원)
2021.1.1	트윈스타	트윈스타	101-801 (산정기초자료)	59.85	89,400,000
2020.1.1	트윈스타	트윈스타	101-801	59.85	90,900,000
2019.1.1	트윈스타	트윈스타	101-801	59.85	92,000,000
2018.1.1	트윈스타	트윈스타	101-801	59.85	92,000,000
2017.1.1	트윈스타	트윈스타	101-801	59.85	90,000,000
2016.1.1	트윈스타	트윈스타	101-801	59.85	86,000,000
2015.1.1	트윈스타	트윈스타	101-801	59.85	88,000,000

출처 : 부동산공시가격알리미

이렇게 층별로 공시지가 1억 원 미만이니 잘 확인하기를 바란다.

공시기준	단지명	동명	호명	전용면적(㎡)	공동주택가격(원)
2021.1.1	하당2차현대아이파크(현대아이파크2)	201	101 산정기초자료	84.983	95,700,000
2020.1.1	하당2차현대아이파크(현대아이파크2)	201	101	84.983	106,000,000
2019.1.1	하당2차현대아이파크(현대아이파크2)	201	101	84.983	110,000,000
2018.1.1	하당2차현대아이파크(현대아이파크2)	201	101	84.983	116,000,000
2017.1.1	하당2차현대아이파크(현대아이파크2)	201	101	84.983	115,000,000
2016.1.1	하당2차현대아이파크(현대아이파크2)	201	101	84.983	105,000,000
2015.1.1	하당2차현대아이파크(현대아이파크2)	201	101	84.983	100,000,000
2014.1.1	하당2차현대아이파크(현대아이파크2)	201	101	84.983	106,000,000
2013.1.1	하당2차현대아이파크(현대아이파크2)	201	101	84.983	114,000,000

출처 : 부동산공시가격알리미

여기도 층수 낮은 건 공시지가 1억 원 미만이다. 참고하자.

여기 물건은 반드시 잘 파악하자. 공시지가 1억 원 미만 물건이다.

▌ 공시지가 1억 원 미만 매물이 있는 단지 ▌

주소2	주소3	아파트명	년차	준공	전용	매매기준	평당가	공시가
목포시	용당동	용당한국	45	1977.07.	40.47	5,400	429	2,189
목포시	용당동	용당한국	45	1977.07.	40.93	5,400	424	2,189
목포시	용당동	용당한국	45	1977.07.	41.05	5,400	423	2,189
목포시	용당동	용당한국	45	1977.07.	40.46	5,400	429	2,189
목포시	용당동	용당한국	45	1977.07.	41.38	5,400	420	2,189
목포시	용당동	용당한국	45	1977.07.	41.39	5,400	419	2,189
목포시	용당동	용당한국	45	1977.07.	41.90	5,400	414	2,189
목포시	상동	동아	27	1995.06.	84.95	13,500	426	8,379
목포시	옥암동	하당금호2차	26	1996.11.	84.99	13,750	440	9,166
목포시	용해동	용해2단지	39	1983.11.	46.03	8,500	535	4,788
목포시	용해동	용해2단지	39	1983.11.	48.60	8,700	530	5,062
목포시	옥암동	하당금호2차	26	1996.11.	59.55	11,000	478	7,182
목포시	상동	동아	27	1995.06.	59.97	11,500	487	7,524
목포시	상동	우성	28	1994.12.	84.94	12,500	400	8,208
목포시	상동	꿈동산신안1단지	26	1996.12.	84.92	13,500	410	8,892
목포시	용해동	동아	30	1992.03.	84.97	9,750	320	6,601
목포시	용해동	금호타운	28	1994.03.	84.65	10,000	326	6,908
목포시	상동	꿈동산신안2단지	26	1996.12.	59.94	11,250	477	7,524
목포시	상동	하당초원타운	28	1994.10.	59.97	11,000	462	7,353
목포시	용해동	동아	30	1992.03.	134.94	14,250	305	9,576
목포시	산정동	삼학하이츠	41	1981.09.	44.40	3,500	221	2,497
목포시	산정동	삼학하이츠	41	1981.09.	51.31	3,900	219	2,770
목포시	산정동	삼학하이츠	41	1981.09.	51.30	3,900	219	2,770
목포시	상동	비파3차	29	1993.09.	49.76	7,000	364	4,788
목포시	상동	비파2차	30	1992.09.	48.34	6,800	338	4,549
목포시	상동	비파1차	31	1991.10.	48.34	6,500	327	4,446
목포시	연산동	연산주공2단지	27	1995.11.	58.14	7,000	292	4,788
목포시	상동	비파3차	29	1993.09.	49.76	7,000	364	4,788
목포시	상동	상동주공2단지	30	1992.03.	38.64	4,300	276	3,010
목포시	산정동	삼학하이츠	41	1981.09.	59.87	5,000	252	3,865
목포시	상동	상동주공2단지	30	1992.03.	44.94	4,650	257	3,283
목포시	산정동	삼학하이츠	41	1981.09.	59.32	5,000	255	3,865
목포시	옥암동	우미2차	28	1994.09.	49.56	7,350	352	5,130

※ 어디까지나 책 집필 당시 기준 매물이므로 정확한 정보는 손품과 발품으로 확인
하도록 하자.

출처 : 손품왕

주소2	주소3	아파트명	년식	준공	전용	매매	전세	월세	6개월전	4개월전	2개월전	1개월전	변동	하위	평균	상위	매매기준	평당가	공시가
전남 목포시	용당동	용당한국	45	1977.07.	40.46	1	1	0	3,200	4,000	5,200	5,200		4,500	5,400	6,000	5,400	429	2,189
전남 목포시	용당동	용당한국	45	1977.07.	41.38	3	0	0	3,200	4,000	5,200	5,200		4,500	5,400	6,000	5,400	410	2,189
전남 목포시	옥암동	하당금호2단지	26	1996.11.	59.55	3	3	0	10,500	10,500	10,500	10,500		9,900	11,000	11,000	11,000	478	7,182
전남 목포시	상동	꿈동산신안2단지	26	1996.12.	84.92	2	1	0	13,000	13,000	13,000	13,000		12,000	13,500	14,500	13,500	410	8,892
전남 목포시	용해동	동아	30	1992.03.	84.97	2	1	0	9,500	9,500	9,500	9,750		9,250	9,750	10,500	9,750	320	6,601
전남 목포시	용해동	금호타운	28	1994.03.	84.65	1	0	0	9,750	9,750	9,750	10,000		9,250	10,000	10,750	10,000	326	6,908
전남 목포시	상동	하당초원타운	28	1994.10.	59.97	1	7	0	10,750	10,750	10,750	11,000		9,750	11,000	11,000	11,000	462	7,353
전남 목포시	상동	꿈동산신안2단지	26	1996.12.	59.94	1	7	0	11,000	11,000	11,000	11,000		10,250	11,250	12,000	11,250	477	7,524
전남 목포시	상동	하당초원타운	28	1994.10.	84.87	1	0	0	12,750	12,750	12,750	12,750		12,000	12,750	13,500	12,750	401	8,721
전남 목포시	상동	꿈동산신안1단지	27	1995.11.	59.94	2	6	2	10,000	10,000	10,250	10,250		9,500	10,250	10,750	10,250	438	7,011
전남 목포시	상동	하당현대	26	1996.10.	59.98	1	2	0	11,000	11,000	11,000	11,000		10,000	11,000	11,000	11,000	476	7,524
전남 목포시	상동	꿈동산신안1단지	27	1995.11.	84.98	1	0	0	11,750	11,750	11,750	12,000		11,000	12,000	13,000	12,000	367	8,379
전남 목포시	상동	삼성	27	1995.09.	84.93	1	1	0	13,750	13,750	13,750	13,750		12,750	13,750	14,500	13,750	434	9,405
전남 목포시	상동	삼성	27	1995.09.	59.73	1	3	0	11,500	11,500	11,500	11,500		10,250	11,500	12,250	11,500	485	7,866
전남 목포시	산정동	산정현대	31	1991.12.	84.94	3	0	0	10,500	10,500	10,750	10,750		9,200	10,750	11,500	10,750	327	7,182
전남 목포시	연산동	연산주공4단지	26	1996.07.	59.99	2	0	0	5,500	5,500	5,500	5,500		5,250	5,500	6,000	5,500	330	3,762
전남 목포시	상동	상동현대	26	1996.03.	84.78	1	4	0	12,250	12,250	12,250	12,250		11,250	12,250	13,000	12,250	388	8,379
전남 목포시	옥암동	우미2차	28	1994.09.	49.56	4	1	3	7,350	7,350	7,350	7,350		6,750	7,350	8,100	7,350	352	5,130
전남 목포시	상동	상동현대	26	1996.03.	59.99	4	0	0	10,000	10,000	10,000	10,000		9,500	10,000	10,500	10,000	432	6,840
전남 목포시	연산동	연산주공3단지	27	1995.07.	59.99	4	3	1	9,000	8,650	8,650	8,650		8,000	8,650	9,500	8,650	375	6,156
전남 목포시	연산동	연산주공4단지	27	1995.07.	59.99	4	0	0	9,000	8,650	8,650	8,650		8,000	8,650	9,500	8,650	375	6,156
전남 목포시	상동	비파3차	29	1993.09.	49.76	4	0	7	7,000	7,000	7,000	7,000		6,500	7,000	7,500	7,000	364	4,788
전남 목포시	상동	상동주공2단지	30	1992.03.	49.61	3	1	2	4,800	4,800	4,650	4,650		4,050	4,650	5,050	4,650	257	3,283
전남 목포시	연산동	현대	31	1991.11.	84.99	5	0	0	9,200	9,200	9,200	9,200		8,000	9,200	10,000	9,200	291	6,293
전남 목포시	상동	비파1차	31	1991.10.	60.44	4	4	0	6,500	6,500	6,500	6,500		6,000	6,500	7,000	6,500	327	4,446
전남 목포시	용해동	동해라이프	32	1990.12.	73.60	2	0	0	7,300	7,300	7,300	7,300		7,000	7,300	7,500	7,300	268	5,130
전남 목포시	상동	비파2차	30	1992.09.	48.34	5	0	0	6,800	6,800	6,800	6,800		6,200	6,800	7,200	6,800	338	4,549
전남 목포시	상동	상동주공4단지	29	1993.07.	38.64	7	2	0	5,000	5,000	5,000	5,000		4,600	5,000	5,300	5,000	325	3,420
전남 목포시	옥암동	하당우미2차	20	2002.06.	59.96	2	1	0	13,000	12,750	12,750	12,750		11,750	12,750	13,750	12,750	516	8,892
전남 목포시	옥암동	우미블루빌	21	2001.01.	59.38	11	2	0	13,000	12,750	13,000	13,000		12,000	13,000	14,000	13,000	519	8,824
전남 목포시	용해동	금호타운	28	1994.03.	122.93	1	0	0	14,000	14,000	14,000	14,000		13,000	14,000	15,000	14,000	324	9,747
전남 목포시	상동	상동주공4단지	29	1993.07.	58.46	1	0	0	8,000	8,000	8,000	8,000		7,500	8,000	8,500	8,000	329	5,472
전남 목포시	상동	상동주공2단지	30	1992.03.	38.64	13	5	1	4,400	4,400	4,300	4,300		3,700	4,300	4,700	4,300	276	3,010
전남 목포시	산정동	삼학하이츠	41	1981.09.	59.87	1	0	0	5,000	5,000	5,000	5,000		4,400	5,000	5,750	5,000	252	3,865
전남 목포시	용해동	삼학하이츠2차	28	1994.09.	59.73	2	0	0	7,800	7,800	7,800	7,800		7,000	7,800	8,300	7,800	331	5,233
전남 목포시	연산동	현대	31	1991.11.	75.42	2	0	0	8,200	8,200	8,200	8,200		7,800	8,200	8,400	8,200	293	5,609

출처 : 손품왕

2021년 10월 15일 기준으로 공시지가 1억 원 미만의 매물을 추린 것이다. 가장 최근 것으로 실었으니 독자 여러분들도 열심히 공부해보기를 바란다.

앞서 소개한 물건들은 모두 갭투자금도 적게 들어가는데, 그중 한두 개만 자세히 살펴보려고 한다.

공동주택공시가격	열람지역 : 전라남도 목포시 삼향천로91번길 21(목포시 옥암동 992)				
공시기준	단지명	동명	호명	전용면적(㎡)	공동주택가격(원)
2021.1.1	하당2차현대아파트(현대아이파크2)	201	101 산정기초자료	84.983	95,700,000
2020.1.1	하당2차현대아파트(현대아이파크2)	201	101	84.983	106,000,000
2019.1.1	하당2차현대아파트(현대아이파크2)	201	101	84.983	110,000,000

출처 : 부동산공시가격알리미

하당현대2차아파트의 네이버 공시가격은 1억 원이 넘지만, 2021년 공시가격은 1억 원이 안 된다. 30평형이 말이다! 단, 저층이라는 것을 명심하고, 자 그럼 매매가, 전세가 확인을 해보자.

출처 : 네이버부동산

저층은 매매가 1억 4,800만 원이다.

출처 : 네이버부동산

전세는 1억 1,500만 원이다. 저렴하게 매수가 가능하다는 뜻이다. 모든 선택은 여러분의 몫이다.

현장속으로

투자자들이 많이 보는 곳이 옥암동이다. 매주 토요일마다 수원, 서울에서 많이 오고, 인천에서도 온다. 경상도 쪽에서는 전혀 안 온다. 공시지가 1억 원 미만 23~25평을 가장 많이 본다. 중간 정도 층으로 올수리해서 전세로 내놓는다. 3~4월 정도에는 전세 매물이 없는데, 지금 투자자들이 많이 와서 전세 매물이 많다. 지금은 전세 시즌이 아니라서 잔금을 두 달 반 정도로 길게 잡는다. 전세가 혹시 안 나가면 본인이 잔금을 해결해야 하기 때문이다. 그런 부분들 때문에 이사철과 투자 시기가 맞아야 한다.

여기 1층이 수리가 하나도 안 되어 있고 공실로 6개월 이상 된 물건이 있었다. 1억 6,000만 원에서 1억 4,500만 원까지 내려왔는데, 계속 비어 있으니 환기가 안 되어 집이 엉망이고 상태는 별로였다. 전세를 놓으려면 올수리 조건이다 보니 매매가 90%이다.

갭투자 8,000만 원 이하로
가능한 단지[30평형]

이번에는 갭투자 8,000만 원 이하로 가능한 단지(계단식 30평형대)만 추려본다. 동별로 분류하려고 한다. 여러분이 현장에 나가기 전 이렇게 디테일하게 살펴보는 것이 큰 도움이 되리라 기대한다. 참고로 매매물건 0은 없는 물건이다.

▎상동 매물 ▎

주소1	주소2	주소3	아파트명	기본	년차	준공	전용	매매	전세	월세	6개월전	4개월전	2개월전	1개월전	변동	하위	평균	상위	매매기준	평당가
전남	목포시	상동	우미파크빌	기본	21	2001.05.	85	4	1	0	19,250	19,750	19,750	19,750		18,000	19,750	20,750	19,750	555
전남	목포시	상동	꿈동산신안2단지	기본	26	1996.12.	85	2	0	0	13,000	13,000	13,000	13,000		12,000	13,000	14,000	13,000	402
전남	목포시	상동	꿈동산신안1단지	기본	27	1995.11.	85	5	1	0	12,250	12,000	11,750	11,750		11,000	11,750	12,500	11,750	363
전남	목포시	상동	하당현대	기본	26	1996.10.	85	4	0	1	13,750	13,500	13,500	13,500		12,500	13,500	14,250	13,500	431
전남	목포시	상동	광명샤인빌2차	기본	18	2004.10.	85	4	0	0	17,500	17,000	17,000	17,000		16,000	17,000	18,000	17,000	460

출처 : 손품왕

▌옥암동 매물 ▌

주소1	주소2	주소3	아파트명	기본	년차	준공	전용	매매	전세	월세	6개월전	4개월전	2개월전	1개월전	변동	하위	평균	상위	매매기준	평당가
전남	목포시	옥암동	우미파렌하이트	기본	9	2013.10.	85	0	0	0	29,000	29,000	29,000	29,000		28,000	29,000	30,000	29,000	849
전남	목포시	옥암동	코아루천년가	기본	9	2013.12.	85	0	0	0	29,500	29,500	29,500	29,500		29,000	29,500	30,000	29,500	887
전남	목포시	옥암동	한라비발디	기본	14	2008.07.	98	5	0	0	31,000	31,000	32,500	32,500		30,500	32,500	35,000	32,500	862
전남	목포시	옥암동	옥암푸르지오	기본	15	2007.03.	85	5	2	0	21,500	21,500	21,500	21,500		20,000	21,500	22,500	21,500	607
전남	목포시	옥암동	우미파렌하이트	기본	9	2013.10.	93	0	0	0	30,000	30,000	30,000	30,000		29,000	30,000	31,000	30,000	805
전남	목포시	옥암동	옥암펠리시아	기본	10	2012.10.	85	4	0	0	25,000	25,000	25,000	25,000		24,000	25,000	26,000	25,000	741
전남	목포시	옥암동	모아엘가	기본	12	2010.02.	85	1	0	0	25,500	25,500	25,500	25,500		24,250	25,500	26,500	25,500	745
전남	목포시	옥암동	옥암푸르지오	기본	15	2007.03.	85	9	2	0	20,500	20,500	20,500	20,500		19,000	20,500	21,500	20,500	623
전남	목포시	옥암동	옥암푸르지오	기본	15	2007.03.	85	7	0	0	20,500	20,500	20,500	20,500		19,000	20,500	21,500	20,500	621
전남	목포시	옥암동	옥암코아루	기본	15	2007.03.	85	5	1	0	18,500	18,500	18,500	18,750		17,750	18,750	19,750	18,750	550
전남	목포시	옥암동	코아루천년가	기본	9	2013.12.	85	0	2	0	26,000	26,000	26,000	26,000		25,000	26,000	26,500	26,000	781
전남	목포시	옥암동	코아루천년가	기본	9	2013.12.	85	2	1	0	26,000	26,000	26,000	26,000		25,000	26,000	26,500	26,000	779
전남	목포시	옥암동	코아루천년가	기본	9	2013.12.	85	2	0	0	26,000	26,000	26,000	26,000		25,000	26,000	26,500	26,000	776
전남	목포시	옥암동	모아엘가	기본	12	2010.02.	85	2	0	0	24,500	24,500	24,500	24,500		23,500	24,500	25,500	24,500	730
전남	목포시	옥암동	모아엘가2차	기본	21	2001.06.	84	2	0	0	13,750	13,750	13,750	13,750		12,750	13,750	14,750	13,750	386
전남	목포시	옥암동	모아엘가	기본	21	2010.02.	85	8	0	0	24,750	24,750	24,750	24,750		24,000	24,750	25,500	24,750	723
전남	목포시	옥암동	우미블루빌	기본	21	2001.01.	85	1	0	0	16,250	16,250	15,750	15,750		15,000	15,750	16,750	15,750	457
전남	목포시	옥암동	제일라이빌2차	기본	20	2002.02.	85	1	0	0	16,250	16,250	16,250	16,250		15,250	16,250	17,250	16,250	430
전남	목포시	옥암동	우미블루빌	기본	21	2001.01.	84	2	0	0	16,250	15,750	15,750	15,750		14,750	15,750	16,750	15,750	464
전남	목포시	옥암동	제일롱경채3차	기본	15	2003.05.	81	3	0	0	18,000	18,000	18,000	18,000		16,000	17,000	18,000	17,000	502
전남	목포시	옥암동	부영애시앙1차	기본	15	2007.03.	85	13	0	0	17,500	17,000	17,000	17,000		16,000	17,000	18,000	17,000	478
전남	목포시	옥암동	부영애시앙2차	기본	15	2007.04.	85	12	1	0	17,500	17,000	17,000	17,000		16,000	17,000	18,000	17,000	479
전남	목포시	옥암동	제일	기본	21	2001.07.	85	7	0	0	15,000	15,000	15,000	15,000		14,000	15,000	16,000	15,000	423
전남	목포시	옥암동	제일	기본	21	2001.01.	85	1	0	0	15,000	15,000	15,000	15,000		14,000	15,000	16,000	15,000	423
전남	목포시	옥암동	제일롱경채3차	기본	20	2002.09.	85	2	0	0	17,500	17,500	17,500	17,750		16,750	17,750	18,750	17,750	492
전남	목포시	옥암동	우미오션빌	기본	20	2002.02.	85	5	0	0	16,500	16,250	16,250	16,250		15,000	16,250	17,250	16,250	465
전남	목포시	옥암동	영신그린빌1차	기본	21	2001.03.	84	0	0	0	13,500	13,250	13,250	13,250		12,250	13,250	14,250	13,250	394
전남	목포시	옥암동	제일롱경채3차	기본	20	2002.09.	74	0	0	0	16,750	16,750	16,750	16,750		15,750	16,750	17,750	16,750	531
전남	목포시	옥암동	영신그린빌1차	기본	21	2001.03.	85	0	0	0	12,750	12,500	12,500	12,500		11,500	12,500	13,500	12,500	392

출처 : 손품왕

소장님 브리핑

❷ 옥암동 매물이 없지만, 근화옥암베아채는 잡자! 우선 베아채는 연식이 얼마 안 된 세대가 많다. 전세 갭이 작게 들어온 매물이 있다 보니 잠깐 물어보고 건들지 않는다. 2억 4,000만 원이 매매가이다. 갭 3,000만 원이면 갭이 안 맞다. 지역은 좋지만 용해동은 같이 보는 거 한계이다. 옥암베아채 오룡지구, 남악하고 같이 볼 것! 인접해 있으니 신도시랑 같이 보자. 연식이 얼마 안 되었고, 금액이 다시 올라간다. 아이파크를 2억 원에 사는데, 여기 사는 게 맞다. 갭이 안 맞으니깐 아이파크 기다린다. 15년 차이다.

❷ 지역민들은 초기에 옥암베아채는 짓다 말았다 그런 분위기였다. 초등학교, 중학교가 다 있고 수요도 꾸준하게 있다. 남악과 같이 목포 중간이다. 목포 생활권이면 여기로 집을 구한다. 수요는 꾸준하다.

❷ 물건이 싼 이유는 여기 산 사람들이 오룡지구로 이사 갔다. 단지 조경이 잘되

어 있고 7년 차이다. 조감도 보면 구조가 약간 일반적인 구조가 아닌 것이 있다. 지금 문주 설치하고, 터잡기 하고 있다. 입구는 볼품없다.

- 아파트는 선호도 있는 것을 사는 게 맞다. 30평형대 비올레, 우미파렌하이트가 먼저 나간다. 비올레는 3억 1,000만 원 전후고, 전세는 2억 4,000만 원 맞춘다. 우미파렌하이트는 세대가 적고, 큰 평형을 건드려야 한다. 39평은 매매가 3억 9,000만 원이고, 전세는 3억~3억 1,000만 원이다. 갭을 7,000만 원 정도로 보면 된다.

- 비쌀수록 오르는 폭은 더 크다. 아니면 베아채처럼 연식이 얼마 안 된 것을 선택하자. 초기 움직이는 것은 옥암코아루천년가, 옥암베아채 등이다. 리젠시빌은 공시지가 1억 원 미만이라 투자하는 것이고, 집값이 높지 않다. 인기 있는 20평형 아파트는 아니다. 단지 1억 원 미만이라서 투자자가 들어갔다.

- 투자자는 옥암베아채, 근화베아채, 남악리젠시빌에 들어갔다. 물건이 많지 않다.

- 공시지가 1억 원 미만은 리젠시빌, 근화베아채가 먼저 움직인다. 물건이 한정적이다. 전세를 맞추는 시즌이 아니다. 다시 올라가서 물건이 나와야 한다.

- 법인 매물 전세는 목포 사람들 의견으로 꺼리기는 하는데, 보증보험과 전세자금대출 된다면 밀어본다. 임차인 설명은 된다.

- 7,000만 원 갭투자라면 큰 평형은 사실 어렵다. 베아채나 비올레, 스위트 보면 된다. 상동이나 하당 거의 1억 원 미만이다. 평화광장 쪽 상업지 가깝고 나쁘지 않은데, 하당 근처는 20~30년 차이다. 오르는 폭이 적다. 그냥 싸니깐 투자자들이 산다. 올라간다고 하면 연식 덜 된 것을 사는 게 맞다. 오래된 집은 사람들이 많이 찾지 않는다. 수리할 비용 더 많다.

- 오룡지구 리젠시빌은 수리할 때 되었는데, 집이 깨끗하면 부엌, 도배 정도 하면 된다.

- 임성지구는 계획만 하고 있다. 한참 남았다. 하긴 할 거다. LH 연결이고, 역사 옮기는 이야기는 있는데 구체적으로 되어야 되는 것이고, 건설사가 샀다 이런 이야기가 없다.

- 목포 부자들은 남악에 많이 산다. 옥암 경계선으로 산다. 분산되겠지만, 돈을 좀 쓰는 사람이고 30~40대 경제활동하는 사람들이다.

- 에메랄드퀸은 주거 환경은 별로이고, 술집이나 모텔 낀 뷰가 나오는 아파트이

다. 아기 키우는 사람은 살지 않는다. 관광 쪽이고, 세컨드하우스 개념이다.

❯ 새집은 무조건 찬다. 올라도 분양가 시작점이 다르고, 다들 새집으로 넘어간다. 헌집이 나가는 것은 공시지가 1억 원 미만 때문에 나가는 것이다. 매매차익 보려면 하당보다 연식이 덜 된 아파트를 보는 게 맞다. 오룡지구는 이미올라서 손대기 힘들고, 옆으로 확산해 연식이 얼마 안 된 곳으로 이동한다.

▌ 석현동 매물 ▌

주소1	주소2	주소3	아파트명	기본	년차	준공	전용	매매	전세	월세	6개월전	4개월전	2개월전	1개월전	변동	하위	평균	상위	매매기준	평당가
전남	목포시	석현동	한광프라임빌	기본	17	2005.02.	85	3	0	0	13,000	13,000	13,000	13,000		12,000	13,000	14,000	13,000	370
전남	목포시	석현동	석현금호어울림	기본	15	2007.11.	85	0	0	0	22,500	22,250	21,750	21,750		20,750	21,750	22,750	21,750	608
전남	목포시	석현동	석현금호어울림	기본	15	2007.11.	85	2	0	0	22,500	22,250	21,750	21,750		20,750	21,750	22,750	21,750	608
전남	목포시	석현동	석현금호어울림	기본	15	2007.11.	85	0	0	0	22,500	22,250	21,750	21,750		20,750	21,750	22,750	21,750	597
전남	목포시	석현동	석현금호어울림	기본	15	2007.11.	85	0	0	0	22,500	22,250	21,750	21,750		20,750	21,750	22,750	21,750	597
전남	목포시	석현동	석현금호어울림	기본	15	2007.11.	85	1	0	0	22,500	22,250	21,750	21,750		20,750	21,750	22,750	21,750	597
전남	목포시	석현동	광명사인빌	기본	20	2002.10.	85	11	0	20	16,750	16,250	16,250	16,250		15,250	16,250	17,250	16,250	447
전남	목포시	석현동	근화네오빌여유당2차	기본	18	2004.03.	85	0	0	0	14,500	14,250	14,250	14,250		13,250	14,250	15,000	14,250	395
전남	목포시	석현동	근화블루빌	기본	16	2006.02.	78	3	0	0	13,750	13,500	13,500	13,500		12,750	13,500	14,000	13,500	418
전남	목포시	석현동	우진아트빌	기본	19	2003.09.	85	6	0	0	15,000	14,000	14,000	14,000		13,000	14,000	15,000	14,000	382

출처 : 손품왕

▌ 용해동 매물 ▌

주소1	주소2	주소3	아파트명	기본	년차	준공	전용	매매	전세	월세	6개월전	4개월전	2개월전	1개월전	변동	하위	평균	상위	매매기준	평당가
전남	목포시	용해동	신안인스빌	기본	15	2007.09.	104	5	0	0	20,500	20,500	20,500	20,500		19,500	20,500	21,500	20,500	534
전남	목포시	용해동	신안인스빌	기본	15	2007.09.	85	4	0	0	16,000	16,000	16,000	16,000		15,000	16,000	16,500	16,000	491
전남	목포시	용해동	용해라이프2차	기본	28	1994.12.	84	2	0	0	10,000	10,000	10,000	10,000		9,000	10,000	10,500	10,000	298
전남	목포시	용해동	용해라이프2차	기본	28	1994.12.	78	1	0	0	9,500	9,500	9,500	9,500		8,500	9,500	10,000	9,500	308
전남	목포시	용해동	금호타운	기본	32	1990.12.	85	1	0	1	8,500	8,500	8,500	8,500		8,000	8,500	8,800	8,500	274
전남	목포시	용해동	영신빌리지	기본	24	1998.11.	85	4	0	0	10,250	9,750	9,750	9,750		9,000	9,750	10,500	9,750	318
전남	목포시	용해동	용해하이츠맨션	기본	33	1989.09.	85	2	0	0	8,500	8,500	8,500	8,500		7,500	8,500	9,500	8,500	275
전남	목포시	용해동	청산푸른	기본	26	1996.09.	85	0	0	0	7,500	7,500	7,500	7,500		7,000	7,500	8,000	7,500	231
전남	목포시	용해동	동아	기본	30	1992.03.	85	7	0	1	10,000	9,500	9,500	9,500		9,000	9,500	10,250	9,500	312

출처 : 손품왕

▌ 용당동 매물 ▌

주소1	주소2	주소3	아파트명	기본	년차	준공	전용	매매	전세	월세	6개월전	4개월전	2개월전	1개월전	변동	하위	평균	상위	매매기준	평당가
전남	목포시	용당동	에듀가채움	기본	6	2016.07.	85	0	0	0	25,000	25,000	25,000	25,000		25,000	26,000	27,000	26,000	765
전남	목포시	용당동	에듀가채움	기본	6	2016.07.	85	1	1	0	22,000	22,000	22,000	22,000		22,000	23,000	25,000	23,000	691

출처 : 손품왕

▌ 대성동 매물 ▌

주소1	주소2	주소3	아파트명	기본	년차	준공	전용	매매	전세	월세	6개월전	4개월전	2개월전	1개월전	변동	하위	평균	상위	매매기준	평당가
전남	목포시	대성동	목포대성LH천년나무	기본	7	2015.12.	85	0	0	0	23,500	23,500	23,500	23,500		22,500	23,500	24,500	23,500	700
전남	목포시	대성동	목포대성LH천년나무	기본	7	2015.12.	85	1	0	0	21,750	21,750	21,750	21,750		20,500	21,750	23,000	21,750	650
전남	목포시	대성동	목포대성LH천년나무	기본	7	2015.12.	85	3	0	0	21,750	21,750	21,750	21,750		20,500	21,750	23,000	21,750	649
전남	목포시	대성동	목포대성LH천년나무	기본	7	2015.12.	85	18	2	0	21,000	21,000	21,250	21,250		20,500	21,750	23,000	21,750	648

출처 : 손품왕

이번에는 8,000만 원 이내 갭투자 가능한 단지에 대해 자세히 알아보았으니 각자가 잘 파악해보기를 바란다. 여러분이 집에서 편하게 현장을 느낄 수 있도록 단지 하나하나 구석구석 파악했다.

소장님 브리핑

❯ 제일풍경채 센트럴퍼스트가 이번에 당첨자를 발표해서 어제부터 정당계획하고 있다. 계약서를 쓰고 있는 기간이다. 사람들 관심이 가장 많은 분양권이다.

❯ 연산동에 젊은이들이 몰려간다. 아파트 투자하려면 연산동은 피해라.

❯ 옥암동, 석현동만 아파트 투자가 괜찮고, 상동은 중흥S클래스 정도이다. 상동은 에메랄드퀸, 하당에는 중흥이 있다. 석현동에서는 제일풍경채 센트럴퍼스트 하나만 보면 된다. 옥암동 쪽은 파렌하이트를 보자. 무안 오룡지구에 아파트가 많이 생겼고, 오룡지구는 프리미엄이 많이 붙어서 올라갔다.

❯ 삼향읍 남악리에 구축이지만 10년 안팎의 아파트들이 가격 다운되었다가 최근 투자자들이 몰려서 최고가일 때 가격으로 회복되었다. 아파트 상권은 두 군데인데, 상동(평화광장)과 연산동(유달산 밑) 케이블카 가까운 곳에 먹자골목이 많고 여기에 젊은이들이 모인다. 평화광장은 바닷가 부근이라 관광객이 몰리고, 술집과 유흥주점, 음식점 등이 많아서 중장년층이 몰린다.

목포로 투자자가 들어오는 이유는 무엇일까?

• 조정대상지역이 아니다.

• 여수와 순천이 묶이면서 풍선효과로 오는 것이다.

• 목포가 4대 관광도시로 선정되며 국가에서 지원금(정비, 개발, 관광지화)을 받았고, 케이블카, 문화역사개발 진행 중이며, 외지인도 몰려서 식당, 모텔이 잘되며 전반적으로 분위기가 좋아졌다. 저금리,

유동자금이 목포로 쏠린다.

❘ 최고의 상권이 있는 상동 ❘

❘ 현대삼호중공업 조선산업 계열사, 하청업체 위치 ❘

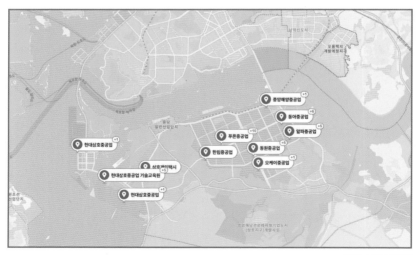

목포는 상가나 토지보다 새로 짓는 곳의 분양권, 오감동이나 남악리의 10년 안팎 구축 아파트나 에메랄드퀸, 하당중흥, 제일센트럴퍼스트의 프리미엄이 가장 많이 오르고 있다. 유의할 점은 프리미엄이라는 것이 더 오를 수도 있고 꺾일 수도 있다. 지금은 좋은데 나중에 인기가 사그라들면서 주춤할 수 있다. 지금 인기가 좋다고 나중에 성공한다는 보장은 없다. 결국 최종 판단은 자신이 하는 것이므로 참고만 한다. 목포에서는 분양권이나 아파트 가격의 변화가 심하다. 상가 건물이나 토지는 거래가 잘되지 않는다.

목포 현지인들이 중요하게 생각하는 것

1. 생활권이나 편의시설 좋아야 한다.
2. 학군(학교 보내기 좋은 곳 포함)이 좋아야 한다. 목포에서는 공부 잘해서 외고, 과학고 가지 않는 이상 추첨이다.
3. 부동산에 대한 큰 기대를 하지 않는다. 최근 들어 상승하니까 부동산에 관심을 가지지만, 전체적으로 목포 시민들은 관망하는 중이다(입주 물량이 많았기에 부동산 가격 하락의 아픔을 겪어서 부동산 투자는 보수적이다).

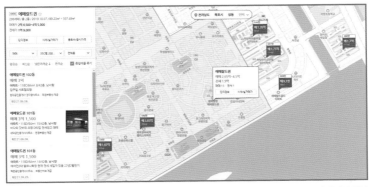

출처 : 네이버부동산

에메랄드퀸은 전세 나온 게 없다. 여기는 바다뷰를 선호한다. 가격이 상승하다 하락하고 있다.

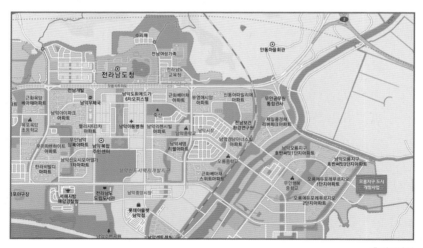

무안군 삼향읍의 오룡지구에 위치한 새로운 아파트이다.

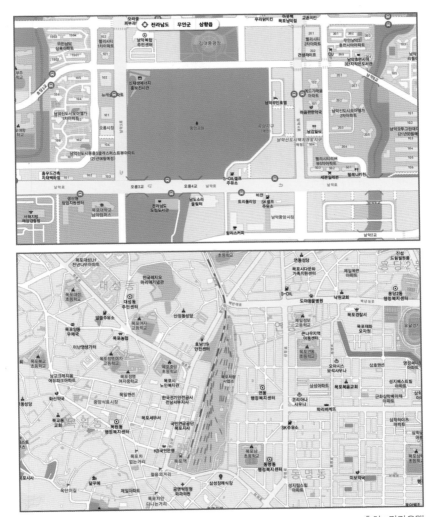

출처 : 카카오맵

목포역에서 SRT와 KTX가 정차하므로 편하게 이동이 가능하다.

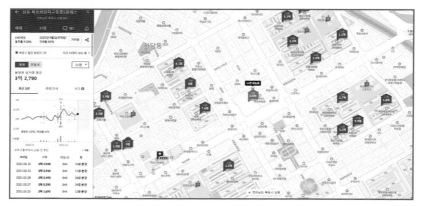

출처 : 호갱노노

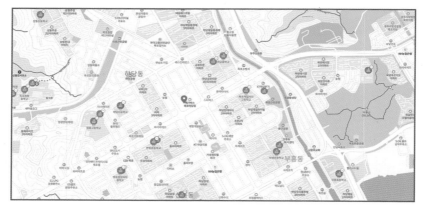

출처 : 네이버부동산

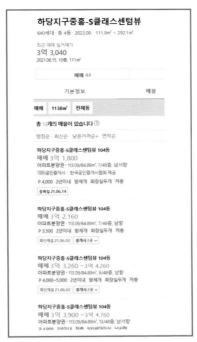

하당지구중흥-S클래스센텀뷰

640세대 · 총 4동 · 2022.09. · 111.9㎡ ~ 292.1㎡

최근 매매 실거래가
3억 3,040
2021.06.15, 10층, 111㎡

매매 44

기본정보   매물

매매 113B㎡ 전체동

총 12개의 매물이 있습니다 ⑦

랭킹순 최신순 낮은가격순↓ 면적순

하당지구중흥-S클래스센텀뷰 104동
매매 3억 1,800
아파트분양권 · 113.09/84.89㎡, 7/48층, 남서향
공인중개사 | 한국공인중개사협회 제공
P 4,000 2년이내 방세개 화장실두개 저층
등록일 21.06.14

하당지구중흥-S클래스센텀뷰 104동
매매 3억 2,160
아파트분양권 · 113.09/84.89㎡, 7/48층, 남향
P 3,500 2년이내 방세개 화장실두개 저층
확인매물 21.06.02 중개사 2곳 ∨

하당지구중흥-S클래스센텀뷰 104동
매매 3억 3,260 ~3억 4,260
아파트분양권 · 113.09/84.89㎡, 9/48층, 남향
P 4,000~5,000 2년이내 방세개 화장실두개 저층
확인매물 21.06.02 중개사 2곳 ∨

하당지구중흥-S클래스센텀뷰 104동
매매 3억 3,900 ~3억 4,760
아파트분양권 · 113.09/84.89㎡, 13/48층, 남서향
P 4,000 2년이내 전층 500세대이상 남서향

출처 : 네이버부동산

    인근 시세도 체크하는 습관은 기본이다. 상동을 그냥 지나칠 수 없어서 다시 다른 부동산으로 향한다. 일단 목포의 대장이기 때문이다.

▶ 목포는 그전에는 투자할 만한 곳은 아니었다. 평균적으로 30평형대 아파트가 목포에서는 2억 원 전후가 일반적이었고 매년 1,000만 원 올라가는 정도의 분위기였는데, 갑자기 최근 다른 곳의 아파트가 오르니 목포가 싸서 과열되었다. 투자자가 들어와서 오른 것이다.

센텀뷰 거래를 예로 들어보면 70%가 투자자이고, 20~30%가 실거주자이다. 이런 식으로 거래되고 있다. 2020년 초에 미분양이었던 것이 4~5월쯤 물량이 해결되었다. 부동산 투자방에서 목포가 괜찮다는 이야기가 돌고, 줍줍(미분양)한 것으로 전체가 해소되었다. 이후 뒤늦게 알게 된 사람들이 프리미엄 싼 것 찾으면서 가격이 오르고, 초반에는 1,000만 원에 거래되던 것이 6월 들어서면서 프리미엄이 1,000~2,000만 원 오르다가 3000만 원이 되었다. 이후 7월 정부정책이 발표되면서 다시 분위기는 완전히 침체되었다. 프리미엄은 다시 초반 분위기인 500만 원으로 떨어졌다. 그러다가 9월 다시 분위기 상승되었다. 9~10월 분위기 좋아지다가 11월에 본격적으로 좋아지기 시작했고, 11월쯤에는 거래가 굉장히 활성화되었다.

그러다가 정부의 조정대상지역이 발표되면서 전남에서 나주, 목포만 빠지게 되고, 오히려 더 거래가 안 된다. 왜냐하면 찾는 사람은 비슷한데, 매도인들이 투자자들 몰려오는 것을 간접적으로 느끼다가 매도인들이 조정대상지역에서 목포가 빠졌다, 풍선효과 있다고 소문이 나니 매도자들 계좌 안 나온다. 거래가 사실상 원활하게 되지 않는다.

▶ 법인으로 굉장히 많이 샀는데, 법인으로 사면 7월 정책 발표 후 중도금 대출이 안 된다고 해서 많이 팔았다. 그 사람들의 경우 수익은 적게는 2~3,000만 원이고, 많게는 5~6,000만 원 올렸다. 좋은 층을 잡은 사람(빨리 온 사람)들은 5,000만 원 정도 수익이 났다. 이것도 몇 개월 전 목포의 분위기로 지금은 전에 비해서 조용하다.

84㎡를 산다면 실투자금은 어떻게 될까? 최고층 분양가가 3억 원이라면, 분양가 10%(3,000만 원) + 확장비(1,040만 원) + 시스템에어컨 3대(410만 원)인데 5개 설치하면 650만 원 + 프리미엄 4,000만 원~1억 5,000만 원 정도이므로 대략 최소 8,400만 원의 초기 투자금이 발생된다(프리미엄에 따라 가격 상이). 입주 때는 물량이 많아 전세 맞추기 어렵고, 2억 원 대 초반이다. 입주 끝나고 버틴다면 전세금을 높게 받을 수 있다.

오룡지구

오룡지구 투자 목적은 무엇일까?

투자로서는 굉장히 좋은 자리인데, 최근 투자 바람이 불어서 매물이 없다. 거래 가능한 물건이 없다(기존 논밭이었던 곳을 전남개발공사에서 택지개발했다). 택지개발해서 분양한 곳이라 인프라가 잘되어 있다. 신도시 개발인데, 전남개발공사에서 관 주도로 택지개발해서 민원 없이 조용하게 개발되었다. 목포에서 보면 외곽이고, 위치는 안 좋지만, 도시계획을 잘했다. 평균적으로 3~5억 원대이고, 소득 수준이 비슷한 사람들이 모여 있다. 임대는 없다.

출처 : 네이버부동산

오룡지구는 2020~2021년 2월 입주여서 매물로 나오는 건 없다.

여기 단지는 매물이 있다. 비과세가 아닌 일반 세율로 팔 매물이다. 1층은 3억 7,500만 원으로 세입자를 안고 산다. 세입자는 2억 5,000만 원 전세로 살고 있다. 9층 4억 원 매물은 공실이다. 3억 원에 나온 전세가 있는데, 3억 원에 전세가 나가는지는 잘 모른다. 대체적으로 2억 5,000~2억 6,000만 원에 나갔다. 최근 매매가 오르면서 전세가 3억 원에 나온 것 같다.

┃ 오룡2지구 입주 및 분양 예정 단지 ┃

아직 2지구가 몇 년 남아 있다. 2지구는 계속 연기되고 있다. 하반기에 오룡2지구 개발이 시작된다고 하는데, 처음 하기로 한 대성베르힐은 연기되었다. 2지구 2블럭 하기로 했는데 연기된 상태이다. 5월에 모델하우스 오픈한다고 광고했다가 그것도 연기된 상태이다. 그럼에도 오룡2지구 분양권 노리는 분들이 많다는 사실(목포 시민들과 요룡1지구 거주하는 분들)!

아무래도 2지구를 올 하반기 분양한다고 해도 기간이 3년 걸린다. 그러다 보니 3~4년 입주하는 아파트가 없으면 전세가와 매매가는 지금보다 조금씩 상승할 것이다. 더 오를 거라는 것이 주변 사람들 생각이다. 이쯤에서 목포시와 무안군(오룡지구)의 입주 예정, 분양 예정 단지들을 짚고 넘어가자. 이 단지들의 물량이 얼마만큼 빨리 소진되느냐, 혹은 미분양되느냐에 따라 목포시의 분위기는 달라질 것이다. 현재는 입지 좋은 구축(옥암동, 상동) 위주로 상승 중이라는 사실을 다시 한번 확인한다.

┃ 목포 시 입주 및 분양 예정 단지 ┃

출처 : 직방

　오룡지구한국아델리움은 매물이 없다. 왜 호반써밋남악오룡3차, 오룡에듀포레푸르지오 35블록만 매물이 나올까? 살펴보면 세대수가 많고 수익을 거둔 투자자의 매물로, 전세 낀 물건들이 나온 것이다. 4억 원은 투자자들도 사기에 부담스럽다. 분양가 확장비 포함해서 3억 원이다. 프리미엄이 1억 원 붙었다. 다주택자라면 취득세 12% + 4억 원, 자금출처, 자금조달계획서는 없다. 그 대신 계약을 하고 나면 무안군에서 요즘은 서류를 보낸다(자금 증빙용). 세부적이지는 않지만 관련 서류를 제출하라고 한다. 오룡지구는 정확히 모르겠지만, 목포 상동 하당중흥은 올 1월부터 매도·매수 거래한 경우 서류가 날아온다고 한다. 외지인이 많이 샀다고 하니 아마 목포시에서 보낸 듯하다.

오룡에듀포레푸르지오는 106동 5층이 3억 6,000만 원으로 나온 게 있다. 전세 놓으면 2억 6,000만 원이다. 3억 원에 나온 물건이 있는데 층이 높다. 내부를 살펴보면 오룡3차가 더 좋다고들 한다. 구조가 더 깔끔하고 넓게 빠졌다. 아무래도 호반보다는 대우(푸르지오)라는 브랜드를 더 본다. 내부는 호반보다 못해도 푸르지오는 지상주차장이 없다. 그러다 보니 젊은 엄마들이 아이들 노는 환경을 생각해 호반보다 더 좋아한다. 그런데 푸르지오는 그만큼 주차가 복잡하다.

호반써밋남악오룡3차는 지하1층과 지상에도 주차장이 있다. 그런데 왜 지하1층만 주차장이 있을까? 아무래도 2층까지 파면 분양가가 더 올라가니 시공사가 그렇게 지었다. 오룡지구는 그래서 주차장이 지하 1층뿐이다. 그러다 보니 아파트 주변에 주차를 하기도 하고, 주로 1층에 많이들 주차한다. 주차대수는 1~1.2대이다.

오룡지구는 주공아파트, 임대 아파트가 없다는 것이 특징이다. 상권은 35블록 맞은편이 중심상업지이다. 그러다 보니 상가라든지 아직 많이 짓고 있는 중이다. 완공해서 입주한 상가도 있고, 주변에 아파트 단지 상가들은 어느 정도 형성되어 있다. 편의점, 슈퍼마켓은 군데군데 생기고, 식당도 생기고 있다.

학교는 초등학교, 중학교 다 들어왔고, 젊은 세대가 많아서 초등학교 한 학년이 8반 정도이다. 호반이나 푸르지오 같은 경우 학원가가 형성되어 있다. 고학년의 경우 기존에 형성된 옆동네 남악으로 학원을 보낸다. 그런 경우 부모가 데려다주거나 학원 차량으로 움직인다.

공시지가 1억 원 미만 많이 하는 분들이 있다. 1억 원 미만은 거의 나가고 없다. 귀한 편이다. 목포 하면 상동 하당지구가 제일 우선이다. 아무래도 바다분수, 평화광장이 있고, 쇼핑거리도 있기 때문이다. 그다음은 남악신도시(옥암동, 남악리), 오룡지구이다. 여기는 젊은 세대가 많이 들어와 있다는 것이 특징이다.

목포 청약은 목포와 무안군 사람들이 청약 1순위이다. 용해동, 용당동은 주택단지이기는 하지만, 이미 아파트가 다 들어가 있어서 최근에 골드9차가 6월말 입주 끝난다. 투자한 분들이 대체적으로 남악, 오룡을 보다가 매물이 사라지니 골드 용해지구를 봤고, 그러니 매물 없어진 상태이다. 투자자들이 매물을 잡아서 전세를 내는 식이다.

투자자들도 신축을 좋아한다. 구축은 안 좋아한다. 아무래도 전매제한 없는 것을 선호한다. 대성동은 구도심이다. 구도심에서 주택단지 등을 개발해서 하나씩 아파트가 세워진다. 기존 주택들을 보상해주고 철거한 다음 아파트를 세운다. 재개발이다. 어떻게 보면 아파트 자체는 새 것이라 좋지만, 주변에 주택이 많고, 학군도 오래된 학교라고 보면 된다.

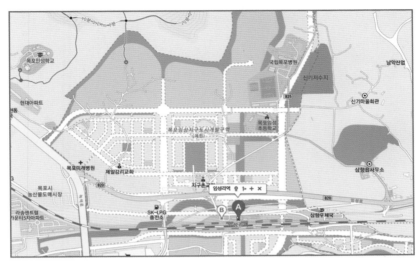

출처 : 네이버지도

임성지구는 아무래도 산을 많이 끼고 있어서 단독주택 부지가 많다.
옛날 상태 그대로인데, 토지를 가진 분들 수용되고 보상하는 단계이다.
목포역 이전 계획은 예전부터 있었지만 주민들 반대로 늦어지고 있다.
향후 임성리역 주변은 좋아질 것이다.

출처 : 카카오맵

　목포역 주변은 상권이 많이 죽었다. 그런데 역사가 이전된다며 더 힘
들어질 것이다. 이전하고 난 이후의 부지를 어떻게 처리할지, 목포역
주변 상권을 어떻게 살려야 할지 등은 주민들과 목포시가 안고 있는 고
민이지만, 해결점을 쉽게 찾을 수 없는 문제이다.

출처 : 네이버부동산

전세는 높게 맞추면 3억 원도 가능하다. 물론 좋은 동이어야 한다. 학군은 남악이 좋다. 그런데 학교는 따질 필요가 없다. 주변에 중대형 아파트가 몰려 있고, 아파트 가격이 높다 그러면 학군이 좋은 것이다. 소득 수준이 높은 곳이 학군이 좋다.

상동, 석현동, 옥암동 3개만 보면 된다. 1억 원 미만의 저렴한 물건을 찾는다면 연산동, 용해동(임대 목적)이 수익률이 좋다. 사서 임대 수익이 높으면 좋다.

신축 아파트는 1억 원씩 오른다. 남악신도시는 5,000만 원씩 오를 자리이다. 아파트가 오래되지 않았다. 남악의 아파트는 평균적으로 15년 되었다. 연식이 짧은 것은 7~15년이다. 여기 아파트가 아주 오래된 아파트는 아니다. 입지 좋고, 학교 가까운 곳은 같이 오른다. 남악신도시 일부의 초등학교와 가까운 곳은 그렇다. 임대는 남악이 많다.

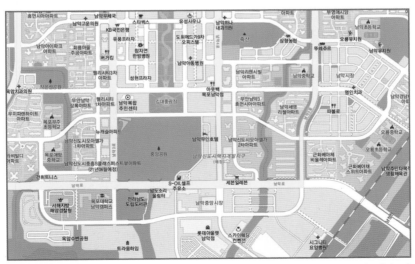

출처 : 카카오맵

상동은 50~60대가 주축인 반면, 남악은 30~40대가 주축이라고 할 수 있어서 젊은 느낌이다.

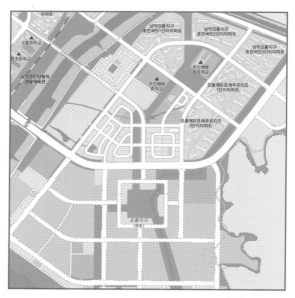

출처 : 카카오맵

남악에 새 아파트를 만들 때 분양받은 사람들은 집값이 올라서 자본 차익이 오르고, 또 그 사람들이 오룡지구 가서 4년 가지고 있으면 비과 세로 돈을 버니 큰 투자 기대심을 갖고 갔다. 살고 있으면서 돈도 버니 얼마나 좋은가! 그래서 다들 남악에서 이동했다. 오룡지구로 가면 남악 에서 분양받고, 5,000만 원~1억 원을 벌었던 것이다. 그 재미를 느낀 사람들 때문에 오룡지구에서도 똑같은 일이 벌어질 수 있다. 그래서 단 기간에 과열되어 오룡지구의 분양가가 3억 원 정도 했다. 지금은 3억 6,000만 원 정도로 거래되니, 벌써 프리미엄이 5,000만 원 상승한 것 이다! 예상이 적중했다.

목포 핵심 정리

목포는 공시지가 1억 원 미만 아파트를 사면 큰 상승의 재미는 없다. 적은 금액을 고려하면 상동, 옥암동이 좋다. 그렇지만 금액이 2~3억 원대인 용해동, 남악, 옥암(남악과 붙은 곳)을 보는 것을 추천한다.

공시지가 1억 원 미만을 본다면 상동 하당쪽으로 보자! 1억 원 갭투자도 상동이 가장 좋다. 상동 중에서도 버스터미널 뒤쪽 하당에 속해 있는 곳이 1억 원 이하 갭투자를 하기에 제일 좋다.

목포 사람들이 살고 싶어 하면서 교통이 가장 좋은 곳이 상동 하당, 옥암이다. 특히 남악으로 넘어가는 곳이 사람이 가장 많이 몰린다. 목포 역사 주변은 주택으로 투자 가치가 안 나온다. 건물 투자를 들어가야 한다. 건물 투자를 하려면 금액이 10억 원 이상으로 올라간다. 목포 역 주변 건물을 사서 리모델링해야 한다. 호텔, 여관 그런 방향으로 목포시가 정책을 펴고 있다. 주택은 아무래도 구도심이다 보니 젊은 세대는 하당이나 옥암지구, 남악지구로 빠진다. 예전 목포역 근방은 고령자가 많고, 역 앞 일호광장 쪽은 단독주택이 많다. 재개발 단독주택을 미는 것은 어렵다.

목포에서 바다뷰 나오는 것을 산다면 옥암지구, 목포와 무악, 남악 경계선으로 보자! 오룡지구도 있는데, 오룡지구는 갭투자가 많이 들어와서 집값이 상승했다. 분양가에서 1억 원 상승했다. 여기는 2~3년 후에 거품이 있을 수 있어서 오룡지구는 추천하고 싶지 않다. 오룡지구 앞쪽으로 목포와 남악 경계선의 아파트를 보는 게 좋다.

평수는 신규 아파트는 대형 평수를 선호한다. 목포는 40평 이상이 부족하다. 물건을 찾는 사람은 많은데 4~6억 원 가는 물건이 없다. 지금 실제적으로 움직이는 것은 30평형대가 많이 움직인다. 저렴한 물건으로는 24평형대가 움직인다.

투자자들은 공시지가 1억 원 미만을 찾아야 주택수 포함이 안 되는 상황이라 1억 원 이하로만 찾는다. 주택수가 2개이면 그래도 값어치 있는 물건을 찾는다. 지금 목포에서 인기 있는 것은 우미파렌하이트와 한라비발디 같은 아파트들로 큰 평수이다. 돈 있는 사람들이 들어가 있는 단지이다. 여기 있는 아파트가 4~5년에 가격 회복했다. 나머지 아파트는 가격 회복을 하지 못하고 있다. 남악은 베아채, 비올레가 가격이 회복되었고, 나머지 아파트는 회복하지 못했다. 리젠시빌도 공시지가 1억 원 미만이다.

에메랄드퀸은 투자하기에는 좋지 않다. 지금 빈집들이 많이 있다. 빈집이 많은 이유는 인기가 없어서이다. 학교가 멀고, 구조도 잘 빠진 편은 아니라 찾는 사람이 많이 없다.

센텀뷰는 44평의 프리미엄이 8,000~1억 원 정도이고, 34평 앞 동 2~3라인의 프리미엄이 6,000~8,000만 원 달라고 한다. 투자하려면 이렇게 바다 조망이 나오는 것으로 해야지 뒤쪽 북서, 북동은 투자 가치가 별로 없다. 1호, 5호가 북서, 북동이고, 2호, 3호가 남향 쪽으로 남동, 남서를 보는데, 102동과 103동 2~3라인이 가장 좋다.

지금 목포의 인구는 한정적이다. 1년 후 오를지 모른다. 오룡지구의 위험한 것들은 외부인들이 손댔다. 거의 60%가 임대로 산다. 그럼 2년 후에 그 사람들이 목포 아파트 들어설 때 나오는 여건은 된다. 오룡지구는 신중히 생각하자. 2지구 들어서면 활성화되어서 괜찮은데, 오룡2지구가 개발 지연된다. 사업성이 안 나와서 그렇다. 미분양될 것 같아서이다. 목포 인구가 22만 명인데, 거의 남악에 가 있다. 그럼 목포 산업이 없다 보니 외부에서 들어와서 새로 지어서 사람들이 채워져야 하는데, 목포시 인구 나눠먹기를 하니 크게 변화가 없다.

목포 아파트들은 큰 평수를 짓고 있다. 내년 9월에 하당중흥이 입주하고, 제일풍경채도 내후년 봄 입주한다. 1,000세대가 넘는다. 예전 남악 인구들이 다시 목포로 들어온다. 그런데 하당중흥은 너무 프리미엄이 올라서 갭투자 가치가 현 시점에서는 좋지 않다. 예전에 갭투자를 한 투자자들은 프리미엄 1,000~5,000만 원에 다 팔았다. 갖고 있거나 내년까지 갖고 있다가 팔아도 가치는 나오는데, 지금 사는 사람은

6,000만 원~1억 원 투자해서 내년 9월에 그 이상 받기가 쉽지 않다.

목포 사람들은 센텀뷰가 중심지라 좋다고 생각한다. 처음에는 인기 없다가 작년 봄부터 가지고 있는 목포 시민들이 많이 팔았다. 미분양이었다. 많이 팔다가 정부에서 규제를 잡아버려서 돈이 없다 보니 돈들이 목포로 들어온다. 처음 미분양 들어온 초기 투자자들이 돈 많이 벌었다. 지금 팔아도 층수 좋은 것은 몇 천만 원 벌고 나간다. 목포는 다운계약서 쓰지 못한다. 양쪽에서 합의해서 별도로 하면 몰라도 공인중개사 입회하에서는 다운계약서 쓰기가 어렵다. 예전에는 분양권의 경우 다운계약서를 안 쓰면 거래하지 못했지만 요즘은 공인중개사들이 몸을 사린다. 목포에서 분양권이 걸려 조사 나오는 일이 있었다.

오룡1지구는 처음 분양 당시에는 인기가 좋았지만, 지금 투자하는 것은 잘 생각해봐야 한다. 일반 법인 투자자들은 건물을 올리지 못하고 있다. 중심지가 아닌 이상 건물을 지금 올렸다가는 2~3년 후 인구가 빠지면 허허벌판이 된다. 2지구가 개발되어서 산업지구가 들어온다면 건물 짓는 게 맞다. 그런데 2지구는 자꾸 연기되고 있는 상황이다. 건설사에서는 시작한다고 중개업소에 팸플릿 등을 돌리는데, 삽을 뜨지 않고 있다.

목포에 투자한다면 오룡지구보다 남악 한라비발디가 가장 투자 가치가 좋다. 하당의 영산강뷰가 보이는 것으로 말이다. 우미 5차, 6차도 좋은데, 문제는 그쪽 라인은 물건이 없다는 것이다. 여기 사면 전세는 잘 나간다. 85~90% 전세가 나간다. 목포는 집주인들이 전세를 원하지 않고 매매를 더 원한다. 1가구 2주택에 대해 거부 반응을 보이고, 2주택에 대해 부정적인 편이라 현지인들은 다 처분하는 쪽으로 돌아선다. 이때가 기회다 생각하고 물건을 내놓는다.

근화옥암베아채는 올 초 거의 분양가 수준으로 떨어졌는데, 수리를 해서 무피로 또는 소액 갭투자로 외지인들이 많이 투자했다. 그러면서 상승을 한 단지이다.

목포의 학교는 평준화이다. 몇 군데 중고등학교 유명한 곳이 있긴 한데 주택만 있고 아파트가 없다. 덕인고등학교와 홍일고등학교 두 곳이 알아준다. 초등학교는 한라비발디, 우미파렌하이트 두 군데가 부모님들의 열의가 높은 편이다. 중학교는 거의 초등학교와 같이 움직인다.

목포의 상권은 역시 평화광장 상권으로 상동이다. 젊은 사람들은 여기 다 모인다. 목포역 주변 상권은 완전히 죽었기 때문에 투자를 한다면 건물을 사서 개조한 뒤 숙박업을 하는 것이 좋다. 유달산 여행객, 목포대교 신안 쪽 여행객들을 북항에서 다 소화하지 못하는 상황이라 하당으로 넘어가는 것도 멀다 보니 목포시는 목포역에 투자하라는 정책을 펼친다. 그래서 예전 대신증권 자리가 경매로 넘어갔다가 최근 리모델링해서 호텔로 오픈한다. 옛날 구도심은 일제시대 건물 그대로 해서 커피숍으로 탈바꿈하려고 했는데, 언론에서 여러 번 비판적인 이야기가 나오면서 땅값이 오르다 그만 분위기가 죽었다. 개인들이 사서 진행하려면 오랜 시간 기다려야 한다.

현지에서 과연 목포를 투자 장소로 추천하는가 물었을 때, 임대 수익을 예상한다면 목포에 투자해도 되지만, 만일 시세차익을 보려면 추천하지 않았다. 목포 시민들은 부동산에 큰 관심도 기대도 없다는 것이다.

이제 목포를 마무리하려고 한다. 요즘 공시지가 1억 원 미만이 유행이다. 역시 욕세권, 욕을 많이 하는 곳으로 투자를 해야 한다. 정확히 말하면 목포는 정말 저평가되어 있고, 흐름이나 분위기가 좋지 않다. 하지만 '흔할 때 주워 담고, 귀할 때 내다 팔아라!' 이 말을 명심하면 오히려 좋은 기회가 될 수 있는 지역이라고 생각한다. 전국에서 유일하게 상승하지 못한 목포시, 소액으로 들어갈 입지 좋은 구축을 매수한다면 좋은 기회를 잡을 거라고 생각한다. 반드시, 현장답사를 통해 파악해보길 바란다.

전국의 대세! 신축의 강세!
누구나 살기 좋은 곳(학원가)!
이런 곳을 유심히 살펴보길 바란다.

또한 목포는 오룡2지구, 임성지구 등 개발할 곳도 많다. 그러면 구축보다 신축이나 신축이 될 곳이 많이 오를 것이다. 공시지가 1억 원 미만은 정말 정책으로 인한 투자 유입이라 여겨진다. 그러니 공시지가 1억 원 미만이 아닌 매물들도 갭투자로 싸게 매수할 단지들이 있다는 사실, 그것만은 꼭 기억하고, 옥암동, 상동 위주로 체크해서 보면 될 것이다.

초기 재개발 분석과
재개발 투자

초기 재개발 투자란?

공시지가 1억 원 미만 썩은 빌라, 일명 썩빌! 요즘은 사전 타당성 검토를 하지 않은 것들도 투자자가 들어간다. 이것도 트렌드이다. 플래카드만 붙으면 상승한다. 그런데, 초기 재개발 투자 전에 꼭 봐야 할 개념 2가지가 있다.

> **★ 초기 재개발 투자 전 꼭 봐야 할 개념 두 가지**
> 리스크 + 기회

초기 재개발에 투자하기 전에는 반드시 많이 알아보고 파악해라!

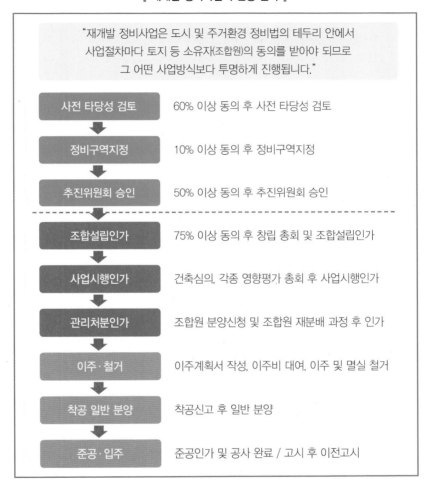

| 재개발 정비사업의 진행 절차 |

"재개발 정비사업은 도시 및 주거환경 정비법의 테두리 안에서
사업절차마다 토지 등 소유자(조합원)의 동의를 받아야 되므로
그 어떤 사업방식보다 투명하게 진행됩니다."

사전 타당성 검토	60% 이상 동의 후 사전 타당성 검토
정비구역지정	10% 이상 동의 후 정비구역지정
추진위원회 승인	50% 이상 동의 후 추진위원회 승인
조합설립인가	75% 이상 동의 후 창립 총회 및 조합설립인가
사업시행인가	건축심의, 각종 영향평가 총회 후 사업시행인가
관리처분인가	조합원 분양신청 및 조합원 재분배 과정 후 인가
이주·철거	이주계획서 작성, 이주비 대여, 이주 및 멸실 철거
착공 일반 분양	착공신고 후 일반 분양
준공·입주	준공인가 및 공사 완료 / 고시 후 이전고시

초기 재개발은 입지만 좋으면 미래 가치가 좋고, 향후 기대 수익률이 좋다. 특히, 노후의 정도, 주민동의율 등에 대해 중개업소 세 군데 이상은 가서 알아보고, 추진위원회가 있다면 파악해야 한다. 그리고 현재 가격이 적정한지 임장(현장답사)을 통해 파악하는 것은 필수이다. 이것은 모든 지역의 초기 재개발을 파악하는 방법이다.

정비구역 지정 요건 검토(주거정비지수)

■ 1단계 : 주거정비지수 평가 항목 산정

구 분	지수 평가 항목 산정	산정값
주민동의	• 토지등소유자 동의자 수 / 토지등소유자 총 수 - 예시) 160명 / 200명 = 80%	80%
노후도 (동수)	• 노후건축물 동수 / 총 건축물 동수 - 예시) 150동 / 200동 = 75%	75%
과소필지 (사유지)	• 과소필지 수 / 구역 내 총 필지수 - 예시) 20필지 / 200 필지 = 10%	10%
도 로 (택1)	• 도로연장율 : 4m 미만 도로의 총 길이 / 총 도로의 길이 - 예시) 80m / 500m = 16%	16%
	• 주택접도율 : 4m 이상 도로에 접한 건축물 총수 / 건축물 총수 - 예시) 98동 / 200동 = 49%	49%
호수밀도 (호/ha)	• 정비구역 내 1ha 당 건축물 동수 - 예시) 290호(단독주택 190호, 공동주택 100호) / 5ha = 58호/ha	58호/ha
구역면적	• 정비구역 지정요청 면적 : 50,000㎡	50,000㎡
신축 건축물	• 10년 이하의 건축물 수 / 전체 건축물 수 (사용승인일 기준) - 예시) 18동 / 200동 = 9%	9%
표 고	• 정비구역 대상지의 지형여건을 반영, 평균표고로 산정 - 예시) 평균표고 65m	65m

■ 2단계 : 체크리스트 작성

구 분		배점	지수 평가 항목					산정결과	평가결과
기본항목	구역면적	필수	• 대지면적 1만㎡ 이상					50,000㎡	만족
	노후도	필수	• 전체 동수의 2/3 이상					75%	만족
	호수밀도	필수	• 호수밀도 50호/ha 이상 (구역계 정형화가 필요한 경우 45호/ha 이상 적용 가능)					58호/ha	만족
기본점수	주민동의	50	60% 미만	60%~75%	75%~90%	90% 이상		80%	40
			30	40	75	90			
	노후도	30	2/3 미만	2/3~3/4	3/4~4/5	4/5이상		75%	20
			—	10	20	30			
	과소필지 (사유지)	5	20% 미만	20%~30%	30%~40%	40% 이상		10%	2
			2	3	4	5			
	도로 (택1)	연장율	20% 미만	20%~25%	25%~30%	30% 이상		—	—
			2	3	4	5			
		접도율	50% 미만	45%~50%	40%~45%	40% 이하		49%	3
			3	4	4	5			
	호수밀도 (호/ha)	10	45~50호	50~55호	55~60호	60~65호	65호 이상	58호/ha	5
			0	2.5	5	7.5	10		
추가점수	구역면적	+5	1만~1.5만㎡	1.5만~2만㎡	2만~3만㎡	3만㎡ 이상		50,000㎡	5
			+2	+3	+4	+5			
	신축 건축물	-5	5% 미만	5%~10%	10%~15%	15% 이상		9%	-2
			0	-2	-3.5	-5			
	표 고	-5	60m 미만	60~70m	70~80m	80m이상		65m	-2
			0	-2	-3.5	-5			
100점 만점 기준		100	항목별 점수 합계					—	71

앞서 표의 내용을 반드시 파악해야 한다. 100점 만점에 70점 이상인지, 구역면적과 대지면적 1만㎡ 이상, 노후도 2/3, 주민동의, 호수밀도 핵터당 50호 이상인지 말이다. 요즘은 기본 요건을 갖춰서 추진한다.

주민동의율에 대한 것은 각 지자체가 다르다는 사실을 명심하자. 보통 주민동의 70% 이상이 되어야 가능하다. 노후도를 알아보는 것은 부동산플래닛(www.bdsplanet.com) 사이트를 참고하자.

주민동의율은 대부분 60%는 나온다. 70% 이상이 나오는 곳인지, 반대 세력은 없는지, 누가 주도적으로 진행하고 있는지(장기적 사업 진행 의사 여부) 등을 잘 확인해야 한다. 또한 단타 세력인지 장기 세력인지 파악하는 것도 중요하다. 상가가 많은 곳은 반대가 많다는 사실도 잊지 말자.

그래서 투자는?

- 토지에 투자한다는 개념으로 장기 투자에 대비
- 기본 요건은 공부하고, 조건이 맞는 곳에 선진입
- 연간 수익률은 개념으로 접근
- 언젠가는 될 곳을 미리 찾아서 적은 투자금으로 묻어두기

이렇게 파악하면 된다. 재개발은 최소 10년 이상 걸린다고 생각해야 한다. 연간 수익률과 타 지역과 비교해야 하고, 적은 금액으로 묻어둔다는 생각으로 투자해야 하며, 노후도를 보고, 밀집 지역 다세대빌라 구역 안에 갭투자를 들어가는 것이다. 계속 끊임없이 파악해야 한다.

서울 지역 초기 재개발

재개발 초기 단계의 물건은 아무것도 이뤄지지 않은 것이다. 아무것도 이뤄지지 않았다는 것은 조합설립도 안 된 것을 말한다. 물론 구역지정도 안 되었을 뿐더러 그 조건 또한 갖춰지지 않았다는 것이다. 구역지정은 굉장히 중요한데, 구역지정이 되면 개발행위는 안 된다. 단독주택 매입해서 빌라 건축하는 것은 안 되는 것이다. 세대 쪼개기가 불가하다.

얼마 전 서울 모처의 재개발지역에 발품을 갔는데 오래된 단독주택을 허물고 새로 짓고 있는 빌라가 많음을 확인했다. 왜 이곳은 새로 짓는 것인가? 늘 의문을 가지고 파악하는 습관을 길러야 한다. 새로 짓는 빌라의 경우, 나중에 지분 쪼개기로 인해, 입주권을 주게 된다면 사업성은 어떻게 될 것인가? 그 상황을 살펴보니, 단톡방에서는 이런저런 말들이 많았고, 부동산 중개업소에서는 정해진 기준을 초과하지 않기에 문제가 없다고 했다. 해당 지자체 요건에 아무런 문제가 되지 않는다는 것이다. 입주권을 주는 기준이 되는 것은 권리가산정기준일이다. 이것이 매우 중요하다. 이 재개발지역의 단톡방에서는 신축 지은 것이 사용 승인 준공이 났는가? 만일 준공이 났다고 해도 같이 조합원으로 안고 갈 것인가 등의 문제를 놓고 갑론을박하는 분위기인데, 그 또한 현장에서 잘 파악해야 한다. 이 모든 것이 '썩빌' 투자 시 현장에서 파악해야 할 체크사항이다.

세대 쪼개기 안 되어야 사업성 높은 재개발 지역이고, 사업 속도도 빠르다. 그러나 사람들이 단독주택을 사러 온다(구역지정이 안 될 경우). 그리고 신축 빌라를 비싸게 짓고 판다. 세대 쪼개기 구역지정 조건을 갖추지 못해서 나중에 못 받게 되면 재개발사업은 추진이 안 된다. 그러면 나중에 개발이익도 못 얻게 되고, 프리미엄 형성이 안 되고 헐값에 던지고 나오는 결과를 초래한다. 그렇기 때문에 잘 보고 해야 한다. 초보 투자자들은 이렇게 진입하는 경우가 많다. 이게 문제이다. 재개발·재건축 고수들은 초기 단계에 안 들어간다. 요즘 트렌드이다. 초보 투자자가 들어올 가능성이 있으면 선진입해서 초보 투자자에게 프리미엄을 받고 파는 고수는 있다. 일반적인 초기 재개발 단계에서 언제 된다 그러면 거의 물 먹는다!

초기 단계(어느 정도 들어가면)에는 조합설립이 가장 중요하다. 이것도 10년 이상 걸린다. 그다음 조합설립이 끝나고 조합원들 소송(10년)은 기약이 없다. 구역지정을 받아도 조합설립을 하는 것이다. 기간이 너무 많이 걸린다. 명심하자.

구역지정을 받으면 가격이 상승한다. 그 구역지정을 받는 게 쉽지 않다. 재개발 바람이 불면 빌라 업자들이 단독주택을 사서 그 자리에 빌라를 짓는다. 구역지정 요건 형성이 안 되어서 계속 늘어지고 취소된다. 초기 재개발은 그만큼 어려운 것이다. 그런데 일반인들, 초보들이 많이 오를 것이라는 기대감으로 진입한다. 왜 초기 단계에 들어갈까? 강한 테마이고, 트렌드이다 보니 그렇다. 신축 분양과 더불어 가장 압권의 상승을 거두다 보니 관심을 가진다. 그런데 수익을 보는 것은 초기 재개발 전이다!

가속도가 붙은 원인은 7. 10대책으로 인한 규제와 취득세 인상, 종부세 인상으로, 이후 공시지가 1억 원 이하 주택 바람이 분 것이다. 재개발·재건축 물건 좋지 않겠냐 하는 초기 재개발 대박 환상에 투자자들이 진입한다. 거기에 공공재개발의 속도가 빨라진다는 환상이 더해졌다. 그런데, 규제와 대책이 어느 세월에 되겠는가! 쉽지 않다.

조합설립까지 몇 년이 걸릴지 모른다. 계속해서 빌라를 신축한다. 임차인과 전쟁, 각자의 계산이 다르다. 상가주택, 빌라는 추진위를 인정하지 않는 분위기이고, 시장 사이클 마지막은 욕망이 정점이다…. 기회비용을 생각하면 별로 득이 되지 않는 이야기이다.

부동산 사이클에서 열매를 못 따먹은 사람의 욕망, 소액 투자금으로 장기 투자해서 큰 수익을 얻고 싶은 욕망, 이런 욕망에 의해 초보들은 상승 마지막 사이클에 불꽃을 터뜨린다. 그러나 재개발은 지역마다 상황에 따라 조합설립까지 오래 걸린다. 재개발·재건축은 각자 계산이

다르다. 먼저, 한 구역(재개발·재건축)에서 상가주택을 가진 사람들은 월세를 받는데 굳이 재개발·재건축을 할 필요가 없다. 주도가 되어 반대파를 형성한다. 주로 그 구역의 좋은 입지를 가지고 있어서 재개발·재건축 진척이 안 된다.

그다음, 단독주택 가진 사람들은 70~80평 깔고 있어서 팔아도 차익이 남는다. 굳이 공시가의 120% 받아서 아파트 한 채 받으면 실익이 없다. 이런 이유들로 찬반이 갈린다.

그나마 찬성하는 쪽은 작은 빌라를 가진 사람들이다. 빌라 가진 사람들은 역대 프리미엄이 붙으니 찬성한다. 투자자에게 팔고 나간다. 동상이몽이다. 조합설립도 안 되는데, 그나마 빨라도 10년 이상이다.

추진위원회가 있어도 추진위원회를 인정하지 않고, 서로 신뢰가 없다. 초기 재개발·재건축은 시장 사이클의 마지막에 나오는 현상이다. 그래서 초보자들이 들어간다. 미리 들어간 고수들은 초보자들에게 던지고 나오는 것이다. 조합설립만 10년이니 운이 좋아서 시세는 오르더라도 기회비용을 잃는다. 차라리 딴 데 가서 많이 회전해서 버는 게 낫다. 10년간 반지하, 오래된 빌라를 샀는데 누수로 골머리가 아프다. 비만 오면 전화가 온다. 이사 비용 주고 내보내고, 공실로 두거나 아주 싸게 내놓는 경우가 발생한다. 다른 곳에 투자하는 게 낫겠다고 판단하고 손절도 한다. 조합설립하는 데도 시간이 많이 걸린다. 계속 임차인들에게 시달린다. 귀찮아서 파는 경우도 많다. 이런 경우도 항상 생각해야 한다.

돈을 갖고만 있으면 손해가 아니라 기다리면 좋은 기회가 온다. 못 참고 아무 물건이나 사서 어느 세월에 될지 모르는 투자는 하지 말자.

누군가 그린 그림에 쉽게 들어가지 마라. 기회비용 놓친다. 명심하자. 임차인들로 인해 고생할 수도 있다. 그러다 구역지정 안 되어서 손해 보는 경우도 많다. 고수들도 이런 경험 한 번씩은 다 있다. 초기 재개발 투자를 위해 현장에 막상 가보면 공공주도 섹터에 들지 않은 지역은 귀신같이 투자자들이 진입해서 법인으로 매수를 했다. 부동산 중개업소 소장님들마다 사업의 속도에 대한 이야기도 다르다. 5~7년 안에 이주한다고들 말한다.

투기성 단타 썩빌(초기 재개발) 투자를 하려고 마음먹었다면 단계마다 플래카드가 걸릴 상황에 맞게 매도계획을 세우자. 아니면, 내가 투자한 금액 대비 일정 수익을 얻을 수 있다면 매도 계획을 세우기를 바란다. 늘 큰 욕심을 버릴 때 내 자산을 지킬 수 있다는 사실을 명심하자. 잊지 말자. 성공 확률보다 실패 확률이 높다!

서울시의 도시정비사업과 관련된 기사(서울시 도시정비구역 일몰제 연장 관련 기사 참고. http://www.areyou.co.kr/news/articleView.html?idxno=53980)들도 끊임없이 체크해야 한다.

┃ 도시 정비구역 해제 연장(일몰기한 연장) 절차 ┃

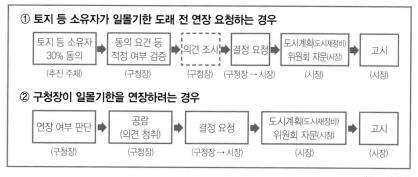

제공 : 서울시

어떤 매뉴얼로 진행되는지 파악하는 것도 중요하다.

재개발 활성화 6대 규제 완화

❶ 주거정비지수제 폐지
❷ 정비구역 지정기간 단축
❸ 주민동의 확인 절차 간소화
❹ 해제구역 신규구역지정
❺ 2종 7층 주거지 규제 완화
❻ 매년 재개발 지정 공모

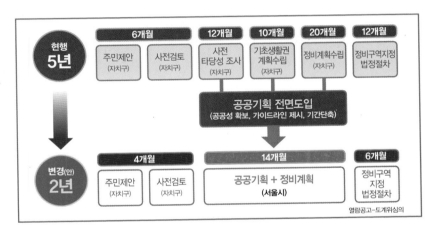

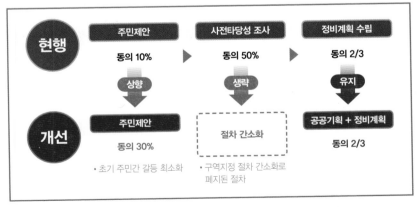

┃ 주거정비지수제 폐지 ┃

구분	기존 법적 요건	주거정비지수제 폐지
필수	노후도(동수) 2/3 이상, 구역 면적 1만㎡ 이상	노후도(연면적) 2/3 이상, 평가점수 70점 이상
선택	노후도(연면적) 2/3 이상, 주택접도율 40%, 과소필지 40%, 호수밀도 60세대/ha	주민동의(소유자, 면적) 40점, 도로 연장률 15점, 노후도(동수, 연면적) 30점, 세대밀도 15점

자료 : 서울시

이렇게 점점 개선이 되다 보니 썩빌 투자에 투자자들이 초기 선진입하는 것이다. 최근 큰 이슈인 공공재개발, 민간재개발, 소규모 재건축사업, 가로주택정비사업과 최근 오세훈 서울시장 취임 이후 강남권 이외 서울의 썩빌 수요가 늘어났다. 인 서울 썩빌 투자!

규제가 비껴가서 실수요와 투자가 몰려 거래량이 증가하는 일명 '빌라 패닉바잉' 현상에 따라 피해 경보도 울리고 있다. 아무래도 아파트 대비 정보가 부족하기 때문에 '권리산정일' 등도 잘 확인해야 한다는 점을 잊지 말자.

┃ 도심공공주택복합개발사업

서울시의 도심공공주택복합개발사업의 선도사업 후보지를 자세하게 나타낸 자료이니 참고하자.

강북권(방학동, 창동)과 강서권(영등포, 은평신림등) 등 서울 외곽 지역에서의 낙후된 빌라 투자가 늘어나고 있다. 동시에 실거래가도 호가 상승

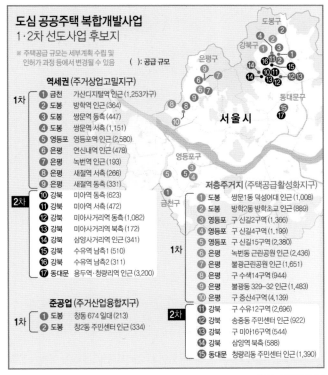

자료 : 국토교통부

중이다. 썩빌 전세가 상승 중이다.

공공주도(도심공공주택복합개발사업)로 인해 투자자들의 썩빌 투자가 트렌드가 되었다는 사실! 자세하게 파악하려면 국토교통부 홈페이지 (http://www.molit.go.kr/3080/main.jsp#none)에 들어가서 자료를 살펴볼 수 있다.

▌민간 vs 공공주도

이런 사업은 주민의 동의가 필요한데 어떻게 충돌을 처리할지 고민하는 것이 중요하다. 세금에 대한 취득세 1.1%, 다주택자 양도 시 공시지가 1억 원 이하 매물을 갖고 판다면 다주택자 중과 적용이 되지 않는다.

종합부동산세 – 공동주택 가격의 공시가격이 낮을수록 좋은 게 세법이고, 부담 없이 사고파는 게 좋아서 하는 것이다.

재개발의 사업 무기는 역세권 고밀개발이다. 반경 250미터로 정했는데 한시적으로 350미터까지 늘렸다. 2종이 3종이나 준주거지로 올라간다. 한 단계~두 단계 용적률 상향으로 세대수가 늘어나서 사업성이 좋아지고, 그 지역 랜드마크가 된다.

2. 4 대책의 공공주도 재개발 – 민간이 주도하는 데 반감

1. 고급화 불가
2. 소유권 이전 시까지 매매할 수 없다.

재개발을 오래 기다렸다면 둘 중 하나이다. 적당한 프리미엄을 받고 매도하든지, 아니면 입주권을 받는 것인데, 이 또한 쉽게 진행될지는 의문이다. 속도가 더딘 상황에서 그나마 오세훈 서울시장 취임 후 재개발과 재건축에 변화의 바람이 부는 중이다. 오세훈 시장의 재개발 완화는 무엇이고, 어떻게 공략해야 할까?

오세훈 시장이 주거정비지수제를 폐지해 재개발 가능 지역을 늘리겠다고 발표한 기사들을 찾아보기를 바란다(https://www.hani.co.kr/arti/area/capital/996743.html).

주거정비지수 실제 6년을 통과한 지역은 거의 없다. 노후도 또한 강화했다. 연면적 노후도 통과가 어려웠다. 이것을 폐지하면 재개발을 원활하게 해주겠다는 의미이다. 노후도 완화는 안 되는 사업지도 향후 재개발 구역지정을 원활하게 한다!

역세권 주택 및 공공임대주택 건립 관련 운영기준

2008. 11. 18. 서울특별시 행정2부시장 방침 제542호
전문개정 2009. 6. 1. 서울특별시 행정2부시장 방침 제289호
전문개정 2010. 11. 5. 서울특별시 행정2부시장 방침 제362호
일부개정 2011. 5. 3. 서울특별시 행정2부시장 방침 제10009호
전문개정 2018. 4. 24. 서울특별시 행정2부시장 방침 제81호
일부개정 2019. 5. 13. 서울특별시 행정2부시장 방침 제138호
일부개정 2019. 9. 18. 서울특별시 행정2부시장 방침 제260호
전문개정 2020. 10. 13. 서울특별시 행정2부시장 방침 제270호

[단독] 서울 80곳 역세권 주상복합 '높이제한' 완화

입력 2020.09.20. 오후 6:42

나현준 기자 >

160   62

8·4 주택공급 대책 후속 조치

역 인근 고밀주거지역 개발시 건물 간 거리 절반으로 축소

용적률도 500→700%로 상향 늘어난 용적률 절반 공공임대

미아 남구로역 등 후보지

공시가격 1억원 이하 매물

역세권 고밀주거 활성화 사업

항목	내용
용적률	최대 700% 허용 (법적 상한치 1.4배)
높이제한	현재 기준 대비 2배 완화
인동거리	현행 대비 건물 간 거리 2배 완화 (29층 기준 37.5m → 18.75m)
기부채납	서울시 조례로 정함 (늘어나는 용적률 50~60% 예상)
대상지	서울 지하철 역사 80여 곳 미아역 상월곡역 공릉역 남구로역 등

※ 자료=국토부·서울시

출처 : 매일경제 2020. 09. 20 기사

2020년 8. 4 주택공급대책의 후속 조치로 일조권 제한 사항을 풀어주고, 동간 거리를 완화하겠다는 발표가 있었다. 이렇게 되면 사업성이

높아진다. 2021년 2. 4 대책 발표(공공주도 속도가 빠르다)는 정부가 나서서 할 수밖에 없다는 취지이다. 단, 개인 재산이기에 주민들 동의를 얻겠지만, 용적률 상향 정책을 펼친다고 해서 원하는 대로 쉽게 사업이 진행될지는 의문점이 든다. 상가를 보유한 원주민 입장에서 동의는 했다 해도 막상 보상문제로 부딪히게 되면 사업이 쉽게 진행되기 어려운 사항이 될 수 있다. 동의와 보상은 다르기 때문이다. 초등학교 증축문제, 도로문제 등 사업의 속도를 느리게 만드는 요인은 많다. 제일 중요한 건 부동산 분위기이다. 분위기가 꺾이면 사업성이 나지 않기 때문에 진척이 없을 수 있다. 리스크는 늘 존재한다. 현재 이주하고 나서도 소송문제로 공사의 진행이 느린 서울시 안의 재개발 지역들이 많음을 명심하자.

> ## 용적률 상향 / 일반 재개발 대비 낮은 노후도 적용
> ### 사전 검토(주민동의 50%) → 사업시행인가
> **[추진위 / 조합설립 절차 생략]**

　역을 끼고 있다면 이미 투자자들이 진입해서 그림을 그렸을 것이다. 공공재개발에서 탈락했다면 역세권 시프트 재개발로 진행하려고 한다. 하지만 역세권 시프트에 설치해야 하는 사업시설 등 비주거시설 의무비율이 사업자들에게 부담되기 때문에 사업의 타당성검토를 해서 진행되더라도 빠른 속도로는 어려울 것이다. 현장답사를 가보면 사업성이 떨어져 장기간 개발에 착수하지 못하고, 일반 재건축 또는 재개발로 방향을 트는 곳도 있다. 언론의 기사만 나와도 투자자들이 알고 미리 매수하기에 가격은 이미 상승함을 알 수 있다.

초기 재개발 투자에서 반드시 알아야 하는 것은 거듭 강조하지만, 앞서 언급한 요건에 부합하는지, 공공재개발에서 탈락해도 추후 매도에 문제가 없는지다. 또한 누가 주도적으로 사업을 진행하는지, 사업진행이 취소된다면 토지로서의 가치는 충분한지, 내가 투자하고픈 초기 재개발 인근에 재개발이 진행되는 곳이 있는지 체크한다. 마지막으로 개발 호재가 있는지도 파악하는데, 호재가 있다는 것은 언제든 매도하기 수월하다는 뜻이다.

썩빌 투자에서 전세가 상승을 보는 것은 중요하다. 전세가 상승은 매매가를 올려주는 분위기가 되기 때문이다. 또한 최근 전세자금대출 관련 규제를 잘 파악하자. 레버리지 활용은 투자에서 중요하다. 전세자금대출 규제로 인해 현재 대출이 쉽지 않지만, LH나 중소기업청년대출 등을 맞출 수 있는지 여부도 현장에서 잘 파악해야 한다. 투자금을 최소화하기 위해서이다.

썩빌은 공시지가 상승이 아파트에 못 미치고, 시세 파악 또한 아파트보다 어렵다(썩빌의 시세를 파악하는 비법은 뒤에 나오니 잘 체크하길 바란다). 그런데 왜 투자자들은 썩빌에 투자할까? 먼저, 서울 썩빌 투자는 최근 트렌드인데, 공시지가 1억 원 미만 썩빌을 선호하는 이유는 바로 취득세 때문이다. 그리고 누구나 서울에 거주하고 싶은 마음, 시간이 걸려도 서울에 집을 가졌다는 뿌듯한 마음이 있기에 투자를 하는 것도 사실이다. 썩빌 투자의 분위기, 흐름은 어디를 보고 가는지가 중요하다. 오세훈 서울시장의 공약, 투자자들의 흐름, 정부정책에 따른 방향성, 이 모든 게 합쳐져서 움직이는 게 부동산의 가격일 것이다. 지역적인 호재, SOC사업, 공공재개발에 대한 이슈! 투자하기 전 관련 기사를 꼭 검색해서 정보를 찾고, 파악하는 최소한의 노력을 하길 바란다. 관련 내용을 잘 파악해서 언제 매도할 것인지 자기만의 플랜을 꼭 짜길 바란다. 리스크 없는 투자는 없으므로 언제나 그 리스크에 대비하는 사람이 되길 소망한다.

▌공시지가 1억 원 미만 구축 빌라 투자 시 주의사항

먼저, 어떠한 관점을 가지고 투자할 것인지가 가장 중요하다는 사실을 명심하자.

1. 해당 물건의 전세가를 분석해라

사실 모르는 지역의 경우 적정가를 알기는 쉽지 않다. 그렇기 때문에 임장, 현장답사로 인근 중개업소에서 체크하자. 국토교통부 실거래가 공개시스템(http://rt.molit.go.kr)을 통해 매매 · 전세를 찾고 파악한다.

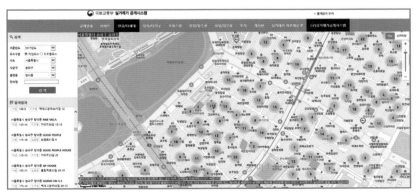

출처 : 국토교통부 실거래가 공개시스템

찾는 방법은 이렇다. 해당 연도를 체크하고, 10년간 전월세와 매매가 등을 파악하면서 얼마에 거래되었는지 파악하는 것이 중요하다. 연립과 다세대빌라는 연식, 주차장, 엘리베이터 유무 등 개별성이 강하고, 거래가 잘 일어나지 않기 때문에 인근 지역에 거래된 가격을 잘 파악해야 한다. 향후 재개발·재건축이 되지 않을 경우 나의 대처 방안은 무엇인지 생각해두는 것도 아주 중요하다.

편하게 보려면 부동산플래닛(www.bdsplanet.com)을 통해서도 가능하다.

출처 : 부동산플래닛

이렇게 10년간의 매매가와 전월세 가격을 보는 것이다.

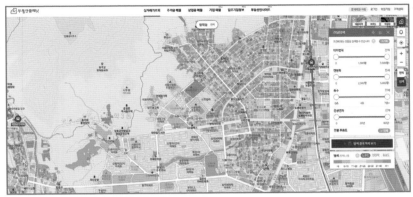

출처 : 부동산플래닛

내가 관심 있는 지역의 노후도를 파악하면 그 지역 썩빌 투자처를 찾는 데 도움이 된다.

2. 전세자금대출의 한도와 금리는 얼마인지, 주변 전셋집들의 시세와 집 컨디션은 어떤지 파악한다

금융권과 공공기관의 전세자금대출을 파악하는 것은 필수이다. 해당 물건에 전세를 들인다면 비교할 수 있는 대체제를 체크하는 게 중요하다. 늘 강조하지만 리스크 + 기회비용은 함께 움직인다는 사실을 기억하자. 이렇게 해야 투기성 단타 수요에 의한 폭탄돌리기에 걸리지 않는다는 말을 강조한다(치고 빠지는 것을 강조하는 기러기 대장들을 따라 투자한 사람들은 조심!). 그래야 살아남는다는 것을 명심해라!

썩빌 매수했는데 공공주거지 선정되면 좋다. 1억 원에 사서 10억 원 신축 아파트 받으면 대박 투자인데, 이렇게 될 확률은 희박하다는 말을 전한다. 이렇게 투자해도 되고, 돈을 벌 수 있는데 폭탄돌리기의 희생양이 되지는 말자는 이야기이다.

이런 폭탄돌리기의 희생양이 되지 않으려면 전세를 끼고 산 매물의 향후 전세가 상승 유무를 따지고, 현재 임차인이 만일 퇴거한다고 하면 더 높게 전세를 맞출 수 있는지, 전세 맞추기에 힘든 상황은 없는지 파악하는 것이 매우 중요하다. 아니면, 투자에서 물려도 내가 신축을 진행할 수 있는지 파악하는 것도 중요하다.

3. 해당 물건의 토지이용계획확인원을 꼭 찾아본다

국토교통부에서 운영하는 토지이용계획 열람 서비스(https://www.luris.go.kr)를 이용하면 해당 물건의 토지이용계획확인원을 확인할 수 있다. 서울시에서 운영하는 서울부동산정보광장(https://land.seoul.go.kr:444/land)에서도 확인할 수 있다. 빠른 공시가격도 알 수 있고, 용도지역 체크도 쉽게 된다.

출처 : 서울부동산정보광장 홈페이지

LH에서 운영하는 씨:리얼(https://seereal.lh.or.kr/main.do)도 있다. 이곳 홈페이지에서도 지도상에서 바로 공시가격과 용도지역을 체크할 수 있다.

이외에도 요즘은 민간에서 개발한 좋은 어플리케이션이 다양하므로 잘 활용하면 도움을 받을 수 있는데, 과연 어떻게 확인해야 할까? 먼저, 토지이용계획확인원을 통해 다음 내용은 반드시 파악하자!

• 해당 물건이 어떠한 도로조건을 가지고 있는가?

해당 물건이 북쪽이나 코너 쪽 땅이면 향후 신축 시 일조권이나 사선제한에 영향을 받지 않고 올바르게 건물을 올릴 수 있다. 명심하자.

• 용도지역은 무엇인가?

대부분 썩빌들이 1종 일반주거지역 아니면 2종 일반주거지역이다. 2종 일반주거지에 투자하는 게 나중에 훨씬 더 가치가 있다는 것을 잊지 말자. 또한 2021년 4월 오세훈 서울시장이 7층으로 묶여 있던 빌라촌 개발 빗장을 푼다고 발표하면서 2종 주거지 층수 규제가 완화될 전망이다.

출처 : 매일경제 2021. 04. 16 기사

공공이든, 민간이든 재건축·재개발 한다고 생각하지 말고, 내가 직접 재건축·재개발을 진행한다고 여기고 투자를 하면 좀 더 좋은 물건을 선택할 것이다. 또한 투자에서도 훨씬 깊은 통찰력이 생길 것이다.

아무것도 확정되지 않은 공시지가 1억 원 미만 초기 썩빌 투자에 접근할 때는 단타성 투기 수요에 의한 폭탄돌리기의 희생양이 되지 않기 위해 다음을 꼭 명심하자. 첫째, 해당 물건의 전세가 상승 여부를 확인하자. 둘째, 추후 신축으로 올릴 수 있는지도 파악한다. 셋째, 단톡방이나 스터디로 수요를 몰고 가는데 이 또한 조심해라! 아직 구체적인 개발계획이 수립되지 않은 곳에 그들이 그린 그림에 투자하는 것은 조심해야 한다. 누군지도 모르는 이가 그린 그림에 수요가 몰리고, 가격이 상승하는 것을 조심하자는 것이다. 단타성 투기 수요에 의한 폭탄돌리기의 마지막 기차를 타지 않게 조심, 또 조심해야 한다는 것을 잊지 말자.

서울시 25개구 중 투자금이 적게 들어가면서 좋은 지역은 어디일까? 내가 투자금 대비 가장 좋다고 여기는 곳이 양천구이다. 또한 관악구, 성북구, 은평구도 개발 호재 + 재건축·재개발이 이뤄지는 곳이기에 잘 공부해보기를 바란다. 마지막으로 초기 재개발에 투자할 때 꼭 명심해야 할 사항을 보기 쉽게 정리하며 마무리한다.

초기 재개발(리스크 + 투자 법)
"High Risk! High Return!"

투자는?

- 투자금에 맞게 하는가?
- 투자처에 맞게 하는가?

1. 개발 호재(**GTX A~D노선, 경전철, 서울 지하철** 연장)

2. 재개발, 재건축 인근

3. **공시지가 1억 원** 미만 제대로 확인!

4. **전세가율** 높은지 체크(추후 재개발 진행이 되지 않으면 안고 가야 하기 때문)!

5. 용도지역 **2종 일반주거지**인지 파악!

6. 재개발 **리딩**하는 사람 누구인지 파악!

7. 살 때부터 **장기보유**인지? **단기보유**인지? 정하고 투자!

8. **실 투자금(수리비 포함)** 잘 체크하고 매수!

9. 공공주도인지, 공공재개발(**현금청산, 토지거래허가구역**)인지 파악!

투자 = 리스크 + 기회비용 명심해라!

남호 이성주의 선물

공시지가 1억 원 미만 매물

6개 지역의 공시지가 1억 원 미만 아파트 중 매물이 있는 것들 위주로 최근 자료(2021년 10월 15일 기준)를 찾아보았다. 물론 상세한 것은 독자 여러분이 직접 부동산공시가격알리미를 통해 꼭 체크해보기를 바란다. 또한, 같은 아파트라고 하더라도 층과 동에 따라 공시지가 1억 원이 넘을 수 있고, 시시각각 변하는 부동산 시장이다 보니 책 출간 시점에는 이 매물들이 없어질수 있다는 점 또한 미리 밝혀둔다.

남양주시

공시지가 1억 원 미만(20년 이상, 초등학교 500미터 이내)

주소1	주소2	주소3	아파트명	기본	년차	준공	전용	매매	전세	월세	매매기준	평당가	공시가
경기	남양주시	오남읍	진주6차	기본	32	1990.07.	39.96	3	0	0	13,500	869	5,198
경기	남양주시	오남읍	진주8차	기본	32	1990.12.	68.94	1	0	0	20,000	800	7,866
경기	남양주시	오남읍	진주8차	기본	32	1990.12.	84.60	1	0	0	23,500	775	9,747
경기	남양주시	오남읍	진주4차	기본	32	1990.04.	39.96	2	0	0	13,750	908	5,643
경기	남양주시	진접읍	삼신	기본	30	1992.04.	64.62	4	1	0	25,000	1,004	9,918
경기	남양주시	오남읍	진주2차	기본	32	1990.04.	39.96	3	0	0	16,250	1,091	6,156
경기	남양주시	오남읍	진주9차	기본	31	1991.05.	55.80	1	1	0	17,000	822	7,353
경기	남양주시	화도읍	삼청장미9차	기본	27	1995.05.	59.91	2	4	0	17,750	686	7,695
경기	남양주시	화도읍	현대1차	기본	31	1991.09.	64.92	2	5	1	18,250	714	7,695
경기	남양주시	화도읍	마석건영	기본	28	1994.01.	82.68	4	4	0	22,500	734	9,747
경기	남양주시	오남읍	진주8차	기본	32	1990.12.	39.54	3	0	0	13,250	866	5,472
경기	남양주시	오남읍	진주3차	기본	32	1990.04.	39.96	3	2	2	16,000	1,065	5,814
경기	남양주시	오남읍	진주5차	기본	32	1990.07.	39.96	2	0	0	13,750	908	5,643
경기	남양주시	오남읍	진주7차	기본	32	1990.10.	39.96	1	2	0	14,000	916	5,643
경기	남양주시	오남읍	진주9차	기본	31	1991.05.	68.94	3	2	0	18,000	711	8,550
경기	남양주시	금곡동	금성햄밀리	기본	30	1992.12.	59.40	1	0	0	14,750	657	7,524
경기	남양주시	오남읍	보영	기본	31	1991.12.	47.49	1	0	0	8,600	455	5,198
경기	남양주시	진접읍	삼신	기본	30	1992.04.	57.55	6	2	0	17,000	781	8,721
경기	남양주시	금곡동	인정프린스	기본	36	1986.11.	49.08	1	1	0	15,000	762	8,550
경기	남양주시	오남읍	진주7차	기본	32	1990.10.	55.80	1	3	1	17,750	859	7,079
경기	남양주시	진접읍	삼신	기본	30	1992.04.	46.05	2	3	4	14,750	829	7,353
경기	남양주시	오남읍	대한	기본	24	1998.12.	59.94	5	4	0	21,750	943	9,747
경기	남양주시	진접읍	우남	기본	30	1992.05.	84.84	2	2	0	18,000	554	9,747
경기	남양주시	오남읍	오남한신1차	기본	25	1997.12.	59.73	3	0	1	21,000	926	9,918
경기	남양주시	진건읍	진건주공2단지	기본	24	1998.12.	39.99	4	2	1	15,750	963	8,721
경기	남양주시	오남읍	보영	기본	31	1991.12.	77.58	2	0	0	12,500	421	8,208
경기	남양주시	진접읍	우남	기본	30	1992.05.	68.76	1	0	0	14,500	539	7,524
경기	남양주시	진접읍	우남	기본	30	1992.05.	70.20	3	2	0	14,500	535	7,695

자료 : 손품왕

광주광역시

공시지가 1억 원 미만(20년 이상, 초등학교 500미터 이내)

손품플랫폼		임장지도	실거래	멀티	매물	공시	매물건수			매매 - 기준		68.4 %
주소1	주소2	주소3	아파트명	년차	준공	전용	매매	전세	월세	매매기준	평당가	공시가
광주	북구	두암동	현대1차	24	1998.01.	59.84	2	0	0	13,000	583	7,866
광주	서구	쌍촌동	시영,빛고을파크	31	1991.09.	50.16	2	4	0	13,000	607	7,524
광주	서구	쌍촌동	시영,빛고을파크	31	1991.09.	50.22	2	0	0	13,000	594	7,524
광주	남구	방림동	모아2단지2차	33	1989.06.	59.91	1	1	0	17,000	744	9,918
광주	서구	쌍촌동	시영,빛고을파크	31	1991.09.	59.82	2	0	0	13,500	547	8,208
광주	북구	일곡동	일곡청솔2차	22	2000.12.	48.45	11	2	0	10,000	487	6,156
광주	북구	일곡동	일곡청솔2차	22	2000.08.	48.45	17	4	3	10,000	496	6,156
광주	북구	오치동	오치주공	30	1992.10.	45.00	1	2	0	8,000	443	4,993
광주	광산구	우산동	하남주공2차	31	1991.11.	44.52	8	1	0	7,600	424	4,720
광주	북구	동림동	삼익	26	1996.05.	59.97	4	0	0	12,250	520	7,866
광주	북구	일곡동	일곡청솔4차	21	2001.02.	48.45	22	6	0	10,250	507	6,498
광주	북구	일곡동	일곡청솔	22	2000.10.	48.45	9	1	1	10,250	502	6,498
광주	북구	신용동	용두주공	24	1998.08.	59.99	2	0	0	16,250	659	9,405
광주	북구	문흥동	대주맨션2차	34	1988.11.	49.98	1	0	0	7,650	366	4,891
광주	광산구	운남동	삼성	26	1996.12.	59.91	1	0	0	15,000	600	9,576
광주	남구	방림동	라인효친1차	33	1989.05.	59.31	1	2	0	16,000	647	8,208
광주	북구	문흥동	우산2단지	32	1990.06.	59.39	3	3	0	16,000	621	7,866
광주	북구	양산동	청암	24	1998.02.	59.97	1	0	0	9,500	384	6,156
광주	북구	문흥동	문흥대주3차	28	1994.04.	49.97	1	1	0	9,000	431	5,814
광주	북구	문흥동	대주맨션2차	34	1988.11.	59.91	1	0	0	9,000	370	5,643
광주	북구	문흥동	대주맨션1차	34	1988.02.	59.86	1	0	0	9,000	345	5,814
광주	서구	금호동	금호시영5단지	28	1994.02.	59.82	1	2	1	14,250	552	8,208
광주	서구	화정동	금호타운2차	29	1993.10.	59.26	2	0	0	14,100	587	9,063
광주	광산구	우산동	대덕2차	31	1991.03.	59.94	1	0	0	8,800	347	5,677
광주	북구	문흥동	우미1차	28	1994.04.	49.96	2	1	0	10,000	500	6,840
광주	남구	주월동	서강	24	1998.04.	59.94	1	0	0	11,000	577	7,182
광주	광산구	월곡동	한성2차	31	1991.07.	84.24	1	3	0	14,700	439	9,234
광주	서구	화정동	우성2차	35	1987.11.	59.00	1	1	3	15,500	632	9,234
광주	북구	문흥동	라인1차	28	1994.04.	59.96	1	1	0	13,000	569	8,550
광주	북구	문흥동	문흥상록	25	1997.04.	59.80	7	4	0	13,000	526	8,550
광주	북구	일곡동	대림1차	25	1997.12.	49.94	2	1	0	14,000	656	8,892
광주	북구	문흥동	일신	28	1994.02.	59.99	3	0	0	12,500	518	8,208
광주	북구	오치동	삼익1차	31	1991.10.	73.37	1	0	0	13,000	483	8,550
광주	광산구	송정동	송정대덕9차	27	1995.07.	59.92	2	0	0	12,500	511	8,208
광주	서구	금호동	금호시영1단지	29	1993.12.	49.86	1	2	1	12,450	594	8,208

자료 : 손품왕

창원시(마산, 진해, 창원)

공시지가 1억 원 미만(20년 이상, 초등학교 500미터 이내)

	손품플랫폼		임장지도	실거래	멀티	매물	공시	매물건수			매매 - 기준		68.4 %
주소1	주소2	주소3	아파트명	년차	준공	전용	매매	전세	월세	매매 기준	평당가	공시가
경남	창원시 성산구	상남동	성원(토월그랜드타운)	28	1994.06.	49.98	28	49	0	20,000	896	9,234
경남	창원시 성산구	남양동	피오트빌	27	1995.07.	39.70	29	6	2	14,500	890	7,866
경남	창원시 성산구	남양동	피오트빌	27	1995.07.	49.51	37	23	0	18,500	902	9,918
경남	창원시 마산합포구	월영동	동아1차	24	1998.04.	59.52	6	0	0	14,000	599	8,208
경남	창원시 마산합포구	해운동	두산2차	29	1993.12.	59.34	4	0	0	14,000	550	7,695
경남	창원시 진해구	여좌동	대광	26	1996.10.	84.63	2	0	0	13,500	458	7,524
경남	창원시 성산구	대방동	원남산3차(301~308동)	30	1992.11.	49.68	1	3	0	13,000	625	6,498
경남	창원시 진해구	여좌동	대광	26	1996.10.	84.80	2	0	0	14,500	471	7,524
경남	창원시 성산구	대방동	대방개나리1차	30	1992.09.	42.18	23	18	1	13,500	757	7,182
경남	창원시 마산합포구	월영동	현대	24	1998.07.	59.70	1	1	0	14,250	595	8,550
경남	창원시 성산구	대방동	원남산3차(309~311동)	30	1992.11.	47.97	31	9	0	10,500	543	5,301
경남	창원시 진해구	풍호동	우성	29	1993.12.	59.85	6	6	0	12,000	492	6,156
경남	창원시 성산구	대방동	대방대동	30	1992.09.	49.94	30	23	0	17,750	824	9,473
경남	창원시 진해구	태평동	진해태평신생	29	1993.01.	59.36	1	0	0	9,000	414	5,472
경남	창원시 성산구	대방동	원남산3차(301~308동)	30	1992.11.	59.34	11	0	0	16,750	679	9,063
경남	창원시 마산합포구	월영동	월영동아2차	24	1998.11.	59.62	8	0	0	14,250	587	8,379
경남	창원시 마산회원구	내서읍	숲숲마을주공그린빌4단지	20	2002.11.	59.26	1	0	0	14,500	624	8,550
경남	창원시 마산회원구	내서읍	한우리2차	21	2001.06.	59.86	1	0	0	10,500	476	6,772
경남	창원시 마산합포구	해운동	두산1차	31	1991.01.	84.39	1	0	0	15,250	464	8,550
경남	창원시 마산회원구	내서읍	THE-푸른	24	1998.06.	59.84	1	1	0	11,500	527	6,840
경남	창원시 마산회원구	내서읍	THE-푸른	24	1998.06.	59.99	8	0	0	11,500	526	6,840
경남	창원시 마산회원구	내서읍	THE-푸른	24	1998.06.	59.99	2	0	0	11,500	526	6,840
경남	창원시 성산구	대방동	대방그린빌	26	1996.06.	39.71	18	13	0	13,500	819	7,182
경남	창원시 마산합포구	월영동	현대1차	24	1998.04.	59.98	1	1	0	14,000	606	8,379
경남	창원시 성산구	대방동	대방개나리1차	30	1992.09.	49.41	19	10	1	16,000	775	8,550
경남	창원시 성산구	신촌동	성원	35	1987.06.	50.91	1	3	0	8,700	509	5,814
경남	창원시 마산회원구	내서읍	숲숲마을주공6단지	20	2002.03.	75.88	1	0	0	18,000	596	9,918
경남	창원시 의창구	팔용동	대동아파트	28	1994.09.	49.98	2	0	0	14,750	712	9,234
경남	창원시 마산회원구	내서읍	한우리1차	22	2000.09.	59.86	3	2	0	10,500	471	6,772
경남	창원시 마산회원구	구암동	구암대동2차	22	2000.05.	59.92	1	0	0	14,000	573	8,892
경남	창원시 마산회원구	구암동	구암대동타운	24	1998.01.	59.92	5	0	0	14,000	571	8,892
경남	창원시 마산회원구	내서읍	숲숲마을주공6단지	20	2002.03.	59.85	1	0	0	13,500	575	7,866
경남	창원시 진해구	태평동	진해태평신생	29	1993.01.	84.92	1	0	0	13,000	430	8,208
경남	창원시 진해구	제황산동	평화그린파크	26	1996.08.	59.88	1	0	0	8,000	330	5,130
경남	창원시 성산구	대방동	대방그린빌	26	1996.06.	49.86	23	6	0	15,750	755	8,892
경남	창원시 마산회원구	내서읍	THE-푸른	24	1998.06.	49.62	4	0	0	9,500	478	6,156

자료 : 손품왕

제주도

▍공시지가 1억 원 미만 ▍

손품플랫폼	임장지도		실거래	멀티	매물	공시	매물건수			매매 - 기준		68.4 %
주소	주소2	주소3	아파트명	년지	준공	전용	매매	전세	월세	매매기준	평당가	공시가
제주	서귀포시	동홍동	동홍주공2단지	32	1990.12.	39.69	1	0	0	15,250	1,080	8,892
제주	서귀포시	동홍동	동홍주공2단지	32	1990.12.	39.30	2	0	0	15,250	1,090	8,892
제주	서귀포시	동홍동	동홍주공1단지	34	1988.10.	39.30	1	1	0	14,250	1,016	9,405
제주	서귀포시	동홍동	동홍주공1단지	34	1988.10.	39.69	1	2	0	14,250	1,008	9,405
제주	서귀포시	동홍동	세기	32	1990.09.	81.78	1	0	0	14,750	499	9,918
제주	서귀포시	동홍동	세기	32	1990.09.	74.49	1	0	0	14,000	528	9,405
제주	서귀포시	중문동	민우중문	29	1993.09.	84.54	1	1	0	14,000	469	9,576
제주	서귀포시	중문동	민우중문	29	1993.09.	58.92	1	0	0	10,000	507	6,840
제주	서귀포시	중문동	민우중문	29	1993.09.	59.70	1	0	0	10,000	502	6,840

※ 제주도는 세대수가 적은 단지들이 많아서 300세대, 초등학교 500미터 이내 등의 물건들이 없어 필터링은 따로 하지 않았다. 참고로 서귀포시만 매물이 있다.

자료 : 손품왕

거제시

공시지가 1억 원 미만(20년 이상, 초등학교 500미터 이내)

주소1	주소2	주소3	아파트명	년차	준공	전용	매매	전세	월세	매매기준	평당가	공시가
경남	거제시	고현동	고려2차	29	1993.02.	59.76	1	2	0	12,250	549	6,156
경남	거제시	장평동	장평주공2단지	30	1992.03.	39.60	5	3	2	12,750	928	6,669
경남	거제시	고현동	덕산베스트타운	24	1998.01.	59.31	4	3	1	12,500	563	7,353
경남	거제시	고현동	덕산베스트타운	24	1998.01.	59.77	2	3	0	12,500	571	7,524
경남	거제시	고현동	화인아트	31	1991.06.	59.79	1	0	0	16,000	801	7,866
경남	거제시	고현동	덕산베스트타운	24	1998.01.	74.08	4	6	0	15,000	572	9,063
경남	거제시	장평동	장평주공2단지	30	1992.03.	46.98	3	0	5	13,650	857	7,524
경남	거제시	옥포동	옥포덕산5차	26	1996.07.	59.92	11	14	0	8,000	349	4,788
경남	거제시	고현동	고려4차	26	1996.07.	59.95	1	1	0	12,000	558	7,524
경남	거제시	고현동	고려3차(1050)	29	1993.05.	74.88	2	2	0	13,500	515	8,721
경남	거제시	고현동	고려1차	31	1991.12.	67.66	4	0	0	11,500	485	7,524
경남	거제시	수월동	춘광한빛타운	24	1998.01.	59.87	7	2	0	7,900	363	5,609
경남	거제시	장평동	대한2차	28	1994.12.	59.98	7	3	1	10,300	515	6,840
경남	거제시	옥포동	무지개타운	30	1992.01.	77.98	1	0	0	9,000	353	6,156
경남	거제시	옥포동	거송보라맨션	28	1994.01.	59.67	2	0	0	5,500	266	3,762
경남	거제시	옥포동	성운	30	1992.09.	59.47	3	2	1	4,000	200	3,078
경남	거제시	옥포동	진영에이스타운	29	1993.07.	83.91	3	1	0	9,250	301	6,498
경남	거제시	장승포동	장승포주공	24	1998.06.	59.94	2	0	0	6,400	277	4,378
경남	거제시	장승포동	장승포주공	24	1998.06.	49.79	1	0	0	5,000	245	3,420
경남	거제시	옥포동	삼도로얄맨션	28	1994.09.	84.93	4	3	1	8,200	284	5,609
경남	거제시	옥포동	대원	30	1992.01.	59.75	3	0	0	6,000	268	4,104
경남	거제시	장승포동	장승포주공	24	1998.06.	59.84	1	0	0	6,400	291	4,378
경남	거제시	장승포동	장승포주공	24	1998.06.	59.99	1	0	0	6,400	290	4,378
경남	거제시	수월동	춘광한빛타운	24	1998.01.	57.32	3	0	0	7,000	340	5,130
경남	거제시	옥포동	미진비치힐	24	1998.06.	59.94	1	0	0	8,500	329	5,814
경남	거제시	아주동	시영	30	1992.05.	49.95	1	0	0	5,500	303	4,446
경남	거제시	옥포동	석현아트타운2차	29	1993.05.	59.81	2	0	0	8,500	424	5,814
경남	거제시	옥포동	삼도로얄맨션	28	1994.09.	59.93	5	5	1	6,000	269	4,104
경남	거제시	능포동	동현하이츠	22	2000.05.	84.98	1	0	0	12,000	375	8,550
경남	거제시	옥포동	진영에이스타운	29	1993.07.	59.12	2	0	0	7,000	324	4,959
경남	거제시	옥포동	진영에이스타운	29	1993.07.	59.71	1	0	0	7,000	321	4,959
경남	거제시	고현동	덕진휴먼빌	20	2002.01.	47.46	1	0	1	8,000	407	5,472
경남	거제시	옥포동	삼도하이츠	24	1998.04.	59.85	2	0	0	7,200	330	4,925
경남	거제시	옥포동	안성	30	1992.07.	59.93	2	3	1	7,000	289	4,788

자료 : 손품왕

닥치고 현장!

목포시

공시지가 1억 원 미만(20년 이상, 초등학교 500미터 이내)

손품플랫폼		임장지도	실거래	멀티	매물	공시	매물건수			매매 - 기준		68.4 %
주소1	주소2	주소3	아파트명	년차	준공	전용	매매	전세	월세	매매 기준	평당가	공시가
전남	목포시	용당동	용당한국	45	1977.07.	40.46	1	1	0	5,400	429	2,189
전남	목포시	용당동	용당한국	45	1977.07.	41.38	3	0	0	5,400	420	2,189
전남	목포시	옥암동	하당금호2차	26	1996.11.	59.55	3	3	0	11,000	478	7,182
전남	목포시	상동	꿈동산신안2단지	26	1996.12.	84.92	2	1	0	13,500	410	8,892
전남	목포시	용해동	동아	30	1992.03.	84.97	2	1	0	9,750	320	6,601
전남	목포시	용해동	금호타운	28	1994.03.	84.65	1	0	0	10,000	326	6,908
전남	목포시	상동	하당초원타운	28	1994.10.	59.97	1	7	0	11,000	462	7,353
전남	목포시	상동	꿈동산신안2단지	26	1996.12.	59.94	1	7	0	11,250	477	7,524
전남	목포시	상동	하당초원타운	28	1994.10.	84.87	1	0	0	12,750	401	8,721
전남	목포시	상동	꿈동산신안1단지	27	1995.11.	59.94	2	6	2	10,250	433	7,011
전남	목포시	상동	하당현대	26	1996.10.	59.98	1	2	0	11,000	476	7,524
전남	목포시	상동	꿈동산신안1단지	27	1995.11.	84.92	1	0	0	12,000	367	8,379
전남	목포시	상동	삼성	27	1995.09.	84.93	1	1	0	13,750	434	9,405
전남	목포시	상동	삼성	27	1995.09.	59.73	1	3	0	11,500	485	7,866
전남	목포시	산정동	산정현대	31	1991.12.	84.94	3	0	0	10,750	327	7,182
전남	목포시	연산동	연산주공4단지	26	1996.07.	39.74	2	0	0	5,500	330	3,762
전남	목포시	상동	상동현대	26	1996.03.	84.78	1	4	0	12,250	388	8,379
전남	목포시	옥암동	우미2차	28	1994.09.	49.56	4	1	3	7,350	352	5,130
전남	목포시	상동	상동현대	26	1996.03.	59.98	4	3	0	10,000	432	6,840
전남	목포시	연산동	연산주공3단지	27	1995.07.	59.99	4	3	1	8,650	375	6,156
전남	목포시	연산동	연산주공3단지	27	1995.07.	59.96	4	1	0	8,650	375	6,156
전남	목포시	상동	비파3차	29	1993.09.	49.76	4	0	7	7,000	364	4,788
전남	목포시	상동	상동주공2단지	30	1992.03.	44.94	3	1	2	4,650	257	3,283
전남	목포시	연산동	현대	31	1991.11.	84.99	5	0	0	9,200	291	6,293
전남	목포시	상동	비파1차	31	1991.10.	48.34	4	4	2	6,500	327	4,446
전남	목포시	용해동	용해라이프	32	1990.12.	73.60	2	0	0	7,300	268	5,130
전남	목포시	상동	비파2차	30	1992.09.	48.34	5	0	5	6,800	338	4,549
전남	목포시	상동	상동주공4단지	29	1993.07.	38.64	7	0	2	5,000	325	3,420
전남	목포시	옥암동	하당현대2차	20	2002.06.	59.96	2	1	0	12,750	516	8,892
전남	목포시	옥암동	우미블루빌	21	2001.01.	59.38	11	2	0	13,000	519	8,824
전남	목포시	용해동	금호타운	28	1994.03.	122.93	1	0	0	14,000	324	9,747
전남	목포시	상동	상동주공4단지	29	1993.07.	58.46	1	0	0	8,000	329	5,472
전남	목포시	상동	상동주공2단지	30	1992.03.	38.64	13	5	1	4,300	276	3,010

자료 : 손품왕

에필
로그

이 책은 부동산 투자의 실전에서 도움을 드리고자 집필했다. 지금의 흐름에 어떻게 대처하고, 디테일하게 지역 분석, 현장 분석, 물건 분석을 함으로써 부동산을 파악하는 데 도움이 되는 그야말로 실전 도서가 되기를 바란다.

부동산과 관련된 정부 정책의 흐름으로 인해 부동산 투자 트렌드도 자주 변화된다. 썩빌, 공시지가 1억 원 미만…. 이러한 트렌드를 따라가고 싶다면 리스크에 대응할 출구 전략만 있으면 된다. '공시지가 1억 원 미만 법인으로 매수한 물건들', '매도 계획을 언제로 세울지?' 등 나만의 계획을 가져야 한다.

전국의 썩빌 투자에서 향후 재개발 추진이 되지 않아도, 장기로 보유

할 마음이 있다면 잘못된 투자는 없다(미리 계획을 세웠기에). 누군가가 그린 그림이 아닌, 내가 그린 그림을 바탕으로 투자하는 여러분이 되기를 바란다. 더불어 투자는 오롯이 나의 결정이라는 것을 명심하기를 바란다. 투자 트렌드에 맞게 자신을 변화하면서 나아가는 멋진 투자자분들이 되기를 응원한다.

2년 동안 준비한 나의 방대한 자료들이 에버노트에 기록되었던 덕분에 두 번째 책이 이렇게 빨리 출간될 수 있었다. 나의 첫 저서인《닥치고 현장! 부동산에 미치다》는 부동산 현장답사 시 어떻게 현장을 파악하는지에 대한 방법을 다룬 책이라면, 이 책은 정말 현장에 가서 어떻게 물건을 파악하는지를 소장님의 의견 등을 통해 디테일하게 다룬 지역 분석의 정석이라고 보면 될 것이다. 각 지역 마지막에는 '남호 이성주의 생각'이라는 형식으로 저자의 생각도 실었으므로 많은 도움이 되리라 기대한다.

부동산 흐름이 너무 빠르다 보니 집필한 시기와 독자 여러분이 책을 읽는 시기의 부동산 가격과 흐름이 달라질 수 있다는 점은 알아주기를 바란다. 또한 책에 실린 내용 중 일부는 지역 전문가(소장님)의 의견일 뿐이므로 유용하게 참고만 하고, 정답은 스스로 현장에 가서 파악해야 한다는 말을 강조하고 싶다. 부디, 잃지 않는 투자, 나의 재산을 지키는 투자가 되기를 바란다.

책 출간을 위해 신경 써주신 우민정 팀장님, 언제나 나에 대한 응원과 지지를 아끼지 않는 한성주 대표님께 감사의 말을 전한다. 또한 이제 33개월 된 이쁜 공주 나의 딸과 언제나 곁에서 큰 힘이 되는 와이프에게 고맙고, 사랑하는 마음을 전한다. 그리고 나를 길러주신 할머니, 저세상에서 손주의 책을 보며 흐뭇하게 미소 지을 할머니에게 감사의 말을 전한다. 마지막으로 수술로 인해 입원한 어머니, 요즘 들어 건강이 많이 좋지 않은 아버지, 세상의 빛을 보게 해주신 부모님께 감사의 말을 전한다. 늘 가족은 나에게 큰 힘이 된다. 여동생들에게 사랑한다고 전한다. 곧 태어날 막내 여동생네 '축복이' 조카에게 외삼촌의 호랑이 기운을 전하며, 건강하게 태어나기를 기도한다.

닥치고 현장!
현장에 나가면 답이 있음을 거듭 강조하고, 이 책을 읽는 독자들에게 호랑이 기운을 전하며 마무리한다.

소액자본으로 부자되기를 바랍니다. 다들 화이팅!

발품황제 **남호 이성주**

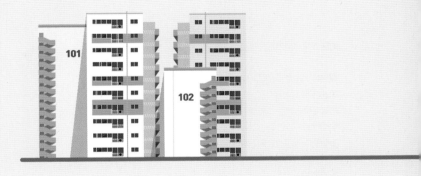

닥치고 현장!
소액자본으로 부동산 부자되기

초판 1쇄 2021년 11월 16일

지은이 남호 이성주
펴낸이 서정희 **펴낸곳** 매경출판㈜
기획제작 ㈜두드림미디어
책임편집 우민정 **디자인** 노경녀 n1004n@hanmail.net
마케팅 강윤현, 이진희, 장하라

매경출판㈜
등록 2003년 4월 24일(No. 2-3759)
주소 (04557) 서울특별시 중구 충무로 2(필동 1가) 매일경제 별관 2층 매경출판㈜
홈페이지 www.mkbook.co.kr
전화 02)333-3577
이메일 dodreamedia@naver.com
인쇄·제본 ㈜M-print 031)8071-0961
ISBN 979-11-6484-330-5 (03320)

부동산 도서 목록

투자 전, 꼭 알아야 하는
종부세
핵폭탄 대비하는
완벽 솔루션

신방수 세무사의
이제 부동산 세금을 알아야
주택 보유&
처분
할 수 있는
시대다

투자 전, 꼭 알아야 하는
상가임대차법

Real Estate Auction
부동산 경매,
초보에서
탈출하라

우대형의 내 집 마련 콘서트
초규제 시대,
부동산 투자의 정석

신방수 세무사의
2021
확 바뀐
부동산
세금
완전 분석

돈이 되는 부동산
vs
돈이 되는 부동산

신방수 세무사의
양도
소득세
완전
분석

사례로 풀어보는
지분경매
지분경매 해결 TWO 기둥
= 소송 + 협상

신방수 세무사의
부동산 거래 전에
자금출처부터
준비하라!

부동산 관리도
경영의 시대

부동산 관리와
종합서비스

신방수 세무사의
상속분쟁 예방과
상속
증여
절세 비법

집 짱짱도 돈 버는
셰어하우스
SHARE
HOUSE

내 생에 짜릿한
대박 상가
투자법

신방수 세무사의
주택임대사업자
등록과
절세 비법

나는 장애를 딛고
부동산 경매로
성공했다

불황에도 매출 10배 올리는
상위
1%
공인
중개사의
마케팅
비법

GTX 시대, 부동산 투자 비법은 따로 있다!
아파트는 살고
땅은 사라

부동산 투자를 시작하고 전에 꼭 읽어야 할 실천 기술
부동산
상식을
돈으로
바꾸는 방법

해외 부동산 투자,
나는 말레이시아로
간다

MALAYSIA

투자자에게 알려주고 싶은 부동산 블루오션

당신도 건물주가 될 수 있다!

원룸
마스터

원룸으로
공무원식 실무 누리자

부동산을 팔거나,
계약자가 꼭 알아야 하는

부동산
실무 法
용어사전
1,000

부동산 계약 거래를 할 때
복거의 매매 사건을 완벽히 수 있도록 도와주는
부동산 거래의 핵심 단어 1,000개!

부자가 되기 위한 새로운 로드맵

부자로 환승하라
머니트레인

부동산 투자, 이제는 지하철이 핵심이다!

부동산 투자
인사이트

고수가 알려주는 집값이 움직이는 원리

REAL ESTATE INVESTMENT INSIGHT

그는 어떻게
부동산
1인 창업으로
10억을
벌었을까?

부동산 투자의 숨겨진 진실!

절세의 모든 기술
부동산 법인에 있다!

부자 부동산을 직접 경영하고 상속할 수 있는
부동산 법인 A to Z

돈 버는
주택임대
관리기법

주택임대차보호법
복덕방주인 관리업무와 경영방법60가지

10%대 수익률을 위한
최고의 부동산 재테크

P2P
투자의
정석

저금리 시대, 높은 수익률을 보장하는 최고의 재테크!

동산으로 이룬

유의

잘 키운 아파트,
직장 뒤나 안 부럽다!

아파트 경매,
지역 분석이 먼저다

대박 친
빌딩 투자의
비밀

부자가 되기 위한 부동산 요리법

정준환의

부동산
레시피

요리를 마는 것처럼
부동산에 맛속에저라!

초보를 위한 취업과 창업 완벽 가이드

잘나가는
공인중개사의
비밀노트

한 권으로 끝나는 단기 속성 실무전략

新
공인중개사가 꼭 알아야 하는 토지 중개 100문 100답!

명품 토지
중개 실무

다양한 사례와 함께 알려주는 실무 노하우

돈 길 따라가는
부동산 투자

부동산
세무
가이드북
Real estate
Tax
Guide Book
실전편

2019

지식산업센터 투자 실전 편

부동산 투자,
아파트형
공장이
틈새다

개념부터 쉽게 배우는 부동산 필수 상식
돈 되는 부동산은
따로 있다

2달 안에 월세 200만 원 받는

월세 부자
레시피

이때 당신도 부자가 될 수 있다!

직장인들도 쉽게 따라할 수 있는 新 부동산 공매 가이드북 실전편

기막힌 부동산 절세의 비밀

부동산 매매임대사업자 세무 가이드북 실전편 Real estate Business Tax Guide Book

나는 부동산 투자로 파산자에서 100억 부자가 되었다

지분경매, 공유지분, 독점경매

대한민국 1%만 알고 투자하는 신의 재테크 GPL 투자의 기적

이것이 진짜 성공 경매다

결혼은 선택이지만 부동산 투자는 필수다

헌집 살래 새집 살래

부자 되는 주택 임대사업

돈 버는 공인중개사는 따로 있다

부동산 정책 분석 시장을 이기는 정책은 없다

전세가를 알면 부동산 투자가 보인다

서울시 공정경제과 주무관이 알려주는 부동산 거래와 판례

스타들의 부동산 재테크

지분 경매로 토지 개발업자 되기

부동산 재테크 역세권이 답이다

세무사 30년이 알려주는 세무조사 대비의 모든 것

문재인 시대 부동산 트렌드

상가임대차 분쟁 솔루션

주택 연출가
무조건 따라가기

커튼 한 장으로
초대형 오피스 주인 되기
리츠
얼리어답터

고수익을 안겨주는 블루오션 토지 경매
신의 한 수
금맥
경매

주택
아파트
세무 가이드북
실전편

권리분석
완전정복으로
10년 안에
10억 벌기

고수가 알려주는 돈이 되는 땅 투자의 모든 것
대한민국을
움직이는
땅 투자 법칙 100

땅투자
10단계 절대불변의 법칙

돈의 보감
평범한 샐러리맨, 투잡 경매로
5년에 10억 벌다

나는 갭 투자로
300채 집주인이
되었다

토지
세무
가이드북
실전편

新 상가
투자
보물
찾기

상가
세무
가이드북
실전편

NPL
가격 산정의 비밀

응답하라!!
위기의
부동산

나는
토지 경매로
금맥을 캔다

토지보상경매
실전활용

세무조사
실무
가이드북
실전편

야생화의
기초 경매

자산을
블링블링 키우는
포인트 경매

국토도시계획을 알아야
부동산 투자가 보인다